비트겐슈타인이 살아 있다면

현대의 지성 113
비트겐슈타인이 살아 있다면 — 논리철학적 탐구

제1판 제1쇄 2002년 6월 21일
제1판 제2쇄 2014년 9월 3일

지은이   이승종
펴낸이   주일우
펴낸곳   ㈜문학과지성사
등록번호 제1993-000098호
주소   121-897 서울 마포구 잔다리로7길 18(서교동 377-20)
전화   02)338-7224
팩스   02)323-4180(편집)   02)338-7221(영업)
전자우편 moonji@moonji.com
홈페이지 www.moonji.com

ISBN 89-320-1343-3

* 이 책의 판권은 지은이와 ㈜문학과지성사에 있습니다.
  양측의 서면 동의 없는 무단 전재 및 복제를 금합니다.

현대의
지성
113

비트겐슈타인이 살아 있다면
— 논리철학적 탐구

이승종 지음

문학과지성사
2002

근원이 있는 샘물은 밤낮을 쉬지 않고 흐르고 흘러
움푹 팬 웅덩이들을 다 채운 뒤에야 앞으로 나아가
마침내 바다에 이른다.
―맹자

책머리에

비트겐슈타인에 대한 공부를 계속하러 찾은 머나먼 이국땅, 그곳의 하늘 아래에서 역시 비트겐슈타인을 생각하며 보낸 80년대가 저물던 무렵, 어떤 좌절로 무너져 내린 마음을 달래려 떠난 겨울 여행(혹은 방랑) 끝에 떠오른 생각의 스케치가 출발점이었다. 그후에 마음을 다잡고 써 내려간 원고가 이 책의 I부의 얼개를 이룬다. 당시 몇 년 간 나의 철학/논리학 수업을 수강했던 와이오밍 교도소와 웬디 교도소의 학생들이(나는 그들을 죄수라는 이름으로 부르고 싶지 않다) 대화와 토론의 주된 상대자들이었다. 그들을 만나러 달리던 시골길과 교도소 주변의 아름다운 풍경, 그리고 무엇보다 바깥을 그리워하던 그들의 간절한 모습이 지금도 내 가슴을 적시며 눈앞에 떠오른다.

그러나 책이 출간되기 위해서는 훨씬 더 많은 시간을 기다려야 했다. 뉴턴 가버 교수와 함께 『데리다와 비트겐슈타인 *Derrida and Wittgenstein*』을 집필하느라 이국 생활의 끝자락이 흘러갔고, 고국에 돌아와서는 이를 번역 출간하는 일과 강의로 시간이 흘러갔다. 그 와중에도 한편으로는 I부를 꾸준히 수정, 보완해나갔고, 다른 한편으로는 새로운 원고들을 차곡차곡 준비했다. 이 시기에는 같은 주제를 천착하는 학자들과의 만남이 큰 자극이 되었다. 12, 13장은 이 만남을 통해 이루어진 토론을 옮긴 것이다. 8, 10, 11장은 내게 박사 후 연수과정을 밟은 박정일 박사, 송하석 교수(아주대), 남기창 교수(재능대)와의 교류의 산물이다. 이분들의 학문과 비판정신에서 많은 것을 배웠다.

비트겐슈타인에 관한 나의 원고들은 이 책에 수록된 것 말고도 언어, 윤리, 종교철학, 하이데거/데리다와의 비교 등 여러 갈래로 뻗어 있었지만 마지막 단계에서 제외하였다. 그 주제들에 대해서는 좀더 시간을 두고 생각해보기로 하고 이번 책에서는 논의의 폭을 최소한의 주제로 좁혀 초점을 선명하게 하는 편을 택했다. 원고들이 현재의 형태로 모양새를 갖추는 과정에 김미진 씨의 소설『모짜르트가 살아 있다면』에서 책이름의 힌트를 얻었고, 존 맥도웰의『마음과 세계 Mind and World』에서 최종적인 작품 구성의 영감을 얻었다. 아울러 여러 차례의 대학원 세미나를 통해 가려진 원고의 손질을 거듭했지만 확신이 서지 않아 출간을 망설이고 미루었다. 그렇게 준비하고 기다리며 생각하는 동안 어언 13년의 세월이 흘렀다. 아직도 완전한 확신에는 이르지 못했지만 마냥 미룰 수 없다는 생각에 책을 내게 되었다.

　비트겐슈타인의 삶과 철학의 특징은 청빈주의로 요약될 수 있다. 종군일기를 바탕으로 한『논리철학논고』한 권으로 일찍이 세계적 철학자로 발돋움했지만, 그는 그것이 수반할 모든 세속의 명예와 권력을 거절했다. 상속받은 막대한 유산도 가난한 예술가들에게 익명으로 기부했다. 평생 독신을 고집한 그가 선택했던 직업은 시골 초등학교 교사직이었다. 그는 철학자들이 빠져들기 쉬운 난삽한 용어 사용과 사변의 유희를 거부했다. 대표작『철학적 탐구』에 어떤 현란한 형이상학이나 이렇다 할 세련된 테제가 없다는 것도 그가 지켜온 청빈주의 정신에서 연유한다. 비트겐슈타인은 제도권의 글쓰기인 학술적 저서나 논문을 남기지 않았다. 그의 작품들은 그가 평생을 써 내려간 일기와 노트에서 편집된 것이다. 그것은 자신과의 투쟁의 기록이다. 사후『확실성에 관하여』라는 제목으로 엮어져 나온 마지막 일기는 암으로 임종을 맞는 최후의 순간까지도 그가 놀라운 정신력으로 견고한 사색과 탐구를 실천하고 있었음을 증언하고 있다.

비트겐슈타인의 철학은 주로 현대 논리학과 분석철학의 범주 안에서 논의되어왔다. 그러나 이러한 논의는 그가 논리에 대해 러셀, 콰인 등과 크게 다른 생각을 갖고 있었으며, 그의 철학이 어떠한 사조나 학파와도 잘 어울리기 어려운 독특한 것임을 간과하기 쉽다. 이 책에서 나는 일차적으로 이 점을 부각시키는 데 노력을 경주했다. 아울러 논리에 대한 그의 독창적 견해를 올바로 헤아리지 못한 데서 비롯된 그릇된 비판들을 바로잡으려 했다.

종래의 비트겐슈타인 연구는 논리에 대한 비트겐슈타인의 관심이 프레게와 러셀의 논리학에 대한 관심에서 연원하는 것으로 보았다. 그리고 다시 프레게, 러셀의 논리학은 헤겔에 와서 정점에 이르게 되는 거대하고 화려한 형이상학적 관념 체계에 대한 반발에서 연원하는 것으로 해석되었다. 그러나 여기서 한 걸음 더 나아가 불필요한 장식에 반대하는 빈의 세기말 사조가 비트겐슈타인에게 미친 영향에까지 소급해볼 수 있다. 불필요한 장식물들에 대한 세기말 빈 지성인들의 혐오에는 합스부르크 제국이라는 앙시앵 레짐의 타락한 문화에 대한 혐오가 배어 있다. 잡문에 반대하는 칼 크라우스의 운동과 아돌프 루스의 무장식 건축물은 이러한 문화 비판을 주도했으며, 비트겐슈타인에게 적지 않은 영향을 주었다. 비트겐슈타인의 『논리철학논고』는 일찍이 크라우스가 인용한 바 있는, "사람이 아는 모든 것은…… 단 세 낱말로 말해질 수 있다"는 퀴른베르거의 경구를 머리글로 삼고 있다. 비트겐슈타인이 최소한의 원초적 기호와 공리만으로 구성된 화이트헤드/러셀의 『수학의 원리』에 경도된 까닭도 이러한 배경 하에서 이해된다.

비트겐슈타인에게 장식은 거추장스러움을 넘어서 허영을 함축하는 부도덕한 것으로 여겨졌다. 그래서 그는 철학이라는 이성적 작업에 몰두하는 자신이 빠지기 쉬운 지적 허영의 부정직성을 반성하고 자책하는 데 매우 엄격했다. 그의 철학적 작업은 언제나 이러한 혹독한 자기 반성과 자책을 동반한 긴장된 상태에서 이루어졌다. 그에 의하면 철학에서 장식을 제거했을 때 드러나는 것은 논리이다. 그리고 "철학은 논리와 형이상학으로 이루어진다. 논리는 그것의 기초이다." 극도의 절제와 압축의 미학을 구현하고 있는 비트겐슈타인의 『논리철학논고』가 이처럼 논리를 주제로 하고 있으면서도 저자 자신이 강조하듯 그 의의가 윤리적인 데 있는 까닭은 그의 청빈주의 때문이다. 청빈주의는 그의 논리와 윤리의 핵심인 것이다.

이 책의 I, II, III부는 구성상 그 특색을 서로 달리한다. I부는 단일한 주제에 대한 일관된 연구로서 각 장들이 주어진 순서로 연관되어 있고 전체적으로 일정한 완결성을 지니고 있다. II부는 I부를 보완하는 논문들로 구성되어 있고, III부는 I부의 논의에 대한 토론들로 구성되어 있다. 이처럼 같은 주제가 I부에서는 하나의 일관된 연구의 형태로, II부에서는 개별적인 논문들의 형태로, III부에서는 토론의 형태로 논의되고 있다. 따라서 한 가지 이상의 읽기 방식이 가능할 것이다. 내용이 연관되는 장들을 괄호로 묶어 논의의 흐름을 알고리듬화하면 다음과 같은 순서가 된다.

(1장) → (2장 → 7장) → (3장) → (4장 → 8장 → 12장 → 13장 → 9장) → (5장 → 6장 → 10장 → 11장)

오늘에 이르기까지 비트겐슈타인 공부 길을 이끌어주신 박영식 교수님(광운대), 엄정식 교수님(서강대), 정대현 교수님(이화여대), 이명현 교수님(서울대), 뉴턴 가버 교수님(뉴욕 주립대/버팔로)께 머리 숙여 감사드린다. 책의 출간을 주선해주신 정과리 교수님(연세대), I부의 초고에 대한 귀중한 논평의 수록을 허락해주신 김영건 박사님, 『데리다와 비트겐슈타인』에 대한 값진 서평의 수록을 허락해주신 박병철 교수님(부산외국어대)께도 깊이 감사드린다. 원고를 세심히 다듬어주신 문학과지성사 편집부 선생님들, 그리고 연구를 지원해준 연세대학에도 고마운 마음을 전한다.

이 책의 수익금을 난치병으로 고통받는 어린이들에게 바치고 싶다.

2002년 봄
이승종

*

2쇄를 펴내면서 오자와 오역을 바로 잡았다. 책이 출간된 뒤 서평을 통해 질정해주신 재능대의 남기창 교수님(『서평문화』 47집, 2002;『철학과 현실』 54호, 2002), 관동대의 이윤일 교수님(『문학과사회』 60호, 2002), 이상수 박사님(『한겨레』 2002년 7월 6일), 숙명여대의 박정일 교수님(『아카필로』 8호, 2003), 부산외국어대의 박병철 교수님(『철학』 76집, 2003), 전북대 철학과의 양은석 교수님(『연세철학』 11호, 2003)께 깊이 감사드린다.

2014년 여름
이승종

차례

책머리에 · 6

I. 모순의 논리철학

1. 들어가는 말 …………………………………… 17
2. 『논고』의 모순 ………………………………… 25
      2.1 이끄는 말 ………………………………… 25
      2.2 형식적 명제론 …………………………… 26
      2.3 의미론적 명제론 ………………………… 41
      2.4 모순에 관한 논쟁 ………………………… 51
3. 『논고』의 해체 ………………………………… 62
      3.1 이끄는 말 ………………………………… 62
      3.2 색채론(I) ………………………………… 63
      3.3 색채론(II) ………………………………… 78
      3.4 명제의 일반 형식 ………………………… 91
4. 수학과 모순 …………………………………… 99
      4.1 이끄는 말 ………………………………… 99
      4.2 수학에서의 모순 ………………………… 101
      4.3 튜링/비트겐슈타인 논쟁 ………………… 117
      4.4 논리학에서의 모순 ……………………… 132

5. 규칙과 모순 ································· 143
　　5.1 이끄는 말 ································· 143
　　5.2 크립키의 논증 ···························· 146
　　5.3 역설의 해소 ······························ 157
　　5.4 철학에서의 모순 ························ 168
6. 모순의 의의 ····································· 178

II. 수리철학과 논리철학

7. 『논고』의 수리철학 ························· 187
　　7.1 이끄는 말 ································· 187
　　7.2 논리주의와 무한 공리 ················ 188
　　7.3 조작의 지수로서의 수 ················ 190
　　7.4 논리학의 방법으로서의 수학 ······ 196
8. 모순된 수학의 적용 ························ 197
　　8.1 이끄는 말 ································· 197
　　8.2 김구의 죽음 ······························ 197
　　8.3 게임 천국 ································· 205
　　8.4 험한 세상의 다리 ······················ 212
　　8.5 무모순성 증명(비트겐슈타인) ····· 218

9. 비트겐슈타인의 괴델 읽기 ··········· 223
9.1 이끄는 말 ··········· 223
9.2 과학주의 ··········· 223
9.3 입장들 ··········· 225
9.4 괴델 읽기 ··········· 229

10. 거짓말쟁이 역설의 분석 ··········· 234
10.1 이끄는 말 ··········· 234
10.2 의미론적 역설 ··········· 236
10.3 언어 행위론과 진리 수행론 ··········· 241
10.4 역설에 해법은 있는가 ··········· 250
10.5 해법의 해체 ··········· 254
10.6 중첩 구조론 ··········· 261

11. 투사적 존재로서의 타자 ··········· 268
11.1 이끄는 말 ··········· 268
11.2 데카르트주의자들 ··········· 269
11.3 에이어 ··········· 271
11.4 인류학자 ··········· 273
11.5 슈퍼 크루소 ··········· 274
11.6 타자 ··········· 276
11.7 투사적 존재 ··········· 279
11.8 크립키 ··········· 282

    11.9 크립켄슈타인 ·································· 284

III. 토론

12. 비트겐슈타인의 논리철학: 버팔로에서의 토론 ········· 289
    12.1 『논고』의 논리학 ································ 289
    12.2 『논고』의 명제론 ································ 293
    12.3 수학적 명제의 의미 ···························· 294
    12.4 모순과 무모순 ·································· 302
13. 비트겐슈타인의 모순론: 한국분석철학회에서의 토론 ······ 310
    13.1 비트겐슈타인과 모순(김영건) ···················· 310
    13.2 답변 ·· 323
    13.3 토론(I) ··· 325
    13.4 토론(II) ·· 334

부록: 서평『데리다와 비트겐슈타인』(박병철) · 337
참고 문헌 · 354
비트겐슈타인 연보 · 349
주제 색인 · 369
인명 색인 · 376

I. 모순의 논리철학

들어가는 말

『논고』의 모순

『논고』의 해체

수학과 모순

규칙과 모순

모순의 의의

1. 들어가는 말

비트겐슈타인은 헤르츠H. Hertz의 『역학의 원리』를 매우 높이 평가했다. 헤르츠의 책이 비트겐슈타인에게 미친 영향은 그의 『논리철학논고』(이하 『논고』)와 후기 저작에 깊이 각인되어 있다. 예컨대 비트겐슈타인의 대표적 후기 저작인 『철학적 탐구』(이하 『탐구』)의 초고는 다음과 같은 헤르츠의 말을 첫머리로 삼고 있다.

이 고통스런 모순이 제거될 때 물음은…… 대답되지 않을 것이다. 그러나 우리의 마음은 더 이상 그것에 휘둘리지 않겠기에 불합리한 물음을 묻지 않을 것이다. (Hertz, 1899, 8쪽)

헤르츠가 그랬듯이 비트겐슈타인도 철학적 난제에 연루된 모순이나 역설[1]의 해결 아닌 해소[2]를 강조했다. 그러나 이 해소는 철학적 난제를 야기하는 바로 그 물음이 성립될 수 없음을 밝히는 것이다.

언어에 한계를 그음으로써 무엇이 의미있고 없는지를 선명히 하려는 이념은 비트겐슈타인의 저작 전체에 반영되어 있다. 가령 그는 『논고』의 서두에서 다음과 같은 목표를 설정하고 있다.

---

[1] 모순은 'p · ~p'와 논리적으로 동치인 문장을 뜻하고, 역설은 불합리해 보이지만 타당한 논증을 뜻한다. W. V. Quine, 1961, 1쪽 참조.
[2] 문제는 그것이 적절하게 대답될 경우 해결되고, 문제가 불합리하거나, 무관하거나 무시해도 좋은 것으로 판명될 때 해소된다. N. Garver, 1970, 123쪽 참조.

이 책은 생각에, 아니 그보다는—생각이 아니라 생각들의 표현에 한계를 그을 것이다. 왜냐하면 생각에 한계를 긋기 위해서는 우리가 이 한계의 양편을 모두 생각할 수 있어야 (그래서 생각될 수 없는 것도 생각할 수 있어야) 하기 때문이다. (TLP, 3쪽)

생각에 한계를 긋는다는 이념은 역설적이다. 왜냐하면 이를 위해서 우리는 생각될 수 없는 것을 생각할 수 있어야 하기 때문이다. 이러한 조건은 성립할 수 있는가? 비트겐슈타인은 다음과 같이 말한다.

철학은 생각될 수 있는 것을 한계지어야 하며, 그렇게 함으로써 생각될 수 없는 것을 한계지어야 한다. (TLP, 4.114)

비트겐슈타인의 전략은 생각될 수 있는 것을 고찰함으로써 생각될 수 없는 것에 한계를 긋는 것이다. 말해지거나 생각될 수 있는 것의 한계는 언어 내에서 설정된다. 그렇다면 그 한계를 넘어서는 것이 말해질 수 없는 것이다.

비트겐슈타인의 평생의 화두는 "무엇이 말해질 수 있는가?" 하는 문제였다. 그가 찾은 해답은 '명제'였다. 비트겐슈타인은 이것을 넓은 의미에서 분명 하나의 해답이라고 보았지만, 만족스러우리만큼 명확한 것은 못 된다. 비트겐슈타인이 "나의 모든 과제는 명제의 본성을 설명하는 것"(NB, 39쪽)이라고 말했을 때 그는 이를 의식하고 있었다. 말해질 수 있는 것에 대한 문제가 명제의 본성에 관련된 것으로 이해된다면 그것은 '명제의 의미'에 의존할 것이다.

문제가 되는 것이 '명제의 의미'라는 점이 명백해진다면 우리는 명제의 정의, 기준, 의미에 대한 비트겐슈타인의 고찰을 이해할 필요가 있다. 『노트』(NB, 참고 문헌 참조)나 『논고』와 같은 전기 저작에서 명제에 대한 비트겐슈타인의 견해는 형식적 명제론과 의미론적 명제론으로 정리된다. 그러나 우리가 이러한 명제론들, 혹은 다른 대안적 명제론으로 '명제의 본성'을 규정지으려는 것은 아니다. 우리의 목적은 비트겐슈타인의 전기 저작에서 발견되는 두 명제론 사이에 잠복해 있는 난점을 살펴보려는 것이다.

앞으로 상세히 논의하겠지만 비트겐슈타인의 형식적 명제론은 모든 명제가 요소명제들의 진리 함수이고 진리치를 갖고 있음을 함축한다. 한편 의미론적 명제론은 모든 명제가 의미를 갖고 있음을 함축한다. 그렇다면 모순에 관해 문제가 발생한다. 비트겐슈타인의 전기 저작에서 모순은 'p · ~p'와 논리적으로 동치인 적형식well-formed formula을 말한다. 따라서 모순은 'p · ~p'로 기호화할 수 있다. 모순은 요소명제들의 진리 함수이며 진리치를 갖는다는 것이 형식적 명제론의 귀결이다. 반면 모순이 의미를 결여하고 있다는 것이 의미론적 명제론의 귀결이다. 그렇다면 모순은 진리치를 가지면서 의미가 없다는 것인가?

그것은 불가능하다. 그 까닭은 형식적 명제론과 의미론적 명제론이 다음의 입장을 공유한다는 데서 찾아진다.

(1) 모든 명제는 진리치와 의미를 갖는다.

(2) 진리치를 갖는 것은 의미를 갖는다.

형식적 명제론으로부터 모순이 진리치와 의미를 가지며 따라서 명제라는 귀결이 도출된다. 의미론적 명제론으로부터 모순이 진리치와 의미를 갖지 않으며 따라서 명제가 아니라는 귀결이 도출된다. 비트겐슈타인의 전기 저작에 나타나는 두 명제론이 이처럼 모순에 관해 서로 정반대의 귀결을 초래한다는 사실을 어떻게 받아들여야 하는가?

모순에 관한 문제는 분명 "무엇이 말해질 수 있는가?"라는 앞서의 문제에 포섭된다. 왜냐하면 모순에 관한 문제는 결국 "모순이 말해질 수 있는가?"에 관한 문제이기 때문이다. 따라서 모순에 관한 문제에 답하는 것은 다름이 아니라 "무엇이 말해질 수 있는가?"라는 보다 포괄적인 문제에 답하는 것의 연장선상에 있다. 이 포괄적인 문제를 늘 염두에 두면서 이제 우리는 모순에 관한 다음과 같은 문제에 초점을 두고자 한다. **모순은 의미의 한계 밖에 있는가 혹은 그렇지 않은가?**

우리의 화두와 과제를 꺼낸 마당에 우리의 과제 자체에 대해 문제를 제기해보자. 모순에 관한 연구가 "무엇이 말해질 수 있는가?"라는 보다 포괄적인 문제에 답하는 데 도움이 됨을 인정한다 해도 왜 하필 모순인가? 그 포괄적인 문제에 대한 가능한 여타의 대안적 접근에 비해 모순을 연구하는 것이 갖게 되는 상대적 중요성은 무엇인가? 대체로 다음의 세 가지 이유가 있다.

첫째, 우리가 이미 개관했듯이 모순의 문제는 비트겐슈타인의 전기 저작에서 형식적 명제론과 의미론적 명제론 사이의 갈등을 드러내준다. 그래서 모순에 관한 연구는 전기 저작에 나타난 비트겐슈타인의 사상 전체뿐 아니라 그 난점까지도 헤아려보게 되는 계기가 된다.

둘째, 무엇이 말해질 수 있는가 하는 문제가 비트겐슈타인의 평생의 관심이긴 했지만 이 문제에 대한 그의 태도 혹은 대답은 그의 철학 편력을 통해 변화했다. 비트겐슈타인은 때로는 자신이 '의미'와 '명제'에 대해 그릇된 생각을 갖고 있었음을 인정하기도 한다(L, 273쪽). 이 주제들에 대한 그의 이와 같은 자기 비판과 심경의 변화는 모순에 대한 태도의 변화와 동일선상에 있다. 그러므로 모순에 관한 비트겐슈타인의 생각의 변화를 추적하면 명제와 그 의미에 대한 생각의 변화뿐 아니라, 무엇이 말해질 수 있는가 하는 문제에 대한 태도의 변화도 보다 분명하게 밝혀질 것이다.

세번째이자 마지막 이유가 가장 중요한데 그것은 모순에 관한 후기 비트겐슈타인의 관점에 대한 이해가 언어, 논리, 문법, 수학, 규칙따르기 등등에 관한 그의 고찰에 대한 폭넓은 이해를 요구한다는 것이다. 이것은 후기 비트겐슈타인이 모순의 궁극적 본성에 대해 더 이상 탐구하지 않는다는 사실과 연관되어 있다. 대신 그는 언어의 복잡한 쓰임의 가능성의 범위와 미묘함을 천착하기 위해 개별적인 모순의 사례들을 논의한다. 비트겐슈타인의 모순론에 대한 이해는 또한 철학이라는 과제 자체의 본성에 대한 이해를 요구한다. 왜냐하면 비트겐슈타인은 철학이라는 과제를 모순이 어떻게 그리고 왜 발생하는가 하는 문제를 밝혀주는 것으로 자리매김하고 있기 때문이다. 이것은 말해질 수 있는 것과 없는 것 사이의 복잡하고 유동적인 관계를 인식하는 것을 포함한다.

모순에 관한 비트겐슈타인의 생각의 여정을 추석함에 있어서 우리는 그의 철학의 변모 과정을 세 시기로 구분하고자 한다.

(1) 비트겐슈타인의 전기는 그가 『노트』와 『논고』를 집필한 시기에 해당된다.

(2) 그의 중기는 전기의 『논고』 시기와 후기의 『철학적 탐구』 시기 사이에 해당된다.

(3) 그의 후기는 그가 『탐구』와 『확실성에 관하여』를 집필한 시기에 해당된다.

이러한 구분은 비트겐슈타인의 저작 연대기 순서에 정확히 들어맞는 것은 아니다. 예를 들어, 『탐구』는 비트겐슈타인의 저작들 중에서 독특한 지위를 가지고 있다. 무려 13년(1936년

8월에서 1949년 5월까지)에 걸친 집필과 수정에도 불구하고 비트겐슈타인은 그것을 완성된 작품으로 생각하지 않았다(von Wright, 1982, 113쪽). 『탐구』의 초고를 집필하고 편집하는 동안(1937년 9월에서 1944년 4월까지) 비트겐슈타인은 수리철학에 대해 쓰고 있었다. 『수학의 기초에 관한 고찰』은 이때의 원고에 바탕을 둔 저작이다. 따라서 어떤 점에서 비트겐슈타인의 중기와 후기의 명확한 구분은 존재하지 않는다.

그러나 우리가 비트겐슈타인의 지적인 여정을 『논고』의 시기와 『탐구』의 시기로 나누는 일반적인 구분보다 세 시기로 나누는 것을 선호하는 데에는 나름의 이유가 있다. 세 시기로 구분할 경우 수학에서의 모순에 관한 비트겐슈타인의 논란의 소지가 많은 견해에 주목할 수 있기 때문이다. 비트겐슈타인이 생애 말년에는 더 이상 이 주제를 다루지 않은데다(RFM 편집자 서문, 29쪽) 이 주제에 관한 그의 중기의 고찰들 중 대부분이 오해되거나 무시되었기 때문에 이들만을 따로 독립시켜 비판적으로 재검토할 필요가 있다.

I부의 주요 내용을 스케치해보자. 2장에서 우리는 전기 비트겐슈타인이 형식적 명제론과 의미론적 명제론을 어떻게 구성했으며, 모순의 문제가 어떻게 이 둘로부터 발생하는지를 살펴볼 것이다. 3장에서는 청년 시절의 두 명제론에 대한 비트겐슈타인 자신의 비판을 다룰 것이다. 중기에 이르러 비트겐슈타인은 형식적 명제론이 일상 언어의 쓰임으로부터 추상화된 명제들 사이의 기계적인 관계만을 다루는 일면적인 것임을 깨닫게 되었다. 그는 명제의 일반적 기준이 있을 수 없으며, 문맥으로부터 독립된 '명제'의 정의 역시 있을 수 없다고 결론지었다. 그리고 '의미'는 '명제'와 상호 연관된 것이기 때문에, 명제가 정확한 경계를 설정할 수 없는 것이라면 의미도 마찬가지이다

(L, 273쪽). 따라서 비트겐슈타인은 자신의 의미론적 명제론도 비판의 도마 위에 올린다.

『논고』에서의 두 명제론에 관한 비트겐슈타인 자신의 비판을 검토한 후에 우리는 4장에서 그가 중기에 명제와 아울러 모순에 관해 어떤 생각을 했는지 살펴볼 것이다. 비트겐슈타인은 한 문장이 'p · ~p'라는 명제 형식에 대입되는 사례라는 사실이 그 문장이 모순이 되기 위한 필요조건도 충분조건도 아니라고 보았다. 그는 문장이나 문장 형식 자체에 대해서가 아니라 다양한 상황에 있어서 문장들의 쓰임에 관심을 갖는다. 관심의 초점이 이렇게 전환됨으로써 중요한 두 가지 귀결이 도출된다. 첫번째 귀결은 논리학과 수학에 있어서의 모순의 지위에 관한 것이다. 논리학에서는 통상적으로 모순이 모든 명제를 함축하는 것으로 간주한다. 그리고 명제만이 명제를 함축할 수 있기 때문에 모순은 그 자체로 명제라는 결론이 따라나온다. 그러나 비트겐슈타인은 이를 받아들이지 않는다. 그의 대안은 모순이 모든 명제를 함축한다는 것을 거부하는 것이다. 이는 앞으로 상세히 논의될 것이다.

두번째 귀결은 첫번째 귀결과도 연관이 있는데 비트겐슈타인이 미리 짜여진 선험적인 논리 체계를 통해 우리의 일상적 언어 행위를 바라보기보다는 거꾸로 우리의 일상 언어에서 일어나는 실제적 언어 행위의 관점에서 논리를 검토할 것을 제안한다는 점이다. 실제 언어의 작동은 논리에 의해 미리 짜여진 틀에 항상 들어맞는 것은 아니다. 실행되는 '언어 게임'의 다양성을 다루기 위해서는 『논고』의 논리로부터가 아니라 언어 게임 자체로부터 나온 '문법'의 다양성을 고려해야 한다. 비트겐슈타인은 전기 저작의 관점에서 보자면 '논리'라는 용어가 쓰여져야 할 곳에서 '문법'이라는 용어를 사용하게 된다. 4장과 5

장에서 우리는 비트겐슈타인이 논리에서 문법으로 관심을 전환하는 데 대해 논의할 것이다.

5장에서는 모순에 관한 후기 비트겐슈타인의 관점을 다룰 것이다. 모순에 관한 후기의 관점은 두 가지 면에서 중기의 관점과 다르다. 첫째, 논리가 철학적 문제를 해결해줄 것이라는 생각은 비트겐슈타인이 '문법'과 '언어 게임'에 대한 개념을 갖게 됨으로써 포기된다. 그래서 각각의 모순은 그것이 언급되어지는 언어 게임의 문맥 안에서 조망된다. 둘째, 모순에 대한 탐구는 철학 하는 한 방법으로서 정당한 의의를 인정받을 수 있다. 상이한 모순들의 세목은 언어의 쓰임의 세목, 그리고 다양하고도 구체적인 철학적 문제들과 밀접하게 연관되어 있음이 밝혀진다. 모순을 천착함으로써 우리는 철학적 난제들의 본성을 알게 된다. 우리는 『탐구』, §304에서의 모순의 구체적 사례를 검토하고 해석함으로써 후기 비트겐슈타인의 모순론의 성격을 논의할 것이다.

I부의 결론에 해당하는 6장에서는 우리가 도달한 모든 중요한 결과들을 한데 모아볼 것이다. 그리하여 "무엇이 말해질 수 있는가?"라는 문제에 답한다는 거시적인 관점에서 모순에 대한 비트겐슈타인의 태도를 연구한다는 것이 갖는 의의가 평가될 것이다.

2. 『논고』의 모순

2.1 이끄는 말

비트겐슈타인에게 있어서 "말해질 수 있는 것"은 명제 및 그 의미와 관련된다. 이 주제들에 대한 그의 견해는 특별한 방식으로 상호 연관되어 있다. 명제의 본성에 대한 관심은 명제들의 구조와 명제 간의 관계에 관한 설명의 문제에 집중되어 있다. 명제들의 근본적인 요소는 무엇이어야 하는가? 요소명제와 다른 명제들 사이의 관계는 무엇인가? 한편 명제의 의미에 대한 관심으로부터는 다음과 같은 문제가 제기된다. 언어를 사용하는 데 있어서 참인 의미를 보증하는 필요조건은 무엇인가?

이러한 문제 각각에 대해 답하는 것은 의미있는 담론, 명제의 의미, 명제의 진리치, 그리고 명제와 세계 사이의 관계에 대하여 한계를 부여하는 것이다. 그런데 이러한 문제들 중 어느 하나에 대한 대답은 동시에 다른 문제들에 대한 답과 연루되어 있음이 밝혀질 것이다. 그것들은 본질적으로 상호 연관되어 있으며 동일한 철학적 과제의 상이한 측면이거나 상이한 버전이다. 그 과제는 "말해질 수 있는 것"에 대해 해명하고 그 다음으로 "말해질 수 없는 것," 즉 '난센스 nonsense'와 '모순'에 대해 해명하는 것이다.

이 장에서는 모순의 위상에 대한 비트겐슈타인의 전기의 견해를 살펴보고자 한다. 그 첫 단계로서 우리는 그의 전기 사상의 윤곽을 분명히 이해할 필요가 있다. 이를 위해 우리는 그의 전기 사상을 형식적 명제론과 의미론적 명제론으로 구분할 것이다. 이 두 명제론은 말해질 수 있거나 알려질 수 있는 것의 본질적 측면이 무엇인지를 보여주고 해명한다. 이러한 측면을 부각시킴으로써 우리는 참인 의미를 갖는 언어에 있어서 말해질 수 있는 것, 알려질 수 있는 것의 한계를 살펴보게 된다.

다음으로 우리는 두 명제론으로부터 모순의 본성에 관한 몇 가지 결론을 이끌어낼 것이다. 이러한 추론을 통하여 두 명제론이 모순의 본성과 관련하여 상호 갈등을 일으킨다는 것이 밝혀질 것이다. 우리는 기치(P. Geach, 1979), 골드슈타인(L. Goldstein, 1986), 포겔린(R. Fogelin, 1976)이 각각 제시한 세 가지 해석을 살펴봄으로써 이 갈등의 문제점이 무엇인지를 드러낼 것이다. 우리는 이 세 가지 해석 모두가 모순에 관한 전기 비트겐슈타인의 견해가 지니는 미묘함과 복잡성을 이해하는 데 실패하고 있음을 논증할 것이다.

끝으로 우리는 전기 비트겐슈타인의 두 명제론을 화합시키는 것이 불가능함을 강조함으로써 모순을 둘러싼 논쟁에 대한 나름의 결론을 내릴 것이다. 우리는 하나의 유추를 통해 이러한 결론에 도달하게 될 것이다.

2.2 형식적 명제론

전기 비트겐슈타인이 지녔던 주요 관심사는 명제의 위상에 관련된 문제였다. 그에 의하면 명제만이 의미와(TLP, 3.3) 참/거짓의 진리치(NB, 94쪽)를 갖는다. 그는 다음과 같이 말한다.

모든 명제는 본질적으로 참 혹은 거짓이다. 따라서 한 명제는

(그 참과 거짓에 상응하는) 양극을 갖는다. 우리는 이를 명제의 의미라고 부른다. (NB, 94쪽)

명제의 의미는 **참**과 **거짓**이라는 양극에 의해 결정된다. (NB, 97쪽; TLP, 3.144 참조)

한 명제의 의미를 이해하는 것은 그것이 참일 경우와 거짓일 경우를 아는 것이다(TLP, 4.024; NB, 112쪽).
이상의 논의는 다음과 같이 요약된다.

⟨1⟩ 명제만이 의미를 갖는다.
⟨2⟩ 진리치를 갖는 것은 의미를 갖는다.
⟨3⟩ 모든 명제는 진리치를 갖는다.

편의상 이들 각각을 다음과 같이 기호화하자.

⟨1⟩ (x)(Sx ⊃ Px)   Px: x는 명제이다.
⟨2⟩ (x)(Tx ⊃ Sx)   Sx: x는 의미를 갖는다.
⟨3⟩ (x)(Px ⊃ Tx)   Tx: x는 진리치를 갖는다.

위의 ⟨1⟩ ⟨2⟩ ⟨3⟩은 전기 비트겐슈타인의 저작뿐만 아니라 그의 사상 편력 전체를 관통하는 명제, 의미, 진리치 이렇게 세 가지 중요한 개념을 언급하고 있다. 이 세 개념 사이의 관계는 다음의 세 측면으로 나누어볼 수 있다. (i) 명제와 그 의미의 관계, (ii) 명제의 의미와 그 진리치의 관계, (iii) 명제와 그 진리치의 관계.

비트겐슈타인은 (iii)을 설명하기 위해 형식적 명제론을, (i)

과 (ii)를 설명하기 위해 의미론적 명제론을 각각 구상한다. 이제 (iii)에 관한 형식적 명제론부터 살펴보기로 하자. 비트겐슈타인은 기호에 관한 최소한의 원리를 매개로 형식적 명제론을 전개한다. 형식적 명제론은 (1) 요소명제와 (2) 'N'이라고 불리는 조작만으로 이루어져 있다. 이들 각각을 차례로 살펴보자.

(1) 요소명제는 명제 탐구의 결과가 아니라 그것을 위한 요구 사항이다. 요소명제가 있어야 하는 이유는 "순전히 논리적인"(TLP, 5.5562) 것이다. 왜냐하면 "명제를 분석함에 있어, 요소명제에 이르지 않으면 안 되"(TLP, 4.221)기 때문이다. 그렇다면 요소명제란 무엇인가? 요소명제는 "이름들이 직접적으로 결합하여 이루어져 있다"(TLP, 4.221). '요소'라는 용어는 그것의 일상 용법과 연관이 있어야 한다. 어떤 것이 무엇의 요소라는 말은 보통 어떤 것이 복합적이라는 말과 대조된다. 이를 감안한다면 결합되는 항목의 구조에 연관해서 요소적인 것과 그렇지 않은 것을 구별짓는 것이 자연스러울 것이다(Fogelin, 1974, 152~53쪽). 예를 들어 x, y, z라는 이름으로 이루어진 언어를 가정해보자. 이 이름들이 요소명제의 예가 되기 위해서는 그것들이 두세 가지의 상이한 결합이 아니라 단일하고도 직접적인 결합을 이루어야만 할 것이다. 요컨대 '(xy)' '(yz)' '(zx)' '(xyz)'는 요소명제인 반면 '(xy, yz)'는 요소명제가 아니다.

『논고』에서 비트겐슈타인은 명제간의 상호 독립성에 대해 다음과 같은 정의를 내리고 있다.

서로 어떤 진리독립변항도 공유하지 않는 명제들을, 우리는 서로 독립되어 있다고 한다. (TLP, 5.152)

요소명제들은 독립적인가? '진리독립변항'이 요소명제이므로(TLP, 5.01) 요소명제들이 서로 어떤 요소명제도 공유하지 않으면 그것들은 서로 독립적이라는 것이 따라나온다. 문제는 요소명제들이 서로 어떤 요소명제를 공유할 수 있는가 하는 점이다.

임의로 두 요소명제를 택해 그것들이 어떤 요소명제(예컨대 '(xy)')를 공유한다고 가정해보자. 그렇다면 문제의 두 요소명제는 각기 이름들의 두 가지 상이한 결합으로 이루어져 있음이 분명하다. 즉 우리는 이 요소명제들 각각에서 공유된 요소명제 '(xy)'에 해당하는 이름들의 결합과 그렇지 않은 이름들의 결합을 구별할 수 있다. 그러면 두 요소명제들은 사실은 요소명제가 아닌 것으로 판명될 것이다. 왜냐하면 정의상 요소명제는 이름들의 단일하고도 직접적인 결합으로 이루어지기 때문이다. 따라서 어떠한 두 요소명제도 요소명제를 공유할 수 없다는 결론이 따라나온다. 그리고 이는 모든 요소명제가 독립적임을 의미한다.

위의 설명대로라면 '(xyz)'는 그 안에 '(xy)'라는 결합을 포함하고 있기 때문에 요소명제가 아니지 않는가 하는 반문이 제기될 수 있다. 이에 대해서는 주의가 필요하다. 어떤 명제의 구성 요소가 둘 이상의 상이한 결합이 아니라 **단일하고 직접적인 결합**을 이루는 이름들일 경우 그 명제는 요소명제이다. '(xy, z)'에 있는 이름들이 두 개의 상이한 결합을 이루고 있는데 반해 '(xyz)'에 있는 이름들은 단일한 결합을 이루고 있다. 따라서 '(xy, z)'는 요소명제가 아닌 반면 '(xyz)'는 요소명제이다. 그러므로 '(xy)'라는 결합이 '(xy, z)'라는 명제에 포함되어 있다는 말은 옳을지라도 '(xyz)'라는 명제에 포함되어 있다는 말은 잘못된 것이다. '(xyz)'라는 명제에 속하는 이름들은 스스로 단일하고 직접적인 결합을 이루며 그 결합은 어떠한 방식으로도 상이한 부분들로 나뉘거나 구분될 수 없다.

독립성의 개념은 요소명제의 특징을 이해하는 데 상당히 유용하다. 요소명제의 상호 독립성은 다음의 세 축으로 이루어져 있다.

(a) 어떠한 요소명제도 다른 요소명제로부터 따라나오지 않는다. 논리학에서 우리는 명제 'p'의 정보 내용이 명제 'q'의 정보 내용에 포함되어 있을 경우, 그리고 오직 그 경우에 한해 명제 'p'가 명제 'q'로부터 따라나온다고 말한다. 여기서 명제의 정보 내용은 그 명제의 의미를 말한다. 비트겐슈타인은 이를 수용해서 다음과 같이 말한다.

p가 q로부터 따라나온다면 'p'의 의미는 'q'의 의미에 포함되어 있다. (TLP, 5.122)

요소명제들은 어떠한 요소명제도 공유하지 않기 때문에 어떠한 정보 내용도 공유하지 않는다. 따라서 어떠한 요소명제도 다른 요소명제로부터 따라나오지 않는다. 비트겐슈타인은 연역의 개념을 사용해서 이를 다음과 같이 정리한다.

한 요소명제로부터는 다른 어떤 요소명제도 연역될 수 없다. (TLP, 5.134)

(b) 어떠한 두 요소명제도 서로 모순되지 않는다. '(xy)'와 같은 임의의 요소명제에 대해 살펴보자. 그것의 부정은 요소명제인가? 그 부정이 요소명제이고 'N(xy)'로 기호화된다고 가

정해보자. 여기서 N은 이름이 아니라 논리적 상항이기 때문에 그것이 이름들의 결합 내에서 나타나는 것이 아니라 그것에 대해 작용하는 것이라는 점을 주목해야 한다. 결합되는 것들의 구조라는 측면에서 보자면 두 요소명제 '(xy)'와 'N(xy)'는 공통적으로 '(xy)'를 갖는다. '(xy)'가 요소명제이므로 '(xy)'와 'N(xy)'가 하나의 요소명제를 공유한다는 귀결이 따라나온다. 그렇다면 그것들은 상호 독립적인 것이 아니다. 따라서 그것들 모두가 요소명제인 것은 아니다. 여기서 '(xy)'가 요소명제이기 때문에 'N(xy)'는 요소명제가 아니라는 귀결이 따라나온다. 이로부터 우리는 상호 모순되는 어떠한 두 명제도 둘 다 요소명제일 수는 없음을 알게 된다. 비트겐슈타인은 이를 다음과 같이 표현한다.

> 어떠한 요소명제와도 모순될 수 없다는 것이 요소명제의 한 징표이다. (TLP, 4.211)

(c) 어떠한 두 요소명제의 부정도 서로 무모순적 consistent이다. 이에 대한 증명은 다음과 같다.

우리가 증명하려는 것을 부정했을 때 모순이 따라나오는지를 살펴보자.

1. 논리학에서 '무모순성'은 '모순' 개념에 의해 다음과 같이 정의될 수 있다. 두 명제는 서로 모순되지 않을 경우, 그리고 오직 그 경우에 한해 무모순적이다.
2. 1에 따르자면 우리가 증명하려는 것의 부정은 다음과 같다. 'p' 'q'와 같이 상이한 두 요소명제의 부정은 서로 모순된다. 즉 '~p'는 '~q'와 모순된다. 이 진술('~p'는 '~q'와

모순된다)을 'NS'라 부르자.

3. 'q'가 요소명제이므로 그 정보 내용은 예컨대 '(xy)'와 같은 이름들의 **단일하고 직접적인 결합**을 이룬다. 'p'가 요소명제이므로 그 정보 내용도 이름들의 단일하고 직접적인 결합을 이룬다.

4. 논리학에서 두 명제는 한 명제가 다른 명제의 부정을 함축할 경우, 그리고 오직 그 경우에 한해 서로 모순된다.

5. 4에 따르자면 NS는 논리적으로 '~p가 q를 함축한다'는 것과 동치이다. 이것은 'q'의 정보 내용이 '~p'의 정보 내용에 포함되어 있음을 의미한다.

6. 3과 5로부터 'p'의 부정이 '(xy)'를 함축한다는 것이 따라 나온다.

7. 3과 6으로부터 'p'가 'N(xy)'라는 것이 따라나온다. 그러나 앞서 (b)에서 보았듯이 'N(xy)'와 '(xy)' 둘 다 요소명제일 수는 없다.

8. 7로부터 'p'와 'q' 둘 다 요소명제일 수는 없다는 것이 따라나온다.

9. 8은 2와 모순된다.

Q.E.D.(증명 끝)

따라서 어떠한 두 요소명제의 부정도 서로 모순될 수 없다. 그것들은 상호 무모순적이다.

우리는 (a) (b) (c)를 다음과 같이 한데 묶을 수 있다. 요소명제들은 서로 함축하거나 모순되지 않고 그것들의 부정이 서로 무모순적일 경우, 그리고 오직 그 경우에 한해 상호 독립적이다. 그런데 두 명제가 상호 독립적이라는 사실은 분명 그것들이 요소명제이기 위한 필요조건이기는 하지만 충분조건은 아니다. 'p ∨ q'와 'r ∨ s' 같은 명제들은 독립성의 모든 조건을 만족하기는 하지만 요소명제는 아니다.¹ 어떤 명제가 요소명제이기 위한 충분조건은 우리가 요소명제를 진리 함수 논리의 관점에서 논의할 때 언급될 것이다.

(2) 이제 요소명제와 더불어 비트겐슈타인의 형식적 명제론을 이루고 있는 또 하나의 축인 조작 'N'에 대해 살펴보자. 조작 'N'은 조작의 대상인 요소명제들로부터 명제들을 산출한다. 모든 명제는 요소명제들에 N($\bar{\xi}$)이라는 조작을 잇따라 적용함으로써 얻어진다(TLP, 5.502). ξ는 괄호 쳐진 표현의 항들을 그것의 값으로 삼는 변항이고, 변항 위의 선은 변항이 괄호 속에 있는 모든 값들을 대표한다는 것을 나타낸다(TLP, 5.501). 조작 N은 임의의 수의 명제들에 대한 동시 부정을 산출한다. 즉 N이 하나의 명제에 적용되었을 때에는 부정과 동일한 결과를 낳지만, 두 명제 이상에 대해서부터는 적용되는 대상 명제들 모두에 대한 동시 부정을 산출한다. 그 표기법은 다음과 같다. 'p'에 대한 동시 부정은 'N(p)', 'p'와 'q'에 대한 동시 부정은 'N(p, q)', 'p' 'q' 'r'에 대한 동시 부정은 'N(p, q, r)' 등의 방식으로 괄호 안의 모든 명제들에 대해 괄호 앞에 기호 N을 덧붙여준다(TLP, 5.502~5.52).² 따라서 다음에서 보듯이 조작 N의 진리표에서는 조작이 가해지는 명제가 모두 거짓인 경우를 제외하고는 모든 경우가 거짓이다.

---

1 혹자는 (a)와 (b)를 만족시키는 모든 명제는 (c)도 만족시키며, 따라서 명제들의 독립성을 위해서는 (a)와 (b)만이 요구된다고 주장할는지 모른다. 'p ∨ ~q'와 'q ∨ r'은 서로 함축하거나 모순되지 않지만 그들의 부정은 서로 모순적이라는 점에서 이러한 주장에 대한 반례가 된다.
2 A. Kenny, 1973, 86쪽; Geach, 1981, 168쪽 참조.

p	N(p)	p	q	N(p, q)	p	q	r	N(p, q, r)
T	F	T	T	F	T	T	T	F
F	T	T	F	F	T	T	F	F
		F	T	F	T	F	T	F
		F	F	T	T	F	F	F
					F	T	T	F
					F	T	F	F
					F	F	T	F
					F	F	F	T

 요소명제에 대한 이러한 조작에서 산출되는 명제의 진리치는 조작의 대상이 되는 요소명제의 진리치의 함수이다. 모든 명제는 요소명제에 대한 진리 조작의 귀결이다(TLP, 5.234). 달리 말해 모든 명제는 요소명제의 진리 함수이다. 그리고 요소명제는 그 자신의 진리 함수이다(TLP, 5). 우리는 이를 한 명제가 요소명제이기 위한 필요충분조건으로 간주한다. 요컨대 한 명제는 그 자신의 진리 함수일 경우, 그리고 오직 그 경우에 한해 요소명제이다.

 모든 명제가 요소명제들에 N($\bar{\xi}$)이라는 조작을 잇따라 적용함으로써 얻어진다는 비트겐슈타인의 주장(TLP, 6.001)에 대해 논의해보자. 임의의 수의 요소명제에 대한 가능한 모든 진리 함수는 단순한 도식에 의해 정리될 수 있다(TLP, 5.101). 예컨대 다음의 진리표에서 보여지는 것과 같이 두 요소명제에 대해서는 16개의 가능한 진리 함수가 있다.

p	q	1	2	3	4	5	6	7	8	9	10	11	12	13	14	15	16
T	T	T	F	T	T	T	F	F	F	T	T	T	F	F	F	T	F
T	F	T	T	F	T	T	F	T	T	F	F	T	F	F	T	F	F
F	T	T	T	T	F	T	T	F	T	F	T	F	F	T	F	F	F
F	F	T	T	T	T	F	T	T	F	T	F	F	T	F	F	F	F

이제 표에서 나타나는 모든 명제가 요소명제에 조작 N을 잇따라 적용함으로써 얻어질 수 있는지를 보일 차례이다. 이는 다음과 같이 수행된다.

1. N(N(p, N(p)))　　　　　　　　　　　　p ∨ ~p
2. N(N(N(p), N(q)))　　　　　　　　　　 ~(p · q)
3. N(N(N(N(p, q), N(N(p), N(q)))), q))　　p ⊃ q
4. N(N(N(N(p, q), N(N(p), N(q)))), p, N(p, q)))　q ⊃ p
5. N(N(p, q))　　　　　　　　　　　　　p ∨ q
6. N(p)　　　　　　　　　　　　　　　　~p
7. N(q)　　　　　　　　　　　　　　　　~q
8. N(N(p, q), N(N(p), N(q)))　　(p · ~q) ∨ (q · ~p)
9. N(N(N(p, q), N(N(p), N(q))))　　　　　p ≡ q
10. 요소명제　　　　　　　　　　　　　　q
11. 요소명제　　　　　　　　　　　　　　p
12. N(p, q)　　　　　　　　　　　　　　~p · ~q
13. N(N(N(N(p, q), N(N(p), N(q)))), p, N(p, q))　q · ~p
14. N(N(N(N(p, q), N(N(p), N(q)))), q)　　p · ~q
15. N(N(p), N(q))　　　　　　　　　　　　p · q
16. N(p, N(p))　　　　　　　　　　　　　p · ~p

우리는 두 명제의 진리 함수가 어떻게 요소명제들로부터 조작 N에 의해 구성될 수 있는지를 살펴보았다.[3] 비트겐슈타인은 모든 명제들이 이러한 특징을 공유하고 있다고 본다. 그러므로 명제의 일반 형식은 다음과 같이 정식화된다(TLP, 6).

$[\bar{p}, \bar{\xi}, N(\bar{\xi})]$

여기서 $\bar{p}$는 요소명제들의 집합이다. 명제의 일반 형식은 모든 명제가 요소명제들의 진리 함수임을 함축한다.

모든 명제가 요소명제들의 진리 함수라는 주장은 흥미로운 결과를 야기한다. 진리 조건들의 가능한 집단들 중에서 우리는 두 가지 극단적인 경우와 만나게 된다.

한 경우에 있어서는 명제가 요소명제들의 모든 진리 가능성들에 대해서 참이다. 우리는 그 진리 조건들이 **동어반복적**이라고 말한다.

두번째 경우에 있어서는 명제가 요소명제들의 모든 진리 가능성들에 대해서 거짓이다. 그 진리 조건들은 **모순적**이다.

첫번째 경우의 명제를 우리는 동어반복 tautology이라 부르고, 두번째 경우의 명제는 모순이라 부른다. (TLP, 4.46)

위의 도표에서 1(p ∨ ~p)은 동어반복이고 16(p · ~p)은 모순이다.

지금까지의 논의와 위의 인용문의 내용을 한데 묶을 때 우리는 'p · ~p'와 같은 모순에 대해 다음의 두 가지 사실을 알게

---

[3] 조작 N이 지니는 함축은 7장에서 보다 상세히 논의될 것이다.

된다. 첫째, 모순은 요소명제들에 조작 N을 적용함으로써 얻어진다. 예컨대 'p · ~p'는 'N(p, N(p))'와 논리적으로 동치이다. 따라서 그것은 명제이다. 둘째, 모순은 진리치를 갖는다. '·'의 의미는 두 명제의 연접이 두 연접지가 모두 참인 경우를 제외하고는 항상 거짓이라는 점에 의해 밝혀진다. 따라서 한 명제와 그 자신의 부정이 연접된 모순은 두 연접지가 모두 참일 수 없으므로 항상 거짓이다.

앞으로 보겠지만 위의 두 논점으로부터 모순의 본성에 대하여 동일한 결론이 도출된다. 그 중 첫번째 논점을 예로 들어보자.

⟨4⟩ 모순은 명제이다.

그리고 이를 다음과 같이 기호화하자.

⟨4⟩ Pc

⟨4⟩는 앞에서 살펴본 ⟨1⟩ ⟨2⟩ ⟨3⟩, 즉 (x)(Sx ⊃ Px), (x)(Tx ⊃ Sx), (x)(Px ⊃ Tx)와 더불어 여섯 개의 연역을 구성하는 데 사용될 것이다. 여섯 개의 연역은 모두 다음의 방식에 따라 구성될 것이다. (1) 각각의 연역의 전제들은 위의 네 명제들, 즉 (x)(Sx ⊃ Px), (x)(Tx ⊃ Sx), (x)(Px ⊃ Tx), Pc로부터 취해진다. (2) 결론은 전제들 아래에 놓이게 되는데 '?'라는 기호가 그 앞에 붙는다. 그래서 예컨대 '? Sc'는 "우리는 왜 Sc가 따라 나오는지를 밝히고자 한다"로 읽는다(J. Corcoran, 1974b, 110쪽 참조). (3) 연역의 매 단계마다 연역에 사용된 전제나 선행명제, 그리고 추론의 규칙이 명시된다. (4) 긍정식 Modus

Ponens[4]과 보편 사례화 Universal Instantiation[5]가 추론 규칙으로 사용된다.

여섯 개의 연역을 위의 방식에 따라 구성해보면 다음과 같다.

[1] 1. (x)(Tx ⊃ Sx)
    2. (x)(Px ⊃ Tx)
    3. Pc
    ? Sc
    4. Pc ⊃ Tc   2. 보편 사례화
    5. Tc ⊃ Sc   1. 보편 사례화
    6. Tc   3, 4. 긍정식
    7. Sc   5, 6. 긍정식
    Q.E.D.

[2] 1. (x)(Sx ⊃ Px)
    2. (x)(Px ⊃ Tx)
    3. Sc
    ? Tc
    4. Sc ⊃ Pc   1. 보편 사례화
    5. Pc ⊃ Tc   2. 보편 사례화
    6. Pc   3, 4. 긍정식

---

4 조건문을 포함하는 다음과 같은 타당한 논증 형식.
  p ⊃ q
  p
  ―――
  ∴ q

5 (x)(……x……)와 같이 보편 양화사로 시작되는 명제로부터 그것의 어떤 사례라도 추론할 수 있다는 원리.

7. Tc   5, 6. 긍정식
Q.E.D.

[3] 1. (x)(Px ⊃ Tx)
    2. Pc
    ? Tc
    3. Pc ⊃ Tc   1. 보편 사례화
    4. Tc   2, 3. 긍정식
    Q.E.D.

[4] 1. (x)(Tx ⊃ Sx)
    2. Tc
    ? Sc
    3. Tc ⊃ Sc   1. 보편 사례화
    4. Sc   2, 3. 긍정식
    Q.E.D.

[5] 1. (x)(Sx ⊃ Px)
    2. Sc
    ? Pc
    3. Sc ⊃ Pc   1. 보편 사례화
    4. Pc   2, 3. 긍정식
    Q.E.D.

[6] 1. (x)(Sx ⊃ Px)
    2. (x)(Tx ⊃ Sx)
    3. Tc

? Pc
4. Tc ⊃ Sc   2. 보편 사례화
5. Sc ⊃ Pc   1. 보편 사례화
6. Sc   3, 4. 긍정식
7. Pc   5, 6. 긍정식
Q.E.D.

위의 연역들 사이의 관계는 다음의 도표에서 좀더 분명해진다.

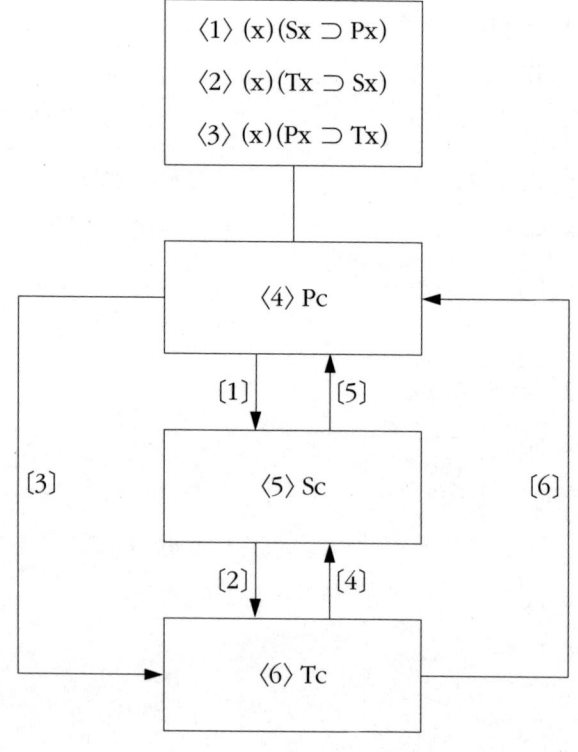

여섯 개의 연역은 ⟨1⟩ ⟨2⟩ ⟨3⟩을 전제로 했을 때 ⟨4⟩ ⟨5⟩ ⟨6⟩이 서로를 함축함을 보여준다.
위 도표의 귀결은 다음과 같다.

⟨4⟩ 모순은 명제이다.
⟨5⟩ 모순은 의미를 갖는다.
⟨6⟩ 모순은 진리치를 갖는다.

동어반복의 경우에도 사정은 마찬가지이다. 첫째, 'p ∨ ~p'와 같은 동어반복은 요소명제 'p'에 조작 N을 적용한 결과 (N(N(p, N(p))))이기 때문에 명제이다. 둘째, 'p ∨ ~p'는 모든 경우에 참이기 때문에 진리치를 갖는다. 여기에다 앞에서 살펴본 ⟨1⟩ ⟨2⟩ ⟨3⟩을 더하면 다음이 따라나온다.

⟨7⟩ 동어반복은 명제이다.
⟨8⟩ 동어반복은 의미를 갖는다.
⟨9⟩ 동어반복은 진리치를 갖는다.

2.3 의미론적 명제론

지금까지 논의한 모순과 동어반복에 대한 해석의 귀결을 수용한다면 비트겐슈타인은 (1) 모순과 동어반복이 명제이고, (2) 의미를 가졌다고 보았던 것처럼 보인다. 그러나 그의 저작 가운데에는 이러한 해석과 맞지 않는 구절들이 여럿 눈에 띈다.

'p ∨ ~p'와 같은 배열은 외적으로는 가능하지만 그러한 복합체가 **무언가를 말하는** 명제이기 위한 조건을 충족시키지는 못한다. ……따라서 'p ∨ ~p'와 'p · ~p'는 명제가 아니다. (NB, 58쪽)

동어반복과 모순은 의미를 결여하고 있다. (TLP, 4.461)

동어반복과 모순이 퇴화된 명제라는 램지 F. Ramsey의 말은 옳다. (PG, 317쪽)[6]

형식적 명제론에 의하면 모순과 동어반복은 요소명제에 대한 조작 N으로부터 아주 정당한 방식으로 도출되는 명제이다. 그러므로 그것들은 "음악은 빨갛다"나 "빨갛음악은다"와 같은 비의미와 구별된다. 비트겐슈타인은 이러한 맥락에서 모순과 동어반복을 비의미하지 unsinnig 않다고 말한다(TLP, 4.4611). 비의미는 의미의 영역 바깥에 놓여 있지만 모순과 동어반복은 그렇지 않다. 그것들은 요소명제들이 정당한 방식으로 결합되어 이루어진다. 그러나 앞으로 보겠지만 그것들은 의미를 결여하고 sinnlos 있다.[7] 그 까닭은 명제를 구성하는 가장 근본적인 방식, 즉 형식적 명제론에서 연유하는 불가피한 것이다. 이를 상세히 살펴보기로 하자.

비트겐슈타인의 형식적 명제론은 우리에게 어떤 명제가 요소명제로부터 조작 N에 의해 어떻게 도출될 수 있는지를 알려준다. 그러나 이 명제론은 두 가지 문제를 간과하고 있다. 첫

---

6 Ramsey, 1927, 151쪽 참조.
7 문맥에 따라 'unsinn'(nonsense)은 '난센스'나 '비의미'로, 'Sinnlosigkeit' (senselessness)는 '의미의 결여'나 '무의미'로 번역하기로 한다.

째, 이 명제론은 어떻게 요소명제가 형성되는지에 대한 문제를 간과하고 있다. 요소명제가 이름으로 이루어진다는 말은 별 도움이 되지 않는다. 왜냐하면 그것은 비트겐슈타인도 인정하다시피 문제에 대한 답을 제시한다기보다 단지 "어떻게 명제 결합이 이루어지게 되는가 하는 물음을 제기할"(TLP, 4.221) 뿐이기 때문이다. 요컨대 형식적 명제론만으로는 요소명제의 문제를 해결할 수 없다. 둘째, 형식적 명제론은 우리에게 어떤 명제의 진리치가 어떻게 요소명제의 진리치에 의해 결정될 수 있는가를 알려주기는 하지만 요소명제의 진리치 자체가 어떻게 결정되는가는 알려주지 않는다.

이러한 문제들을 해결하기 위해 비트겐슈타인은 의미론적 명제론을 구상한다. 이 명제론의 근본 이념은 명제가 세계와 비교되는 그림이라는 것이다. 명제는 "자처럼 실재에 대어진다"(TLP, 2.1512). 요소명제는 측정되는 실재의 부분에 와 닿는 자와 같은 것이다. 명제에 대한 이러한 견해는 (i) 명제와 그 의미 사이의 관계와, (ii) 명제의 의미와 그 진리치 사이의 관계를 해명해준다. 논의 전개상 (ii)에 관해 먼저 살펴보기로 하자. (ii)에 대해 비트겐슈타인은 다음과 같이 말한다.

그것[명제]의 의미와 실재와의 일치나 불일치에서 그것의 참이나 거짓이 성립된다. (TLP, 2.222)

명제가 참이라면 사태는 존립한다. 명제가 거짓이라면 사태는 존립하지 않는다(TLP, 4.25). 따라서 우리는 위의 인용문을 다음과 같은 두 명제로 나누어볼 수 있다.

명제 p는 p의 의미가 실재와 일치할 경우, 그리고 오직 그 경우에 한해 참이다.

명제 p는 p의 의미가 실재와 일치하지 않을 경우, 그리고 오직 그 경우에 한해 거짓이다.

한편 (i)에 대해 비트겐슈타인은 다음과 같이 말한다.

명제의 의미는 사태의 존립 및 비존립의 가능성과 명제와의 일치와 불일치이다. (TLP, 4.2)

"일어나는 일, 즉 사실이 사태들의 존립"(TLP, 2)이므로 우리는 위의 인용문을 다음과 같이 정리할 수 있다.

명제 p는 p에 해당하는 경우가 일어나거나 안 일어나는 것이 논리적으로 가능할 경우, 그리고 오직 그 경우에 한해 의미를 갖는다.

명제가 의미를 갖는 것이 그에 해당하는 경우가 일어나거나 안 일어나는 것의 논리적 가능성과 연관되므로, 우리는 명제가 의미를 결여하는 것은 그에 해당하는 경우가 일어나거나 안 일어나는 것의 논리적 불가능성과 연관된다고 추론할 수 있다.

명제 p는 p에 해당하는 경우가 일어나거나 안 일어나는 것이 논리적으로 불가능할 경우, 그리고 오직 그 경우에 한해 의미를 결여한다 sinnlos.

아울러 비트겐슈타인은 명제들의 진리치 사이에 함수 관계가 있는 것처럼 명제들의 의미 사이에도 함수 관계가 있다고 본다.

p의 진리 함수의 의미는 p의 의미의 함수이다. (TLP, 5.2341)

이에 관해서는 2.4에서 자세히 논의할 것이다.
비트겐슈타인은 형식적 명제론이 제시했던 것과는 다른 다음과 같은 명제의 일반 형식을 제시함으로써 의미론적 명제론의 주요 이념을 요약한다.

명제의 일반 형식은 "사태가 이러저러하다"는 것이다. (TLP, 4.5)

그러나 이는 형식적 명제론의 요점을 간결하게 보여주었던 앞서의 명제의 일반 형식과 비교했을 때 실망스럽기 짝이 없다. 그래서 블랙은 "제시된 형식은 너무 비밀스러워 이해가 불가능할 정도"이며 "문제에 대한 부적절한 해결책"(M. Black, 1964, 237쪽)이라고 불평한다. 그러나 우리는 "사태가 이러저러하다"가 (i) "명제가 실재의 그림임으로서만 참이거나 거짓일 수 있으며"(TLP, 4.06), (ii) 명제의 의미가 어떠한 경우에 그 명제가 참이라고 불리는지를 결정함에 의해서 결정됨(TLP, 4.063)을 함축하는 것으로 이해한다. 즉 우리는 비트겐슈타인이 위의 명제의 일반 형식을 통해 이러한 두 가지 테제를 제시함으로써 명제가 실재의 그림이라는 점을 강조하고자 했다고 본다.

형식적 명제론에 의해 도출된 명제들을 의미론적 명제론의 관점에서 살펴보기로 하자. 형식적 명제론에 의하면 모든 진리 함수는 진리표에서 일련의 명제들로 배열될 수 있다. 그리고 그것들은 다음의 두 부류로 구분된다.

(1) 일군의 진리 함수는 각 진리 함수에 해당하는 경우가 일어나거나 안 일어날 가능성을 갖는다. 이러한 우연성을 갖는 명제가 진정한 명제이다.

(2) 일군의 진리 함수는 그 진리치가 모든 경우에 거짓이거나 혹은 모든 경우에 참이다. 전자는 모순이고 후자는 동어반복이다. 모순에 해당하는 경우가 일어나는 것은 논리적으로 불가능하고, 동어반복에 해당하는 경우가 일어나지 않는 것도 논리적으로 불가능하다.

명제의 의미 기준을 방금 살펴본 세 가지 경우에 적용해보면 (1)에 속하는 명제만이 의미를 지님을 알게 된다. 모순과 동어반복은 의미를 결여하고 있다. 그것들은 각각 최소(0)와 최대(전체)의 독립적 '진리 조건'을 갖는다는 점에서 '극한의 경우'에 해당한다. 모순과 동어반복은 사물들이 어떠한지를 서술하는 의미있는 명제들이 결합하여 이루어지지만, 정작 그 결합의 산물인 모순과 동어반복은 사물들이 어떠한지를 서술하지 않으며 의미를 결여하고 있다. 세계의 사물들이 서로 어떻게 되든 모순과 동어반복의 진리치는 변하지 않는다.

모순과 동어반복에 관한 이러한 고찰을 의미론적 명제론이 제시하는 명제의 일반 형식에 연계시킬 때 우리는 또 하나의 중요한 통찰에 이르게 된다. 모순과 동어반복은 사물들이 어떠할 수 있는지에 대해 어떠한 그림도 제시하지 않는다는 점에서 명제로 간주될 수 없다. 즉 그것들은 각각의 구성 부분들의 의미를 의미있는 전체로 결합하지 못하고 있다는 점에서 명제의 실제적 내지는 본질적 결합이 아닌 것이다(P. Carruthers, 1989, 60쪽 참조). 비트겐슈타인은 다음과 같이 말한다.

동어반복과 모순은 기호 결합의 한계의 경우, 이를테면 기호 결합의 해체이다. (TLP, 4.466)

물론 동어반복과 모순에 있어서도 기호들은 서로 결합된다. 즉 기호들은 서로 어떤 관계에 있다. 그러나 이 관계들은 뜻이 없다. 즉 부호에 비본질적이다. (TLP, 4.4661)

지금까지 우리는 모순이 의미를 결여하고 있으며 명제로 간주될 수 없음을 보았다. 이 두 논점으로부터 모순의 본성에 대하여 동일한 결론이 도출된다. 그중 첫번째 논점을 예로 들어 보자.

⟨4⟩ 모순은 의미를 결여하고 있다.

그리고 이를 다음과 같이 기호화하자.

⟨4⟩ ~Sc

이는 앞에서 살펴본 ⟨1⟩ ⟨2⟩ ⟨3⟩, 즉 $(x)(Sx \supset Px)$, $(x)(Tx \supset Sx)$, $(x)(Px \supset Tx)$와 더불어 다음과 같은 여섯 개의 연역을 구성하는 데 사용될 수 있다. 여기서는 전제로부터 결론을 이끌어내는 과정에서 부정식 Modus Tollens[8]과 보편 사례화가 추

---

8 조건문을 포함하는 다음과 같은 타당한 논증 형식.
$p \supset q$
~q
∴ ~p

론 규칙으로 사용된다.

여섯 개의 연역을 차례로 구성해보면 다음과 같다.

[1] 1. (x)(Tx ⊃ Sx)
    2. (x)(Px ⊃ Tx)
    3. ~Sc
    ? ~Pc
    4. Tc ⊃ Sc   1. 보편 사례화
    5. Pc ⊃ Tc   2. 보편 사례화
    6. ~Tc   3, 4. 부정식
    7. ~Pc   5, 6. 부정식
    Q.E.D.

[2] 1. (x)(Sx ⊃ Px)
    2. (x)(Tx ⊃ Sx)
    3. ~Pc
    ? ~Tc
    4. Sc ⊃ Pc   1. 보편 사례화
    5. Tc ⊃ Sc   2. 보편 사례화
    6. ~Sc   3, 4. 부정식
    7. ~Tc   5, 6. 부정식
    Q.E.D.

[3] 1. (x)(Tx ⊃ Sx)
    2. ~Sc
    ? ~Tc
    3. Tc ⊃ Sc   1. 보편 사례화

4. ~Tc
Q.E.D.

2, 3. 부정식

[4] 1. (x)(Px ⊃ Tx)
    2. ~Tc
    ? ~Pc
    3. Pc ⊃ Tc
    4. ~Pc
    Q.E.D.

1. 보편 사례화
2, 3. 부정식

[5] 1. (x)(Sx ⊃ Px)
    2. ~Pc
    ? ~Sc
    3. Sc ⊃ Pc
    4. ~Sc
    Q.E.D.

1. 보편 사례화
2, 3. 부정식

[6] 1. (x)(Sx ⊃ Px)
    2. (x)(Px ⊃ Tx)
    3. ~Tc
    ? ~Sc
    4. Sc ⊃ Pc
    5. Pc ⊃ Tc
    6. ~Pc
    7. ~Sc
    Q.E.D.

1. 보편 사례화
2. 보편 사례화
3, 5. 부정식
4, 6. 부정식

위의 연역들 사이의 관계는 다음의 도표에서 좀더 분명해진다.

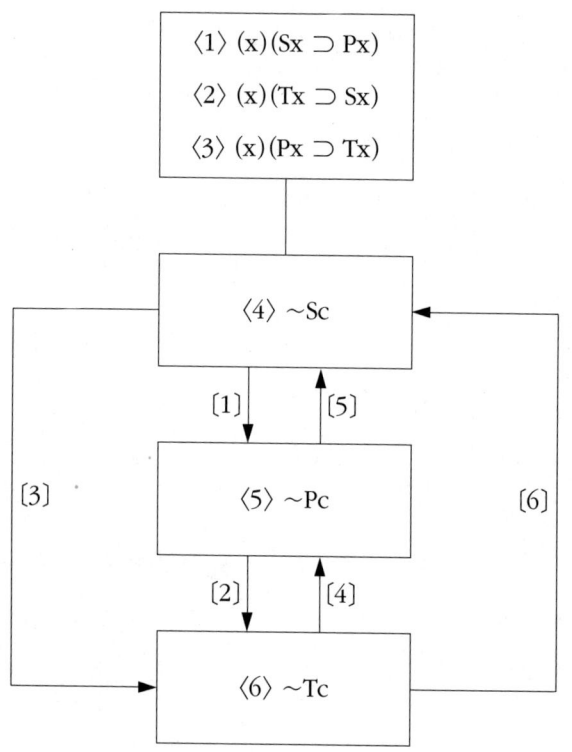

여섯 개의 연역은 ⟨1⟩ ⟨2⟩ ⟨3⟩을 전제로 했을 때 ⟨4⟩ ⟨5⟩ ⟨6⟩이 서로를 함축함을 보여준다.

위 도표의 귀결은 다음과 같다.

⟨4⟩ 모순은 의미를 결여하고 있다.
⟨5⟩ 모순은 명제가 아니다.
⟨6⟩ 모순은 진리치를 갖지 않는다.

동어반복의 경우에도 사정은 마찬가지이다. 즉 동어반복은 의미를 결여하고, 명제가 아니므로 진리치를 갖지 않는다는 것이 위의 연역과 도표로부터 따라나온다. 이를 정리하면 다음과 같다.

⟨7⟩ 동어반복은 의미를 결여하고 있다.
⟨8⟩ 동어반복은 명제가 아니다.
⟨9⟩ 동어반복은 진리치를 갖지 않는다.

2.4 모순에 관한 논쟁

우리는 비트겐슈타인의 형식적 명제론과 의미론적 명제론이 모순의 본성에 대해 서로 모순되는 귀결을 산출함을 보았다. 이 귀결에 관한 의문은 다음과 같이 서술될 수 있다. (1) 어떻게 모순이 동시에 명제이기도 하고 아니기도 할 수 있는가? (2) 어떻게 모순이 동시에 의미를 갖기도 하고 갖지 않기도 할 수 있는가? (3) 어떻게 모순이 동시에 진리치를 갖기도 하고 갖지 않기도 할 수 있는가? (4) 비트겐슈타인 자신은 이러한 문제를 인식했고 해결하려 했는가?

비트겐슈타인 연구가들의 견해도 상충된다. 기치는 비트겐슈타인이 모순과 동어반복을 여타의 명제들과 다른 종류의 것으로 격리시켜 생각할 이유가 없다고 주장한다. 기치는 모순과 동어반복을 여타의 명제들과 격리시키려는 어떠한 이론도 '모순'이며 '혼동'을 일으킬 뿐이라고 본다.

나는 격리론을 비트겐슈타인에게 귀속시키는 근거가 아주 허약한 것 같다고 말하고자 한다. 진리 함수론이 그러한 격리를 요구한다는 것은 무언가를 혼동할 때만 가정할 수 있다. 진리함수론이 요구하는 것은 그 정반대이다. 그러므로 그것은 내적으로 모순되지 않는 한 격리론을 요구할 수 없다. 그런데 진리함수론이 내적으로 모순을 포함하고 있다고 주장할 사람은 아무도 없을 것이다. (Geach, 1979, 234쪽)

결국 기치는 비트겐슈타인의 두 명제론 중 형식적 명제론만을 인정하고 있는 셈이다. 이에 반해 골드슈타인은 모순과 동어반복에 관한 격리론이 비트겐슈타인 자신의 입장일 뿐만 아니라 근거가 허약하거나 혼동의 산물도 아니라는 12가지 이유를 제시한다(Goldstein, 1986; Ramsey, 1927, 151쪽 참조). 우리는 골드슈타인의 이유들을 일일이 열거하지는 않겠다. 왜냐하면 그것들 중 대부분은 이미 의미론적 명제론을 설명하는 과정에 반영되었기 때문이다. 요컨대 골드슈타인은 비트겐슈타인의 두 명제론 중 의미론적 명제론만을 인정하고 있다.

기치와 골드슈타인의 논의는 여러모로 만족스럽지 못하다. 첫째, 그들은 비트겐슈타인의 두 명제론 중 어느 하나만을 다루고 있다. 그러면서도 그들은 이로부터 그들 사이에 불일치가 생겨남을 깨닫지 못하고 있다. 또한 그들은 어느 명제론이 자신의 견해의 근거가 되는지에 대해서도 분명하게 이해하지 못하고 있다. 둘째, 그들은 모두 자신들의 의견이 다음의 세 가지 문제 모두에 걸쳐 서로 상충하고 있다는 점을 알지 못하고 있다. (i) 모순은 진리치를 갖는가? (ii) 모순은 명제인가? (iii) 모순은 의미를 갖는가? 셋째, 그들은 모순의 문제를 "무엇이 말해질 수 있는가?"라는 보다 포괄적인 문제에 연관시키지 않고 있다.

포겔린은 모순의 문제에 관해 기치와 골드슈타인에 비해 한

층 더 섬세한 견해를 제시한다(Fogelin, 1976). 그는 모순의 지위에 관한 문제가 각각 형식적 명제론과 의미론적 명제론에 해당하는 진리 함수론과 그림 이론 사이의 갈등으로부터 비롯된다는 점을 정확하게 파악하고 있다. 그에 의하면 비트겐슈타인은 "두 가지 선택지"에 직면했었던 듯이 보인다. 비트겐슈타인은 그림 이론을 선택하고 모순과 동어반복에 명제의 지위를 부여하지 않거나, 혹은 그것들이 명제임을 인정하고는 그에 맞게 그림 이론을 수정할 수도 있었다. 포겔린에 의하면 비트겐슈타인은 『논고』를 마무리짓기 전에는 첫번째 방향으로 기울었다 (Fogelin, 1976, 45쪽). 그러나 비트겐슈타인은 마음을 바꾸었다. 『논고』에서 그는 대신에 다음의 방식으로 그의 두 명제론을 화해시키려 했다(Fogelin, 1976, 47쪽).

   모순과 동어반복은 실재를 그리지는 않더라도 실재를 그리는 요소명제들의 진리 함수이다. 모순과 동어반복은 실재를 그리는 의미있는 명제의 진리 함수이므로 간접적으로 우리 언어의 그림 메커니즘에 의존되어 있다. 모순과 동어반복은 자신들을 구성하는 "이름들이 뜻을 갖는다는 것과 요소명제들이 의미를 갖는다는 것을 전제한다. 그리고 이것이, 그것들이 세계와 맺는 관계이다"(TLP, 6.124). 그러므로 만일 '@'가 실재를 그리는 의미있는 명제가 아니라면, 다음은 모순이나 동어반복의 예라고 볼 수 없다.

    @ · ~@   @ ∨ ~@

요컨대 (1) 모순과 동어반복은 요소명제들의 진리 함수이며, (2) 모순과 동어반복이 실재를 그리지는 못하지만 그것들을 구성하는 명제들은 실재를 그린다. 포겔린은 모순과 동어반복을 포함하는 모든 진리 함수가 세계와 그림의 관계 하에 있다는 점을 보여줌으로써 형식적 명제론과 의미론적 명제론을 하나의 체계로 통합시킨다. 포겔린도 시인하듯이 이러한 화해의 과정에서 우위를 점하는 것은 진리 함수론(형식적 명제론)이다. 모순과 동어반복은 그림인 **명제들의 한계에 해당한다**(Fogelin, 1976, 47쪽). 그는 이것을 『논고』에서 비트겐슈타인의 최종 입장으로 보았다.

『논고』를 이러한 방식으로 읽는 데에는 몇 가지 어려움이 있다. 우선 형식적 명제론의 우위는 『논고』의 최종 입장이 아니다. 우리는 의미론적 명제론 역시 『논고』의 맥락에서 도출됨을 이미 자세히 살펴보았다. 포겔린이 형식적 명제론이 『논고』에서 우위를 점한다고 보는 이유의 하나는 모순과 동어반복이 진리치를 갖는다는 점이다. 그러나 의미론적 명제론에 따르면 모순과 동어반복은 진리치를 가질 수 없다는 점에 유의해야 한다. 포겔린은 모순과 동어반복에 관한 진리 함수론과 그림 이론이 모순과 동어반복이 실재를 **그리는** 요소명제의 **진리 함수**라는 점에서 화해를 이룰 수 있다고 본다. 그러나 이러한 화해는 어떻게 해서 모순과 동어반복을 구성하는 요소명제들은 실재의 그림인데 반해 정작 모순과 동어반복은 그렇지 못한지를 설명해내지 못하기 때문에 불완전한 것이다.

포겔린은 의미론적 명제론을 2차적인 것으로 취급하고 있기 때문에 그에게서 『논고』의 두 명제론 사이의 진정한 화해를 기대하기는 어렵다. 2.2에서 의미론적 명제론을 살펴보는 과정에서 우리는 한 명제의 의미와 그 명제를 구성하는 명제들의 의미 사이에는 한 명제의 진리치와 그 명제를 구성하는 명제들의 진리치 사이에 놓여 있는 것과 똑같은 함수 관계가 있음을 보았다(TLP, 5.2341). 그러나 포겔린에 의하면 모순과 동어반복은 실재를 그리는 요소명제의 진리 함수인 명제들이다. 그런데 모순과 동어반복을 구성하는 명제들은 의미를 갖고 있지만 그 명제들이 결합해서 이루어진 모순과 동어반복은 의미를 결여하고 있다. 즉 모순이나 동어반복의 의미는 그것들을 구성하는 명제들의 의미의 함수는 아니다. 이는 한 명제의 의미가 그 명제를 구성하는 명제의 의미의 함수라는 의미론적 명제론의 기본 노선과 상충된다.

모순과 동어반복이 진리표에서 진리치를 갖는다는 것은 사실이다. 그러나 모순과 동어반복의 진리치에 연관된 사항을 살펴보기 위해서 우리는 모순과 동어반복을 구성하는 명제들의 어떤 구체적인 특징에 대해서도 참조할 필요가 없다는 점에 주목해야 한다. 모순과 동어반복을 구성하는 명제들의 진리치는 모순과 동어반복의 진리치와 무관하다. 모순은 그것을 구성하는 명제의 진리치에 관계없이 거짓이고, 동어반복은 그것을 구성하는 명제의 진리치에 관계없이 참이다. 그러므로 진리표에서 모순과 동어반복에 대한 진리 조건이라는 것은 사실은 그들의 진리치를 논리적으로 **결정하는** 진리 조건이 못 된다. 그래서 비트겐슈타인은 모순과 동어반복이 진리 조건을 갖지 않는다고 말한다(TLP, 4.461). 그러나 그렇다고 해서 그가 모순과 동어반복이 진리치를 갖는다는 것을 부정하는 것은 아니다. 그가 말하려는 것은 모순은 무조건적으로 거짓이고 동어반복은 무조건적으로 참이라는 점이다(TLP, 4.461). 요컨대 그것들의 진리치는 진정한 명제들과는 다른 것으로 이해해야 한다는 것이다.

모순과 동어반복이 실재를 그리지 않는다면 대체 그것들은 무엇인가? 언어에서 그것들의 역할은 무엇인가? 비트겐슈타인은 그것들이 "언어의 형식적—논리적—속성을 **보여주는**"

(TLP, 6.12) "부호 체계에 속한다"(TLP, 4.4611)고 말한다. 이 말을 풀이해보자. 모순과 동어반복은 자신을 구성하는 명제들에 관한 것이 아니다. 모순과 동어반복 내의 진정한 명제들은 실재 그리기라는 자신들의 통상적 기능을 수행하지 않는다. 대신에 우리의 부호 체계, 즉 논리학의 본성을 해명한다. 그것들은 일종의 자기 지시적 속성을 갖는다(TLP, 6.113, 6.127).[9] 즉 모순과 동어반복은 자기 자신의 구조의 어떤 측면에 관한 것이다. 비트겐슈타인은 다음과 같이 말한다.

모순과 동어반복은 아무것도 말하지 않는다. 그것들은 명제들 사이의 논리적 연관을 해명하는 방법을 제공할 뿐이다. (WVC, 131쪽)

비트겐슈타인은 모순과 동어반복을 어떻게 추론이 진행되어 가는가를 보여준다는 의미에서 "논리적 명제"라고 부른다(TLP, 6.122~6.1224). 동어반복은 논리학에서 함축의 기준을 명확히 하는 데 사용될 수 있다. 비트겐슈타인은 이를 다음과 같이 설명한다.

'(p ⊃ q) · (p) : ⊃ : (q)'라는 형식 속에서 서로 결합된 'p ⊃ q' 'p' 'q'라는 명제들이 하나의 동어반복이 된다는 것은, q가 p와 p ⊃ q로부터 따라나온다는 것을 보여준다.
'(x). fx : ⊃ : fa'가 동어반복이라는 것은 fa가 (x). fx로부터 따라나온다는 것을 보여준다. 등등, 등등. (TLP, 6.1201)

---

[9] R. McDonough, 1986, 7쪽 참조.

말하자면 'p ⊃ q'라는 조건문이 동어반복일 경우, 그리고 오직 그 경우에 한해 'q'는 'p'로부터 따라나온다(P. Suppes, 1957, 15쪽 참조). 그러므로 논리학에서 타당한 논증은 전제의 집합과 결론이 각각 전건과 후건인 동어반복적 조건문으로 표현될 수 있다.

비트겐슈타인에 의하면 논리적 명제는 여기서 동어반복을 지칭하지만 모순을 지칭할 수도 있다. 그 이유는 다음과 같다.

동일한 목적을 위해 우리가 동어반복 대신 모순을 사용할 수도 있다는 것은 분명하다. (TLP, 6.1202)

논리학에서 모순은 동어반복과 똑같은 중요성을 지닌다. 그리고 나는 모순으로도 논리학을 연구할 수 있다. (WVC, 131쪽)

이제 다음의 예를 통해 모순이나 동어반복과 같은 논리적 명제와 진정한 명제 사이의 구분을 고찰해보자.

1. p ⊃ q
2. p
? q

여기서 'p'와 'q'가 진정한 명제라고 하자. 그렇다면 이 예에서 하나의 진정한 명제는 다른 하나의 진정한 명제로부터 논리적으로 따라나온다. '{(p ⊃ q) · p} ⊃ q'가 동어반복이라는 사실은 위의 논증에서 결론을 도출하기 위해 전제의 집합에 적용된다. 논리적 명제들은 진정한 명제들 사이의 추론에 적용될 수 있다. 그러나 논리적 명제들이 언급될 필요는 없다. 비트

비트겐슈타인은 "논리적 명제들 없이도 지낼 수 있다"(TLP, 6.122)고 말한다. 왜냐하면 "명제들을 단지 살펴보기만 해도 그 명제들의 형식적 속성들을 인식할 수 있기 때문"(TLP, 6.122)이다. 그러므로 논리적 명제는 추론 과정에 직접 나타나지 않는다.

이러한 점을 응용하면 우리는 흥미롭게도 아킬레스와 거북이의 역설을 해소할 수 있다.[10] 역설이란 받아들일 만한 전제로부터 타당한 추론에 의해 자기 모순적이거나 불합리한 결론이 도출되는 것처럼 보이는 논증을 의미한다. 아킬레스와 거북이의 역설의 논리적 버전은 다음과 같이 표현될 수 있다. 'q'를 '(p ⊃ q) · p'에서 끌어내기 위해 우리는 '{(p ⊃ q) · p} ⊃ q'라는 논리적 명제가 필요하다. 그러나 이것은 또 하나의 전제가 된다. 이제 'q'를 '(p ⊃ q) · p'와 '{(p ⊃ q) · p} ⊃ q'에서 끌어내기 위해 우리는 더 복잡한 또 하나의 논리적 명제인 '[{(p ⊃ q) · p} ⊃ q] ⊃ q'가 필요하며 이러한 과정은 무한히 계속된다.

1. (p ⊃ q) · p
2. {(p ⊃ q) · p} · [{(p ⊃ q) · p} ⊃ q]
3. {(p ⊃ q) · p} · [{(p ⊃ q) · p} ⊃ q] · [[{(p ⊃ q) · p} ⊃ q] ⊃ q] ...
　　· · · · ·
? q

역설은 논리적 명제를 전제로 간주하는 데서 발생한다. 2, 3의 순으로 계속 덧붙여나가려 하는 전제들은 사실은 '{(p ⊃

---

10 아킬레스 Achilles와 거북이의 역설의 해소에 관해서는 McDonough, 1986, 91~92쪽을, 역설에 관련된 문제 일반에 대해서는 Quine, 1936과 Quine, 1961을 참조.

q) · p } ⊃ q'라는 논리적 명제에 이미 함축되어 있다. 논리적 명제는 진정한 명제처럼 기능하지 않는다. 논리적 명제가 추론 자체에 관한 것임을 이해할 때 역설은 해소된다.

모순과 동어반복이 논리적 명제라는 비트겐슈타인의 인식에 대해서는 이제 충분히 살펴본 셈이다. 그러나 그것에는 나름의 문제가 있다. 비트겐슈타인은 모순과 동어반복을 "논리적 명제"라고 부름으로써 진정한 명제와 구별하고 있음에도 불구하고 모순과 동어반복을 분명 일종의 '명제'로 간주하고 있다. 그의 형식적 명제론에 따르자면 그것들이 명제로 간주되면 그것들은 의미와 진리치를 갖게 된다. 그런데 이는 그의 의미론적 명제론과 정면으로 상충된다. 이는 전기 비트겐슈타인의 모든 프로그램에 여파를 미치는 실로 큰 문제가 아닐 수 없다. 그렇다면 모순과 동어반복이 논리적 명제라는 비트겐슈타인의 주장과 그것들이 명제임을 부정하는 그의 의미론적 명제론을 어떻게 화해시킬 수 있는가? 비트겐슈타인이 이 문제를 알고 있었던 것 같지 않다고 해서 달라지는 것이 있는가? 우리가 당면한 상황은 다음의 경우에 비견될 수 있다(K. Flannery, 1988 참조). 2차원 공간은 아래와 같은 도형의 존재 가능성을 허용한다.

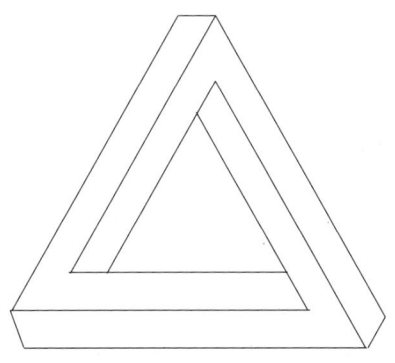

이 삼각형을 2차원 공간에서 그리는 것은 가능하다. 왜냐하면 3차원적 도형의 2차원적 재현이 가능하기 때문이다. 물론 이러한 2차원적 재현은 3차원적 도형의 모든 부분을 재현하지는 못한다. 그러나 2차원적 재현은 3차원의 세계가 허용하지 못하는 어떤 가능성을 허용한다. 위의 삼각형에서 세 변에 해당하는 각각의 막대는 있을 수 있지만 이들이 3차원 공간에서 모여 위의 삼각형을 이루는 것은 불가능하다.

이 유추의 논점은 이것이다. 우리가 2차원에서 위의 삼각형을 이해할 수 있는 것처럼, 우리는 형식적 명제론에서 모순을 의미와 진리치를 갖는 명제로 이해할 수 있다. 그러나 우리가 3차원에서 위의 삼각형을 이해할 수 없는 것처럼, 우리는 의미론적 명제론에서 모순을 의미와 진리치를 갖는 명제로 이해할 수 없다. 3차원이 허용하지 않는 어떤 것들을 2차원이 허용하는 것처럼, 의미론적 명제론이 허용하지 않는 어떤 것들을 형식론적 명제론은 허용한다. 이러한 유추는 두 명제론이 개별적으로는 건전한 것임에도 불구하고 비트겐슈타인의 사상의 한 측면만을 대변하고 있음을 보여준다. 포겔린(Fogelin, 1976, 45쪽)의 주장과는 반대로 비트겐슈타인이 실제로 그것들 사이에 어느 하나를 선택해야 하는 상황에 직면했던 것은 아니다.『논고』에서는 어떤 한 명제론이 다른 명제론에 대해 우위를 점하고 있지 않다. 그것들은 서로 평행을 달리고 있으며 특히 모순과 동어반복의 지위에 대해서는 결코 화해하지 않는다. 앞의 유추를 한 번 더 사용해 말하자면 형식적 명제론과 의미론적 명제론은 비트겐슈타인의 생각에서 서로 다른 차원에 놓여 있다.

비트겐슈타인의 두 명제론은 양립 가능할 뿐 아니라 서로 조화를 이루는 것으로 다루어져왔다. 이는 앤스컴(G. E. M.

Anscombe, 1959, 81쪽), 폰 라이트(G. H. von Wright, 1954, 8쪽), 힌티카(M. Hintikka and J. Hintikka, 1986, 109쪽)와 같은 권위 있는 학자들에 의해 널리 유포된 견해이다.[11] 이러한 견해가 설득력이 없음은 더 이상 재론할 필요가 없을 것이다. 앞서의 유추에서 차원이 서로 다른 두 재현 사이에 메워질 수 없는 간격이 존재하는 것처럼, 비트겐슈타인의 전기 저작에서 형식적 명제론과 의미론적 명제론 사이에는 화해할 수 없는 모순이 존재한다.

---

[11] 우리가 발견한 유일한 예외로는 B. McGuinness, 1956, 141~42쪽 참조.

3. 『논고』의 해체

3.1 이끄는 말

비트겐슈타인의 후기 철학이 언어에 대한 접근에 있어서 『논고』와 상이하다는 점에는 의심의 여지가 없다. 그의 후기 철학은 자신의 저서 『논고』에 대한 비판을 통해 형성되었다. 그러나 이러한 진술은 조심해서 이해되어야 한다. 비트겐슈타인의 전·후기 철학의 차이를 강조하는 경우 우리는 양자를 가르는 변화가 갑작스레 일어난 것이 아니라 여러 과도기를 거쳐 점진적으로 일어났다는 사실을 간과하기 쉽다.

비트겐슈타인은 『노트』에서 자신의 모든 과제가 명제의 본성을 설명하는 데 있다고 말한 바 있다(NB, 39쪽). 아마 그는 자신의 전 생애에 걸친 철학적 작업에 대해서도 이렇게 서술할 것이다. 같은 주제가 언제나 그의 작품의 중심을 차지하고 있기 때문이다. 예컨대 다음과 같은 주제가 그러하다. 어떤 것을 말할 수 있게 하는 것은 무엇인가? 어떻게 낱말들이 서로 모여 어떤 것을 의미하고 또 그것이 전달될 수 있는가? 언어의 본질에 대한 이러한 광범위한 질문—어떻게 언어가 기능하고 또 그 역할을 성취할 수 있는가?—에 대한 답변의 모색이 비트겐슈타인의 철학적 편력의 근간을 이루는 동기요, 불변의 요소이다. 그의 철학적 편력이 여러 단계로 갈라지게 되는 계기는 그가 이 질문을 어떻게 분석하고, 그 다양한 양상을 어떻게 이해하고, 또 이로 말미암아 야기되는 문제에 어떠한 상세한 답변을 제시하고 있느냐에 의해서이다.

　이 장에서 우리는 비트겐슈타인이 자신의 전기의 입장을 어떻게 거부하고 있는지의 예를 살펴볼 것이다. 여기서 우리 논의의 토대가 되는 비트겐슈타인의 중기 저작이 비판의 한 표적으로 삼고 있는 것은 색깔 배제의 문제에 관한 『논고』의 논증이다. 우리는 3.2에서 비트겐슈타인의 견해를 비교적 중립적 관점에서 서술할 것이다. 3.3에서는 그의 색깔 배제 문제의 구성과 그 해결에 대한 비판적 평가를 시도할 것이다. 아울러 이러한 비판의 귀결 중에서 모순에 대한 비트겐슈타인의 중기 견해를 형성하는 요소들을 살펴보고 논의할 것이다. 3.4에서는 명제의 일반 형식에 관한 전기 비트겐슈타인의 견해가 중기에 와서 해체를 겪게 되는 과정을 검토할 것이다.

3.2 색채론(I)

　『논고』 이후 10년간의 공백 끝에 철학계로 돌아온 비트겐슈타인은 『논고』에 내재된 결함을 인식하게 되었고 이는 궁극적으로 자신의 전기 사상의 해체를 초래했다. 구체적으로 어떤 문제가 이러한 전환을 불가피하게 했는가? 해커는 색깔 배제의 문제가 바로 그러한 계기였다고 본다. 그는 다음과 같이 말한다.

　비트겐슈타인의 전기 철학은 단 하나의 문제, 즉 색깔 배제의 문제를 해결할 수 없었던 까닭에 붕괴되었다. (P. M. S. Hacker, 1972, 86쪽)

우리는 비트겐슈타인이 자신의 전기 사상을 여러 가지 이유에서 해체했다고 보기 때문에 오직 하나의 문제만을 전환의 계기로 부각시키는 이러한 견해에 동의하지 않는다. 그러나 비트겐슈타인이 그 어느 문제보다도 색깔 배제의 문제로 고심했고 이 문제가 그로 하여금 전기 사상을 해체하게 하는 중요한 하나의 요인이었다는 점은 의심의 여지가 없는 것으로 보인다.

『논고』 이후의 비트겐슈타인의 색채론이 비판의 표적으로 삼는 것은 다음과 같은 『논고』의 두 명제이다.

(i) 요소명제들은 상호 독립적이다.
(ii) 요소명제는 실재를 측정하는 막대와 같은 기능을 한다.

우리는 2장에서 위의 두 명제가 『논고』의 구조에서 핵심을 이루고 있음을 보았다. 따라서 이것들이 부정될 경우 『논고』는 그 체계의 골격을 유지하기 어렵게 된다. 즉 1) 『논고』 이후의 비트겐슈타인의 색채론은 『논고』와 양립할 수 없으며, 2) 그의 중기 색채론이 타당할 경우 『논고』의 타당성은 크게 약화된다.

비트겐슈타인이 고심했던 색깔 배제의 문제란 무엇인가? 이 문제는 『논고』에서 논리적 필연성이 유일한 필연성임을 밝히는 과정에서 처음으로 언급된다. 비트겐슈타인은 다음과 같이 말한다.

필연성은 오직 **논리적** 필연성만 있듯이, 불가능성도 오직 **논리적** 불가능성만이 있다. (TLP, 6.375)

그는 이 주장을 논증하기 위해 색깔 배제 현상에 주목한다.

예를 들어 두 색깔이 동시에 눈앞의 한 장소에 있는 것은 불가능하며, 이것은 논리적으로 불가능한 것이다. 왜냐하면 이것은 색깔의 논리적 구조에 의해 배제되기 때문이다. (TLP, 6.3751)

비트겐슈타인은 색깔 배제에 관한 자신의 견해를 다음과 같이 요약한다.

(두 요소명제의 논리적 곱이 동어반복일 수도, 모순일 수도 없다는 것은 분명하다. 눈앞의 한 점이 동시에 두 개의 다른 색깔을 가진다는 진술은 모순이다.) (TLP, 6.3751)

만일 'A'가 눈앞의 한 점을 가리킨다면 'A'가 빨간색일 때 그것이 동시에 파란색일 가능성은 배제된다. 이 배제의 성격은 우연적이거나 경험적인 것이 아니라 논리적인 것이다. 즉 "만일 A가 빨간색이라면 A는 파란색이 아니다"라는 명제는 논리적으로 필연이라는 것이다. 이는 "A가 빨간색이고 파란색인 것은 논리적으로 불가능하다"는 명제와 논리적으로 동치이다. "A는 빨간색이다"라는 명제와 "A는 파란색이다"라는 명제를 각각 'p'와 'q'로 기호화하고 논리적 필연성과 가능성을 각각 '□'와 '◇'로 기호화하면 "만일 A가 빨간색이라면 A는 파란색이 아님은 논리적으로 필연적이다"라는 명제는 '□(p ⊃ ~q)'로 기호화된다. 그런데 이는 다음에서 보듯 '~◇(p · q)'와 논리적으로 동치 관계에 있다.

1. □(p ⊃ ~q)
? ~◇(p · q)

2. ~◇~(p ⊃ ~q)   1. 정의[1]
3. ~◇~(~p ∨ ~q)   2. 실질 함축 Material Implication[2]
4. ~◇(~~p · ~~q)   3. 드 모르간 A. De Morgan의 정리[3]
5. ~◇(p · q)   4. 이중 부정[4]
Q.E.D.

1. ~◇(p · q)
? □(p ⊃ ~q)
2. ~◇(~~p · ~~q)   1. 이중 부정
3. ~◇~(~p ∨ ~q)   2. 드 모르간의 정리
4. ~◇~(p ⊃ ~q)   3. 실질 함축
5. □(p ⊃ ~q)   4. 정의
Q.E.D.

∴ □(p ⊃ ~q) ≡ ~◇(p · q)

그리고 '~◇(p · q)'는 "A가 빨간색이고 파란색인 것은 논리적으로 불가능하다"로 번역된다. 논리적 불가능성은 모순에 의해 표현되므로 비트겐슈타인은 "A는 빨간색이고 파란색이다"라는 명제가 모순이라고 단정한다.

비트겐슈타인은 색채에 관한 명제의 분석에 우리가 2.2에서 살펴본 요소명제들 간의 상호 독립성을 적용한다. 두 명제는 (1) 서로가 서로를 함축하지 않으며, (2) 서로 모순되지 않으

---

[1] □p = Df ~◇~p
[2] (p ⊃ q) ≡ (~p ∨ q)
[3] ~(p · q) ≡ (~p ∨ ~q)
    ~(p ∨ q) ≡ (~p · ~q)
[4] p ≡ ~~p

며, (3) 두 명제의 부정이 서로 모순되지 않을 때, 그리고 오직 그때에만 상호 독립적이다. 비트겐슈타인에 의하면 임의의 두 요소명제는 상호 독립적이므로 서로 모순되지 않는다. 이는 어떠한 두 요소명제의 연접도 모순이 아님을 함축한다. 이를 "A는 빨간색이고 파란색이다"라는 연접에 적용하면 연접된 두 명제, 즉 "A는 빨간색이다"라는 명제와 "A는 파란색이다"라는 명제는 요소명제가 아니라는 결론이 도출된다. 이 추론의 과정은 다음과 같은 부정식에 의해 정당화된다.

어떠한 두 요소명제의 연접도 모순이 아니다.
"A는 빨간색이고 파란색이다"라는 명제는 모순이다.

∴ 연접된 두 명제, "A는 빨간색이다"와 "A는 파란색이다"는 요소명제가 아니다.

『논고』에서 색깔 배제의 문제에 관한 지금까지의 논의를 정리해보면 다음과 같다.

(1) "A는 빨간색이고 파란색이다"라는 명제는 모순이다.
(2) "A는 빨간색이다"라는 명제와 "A는 파란색이다"라는 명제는 요소명제가 아니다.
(3) (2)는 (1)에서 연역된다.

『논고』 이후의 첫 작품인 1929년의 논문(RLF)에서 비트겐슈타인은 (2)가 잘못되었다고 비판하고 나선다. 만일 "A는 빨간색이다"와 "A는 파란색이다"가 요소명제가 아니라면 그들은 더 분석될 수 있을 것이다. 1929년의 논문에서 비트겐슈타인은

『논고』에서 자신이 실제로 "성질quality의 정도degree를 나타내는 명제는 양quantity을 나타내는 단일한 명제의 논리적 곱과 보조적 문장으로 분석될 수 있다"(RLF, 35쪽)고 생각했었다고 회고하고 있다. 그는 이러한 분석이 "A는 빨간색이다"라는 명제가 "A는 파란색이다"라는 명제의 부정을 함축함을 입증할 것이라고 믿었던 것 같다. 그런데 비트겐슈타인은 이제 이러한 사고방식이 부적절하다고 보는 것이다. 그 이유는 무엇일까? 그의 대답은 간단하지 않으며 따라서 우리는 이를 신중히 분석해볼 필요가 있다.

어떤 대상의 성질에 정도를 부여하는 명제의 구체적인 예를 살펴보자. 'b'가 광도(光度)의 단위를 나타내고 'e(b)'는 'e'라는 대상의 광도가 1도라는 명제를 나타낸다고 하자. 그렇다면 'e(2b)'는 같은 대상의 광도가 2도라는 명제를 뜻하게 된다. 여기서 비트겐슈타인이 고심한 문제는 다음과 같은 것이다. 명제 'e(2b)'는 요소명제인가, 혹은 그렇지 않은가? 두 가지 경우를 차례로 논의해보자.

(1) 먼저 『논고』를 좇아 'e(2b)'가 요소명제가 아니라고 가정해보자. 그렇다면 'e(2b)'는 더 분석될 수 있을 것이다. 구체적으로 어떻게 더 분석될 수 있을까? 우리는 여기서 다시 다음과 같은 두 가지 가능성을 생각해볼 수 있다.

i) 'e(2b)'가 동일한 광도의 단위로 분석된다고 가정해보자. 즉 'e(2b)'가 동일한 광도의 단위인 b를 e에 부여하는 요소명제 'e(b)'의 연접으로 분석된다고 가정해보자. 그러나 이러한 가정은 성립할 수 없음이 곧 드러난다. "현재 기온은 섭씨 2도이다"라는 명제가 "현재 기온은 섭씨 1도이며, 현재 기온은 섭씨 1도이다"라는 명제로 분석되지 않는 것처럼 'e(2b)'는 'e(b) · e(b)'로 분석되지 않는다. 연접은 덧셈과 다르기 때문

이다. 앞서의 가정은 동일한 두 명제의 연접이 같은 명제의 되풀이이지 그 외의 다른 무엇이 아님을 간과하고 있다.

ii) 'e(2b)'가 서로 다른 광도의 단위로 분석된다고 가정해보자. 즉 'e(2b)'가 서로 다른 광도의 단위인 b′와 b″를 각각 e에 부여하는 서로 다른 두 요소명제 'e(b′)'와 'e(b″)'의 연접으로 분석된다고 가정해보자. 그러나 우리가 서로 다른 광도의 단위를 상정한다고 해도 우리는 앞서와 똑같은 난관에 다시 봉착하게 된다. 빨강에 파랑을 더하면 자주색을 얻게 되지만 그렇다고 해서 "a는 자주색이다"라는 명제가 "a는 빨간색이고 a는 파란색이다"로 분석되는 것은 아니다. 연접과 덧셈은 서로 다르기 때문이다. 마찬가지 이유에서 'e(2b)'는 'e(b′)'와 'e(b″)'의 연접으로 분석될 수 없다.

지금까지 우리는 'e(2b)'가 요소명제가 아니라는 『논고』의 가정을 살펴보았다. 그리고 이러한 가정이 온전히 성립할 수 없음을 알게 되었다. 그러나 'e(2b)'가 요소명제가 아니라는 견해가 참일 수 있는 경우가 완전히 제거된 것은 아니다. 'e(2b)'는 여전히 요소명제가 아니지만 이를 뒷받침하는 『논고』의 논증이 실패했을 뿐이라는 주장이 가능하기 때문이다. 이에 따르면 바로잡아야 할 것은 'e(2b)'가 요소명제가 아니라는 견해가 아니라 이를 뒷받침하는 『논고』의 논증에 쓰여진 논리학일 것이다. 이제 이러한 주장의 타당성을 고찰해보자.

『논고』의 논리학에서 색깔 배제의 문제는 구체적으로 어떻게 표현되는가? "A는 빨간색이다"라는 명제를 'p'로, "A는 파란색이다"라는 명제를 'q'로 각각 기호화하자. 그렇다면 "A는 빨간색이고 파란색이다"라는 명제는 'p · q'로 기호화된다. 우리는 이 명제에 대해 다음과 같은 진리표를 만들 수 있다.

p	q	p · q
T	T	T
T	F	F
F	T	F
F	F	F

이 진리표는 'p'와 'q'가 동시에 참일 수 있는 경우를 허용하고 있다. 진리표의 첫번째 줄이 이에 해당하는 경우이다. 이로부터 우리는 위의 진리표의 배경이 되는 『논고』의 논리학이 성질의 정도를 나타내는 명제들 간의 상호 배제를 함축하지 않고 있음을 알게 된다. 1929년의 논문(RLF, 37쪽)에서 비트겐슈타인은 위의 진리표의 첫번째 줄에 해당하는 경우가 불가능하며 따라서 '완전한' 표기법 하에서는 구문론의 확정적 규칙에 의해 이 경우가 아예 제거되어야 한다고 주장한다. 진리표의 첫 줄에 나타난 양립할 수 없는 명제들의 연접은 적형식이 아니라는 것이다. 따라서 완전한 표기법에서 위의 진리표는 아래와 같이 개정되어야 한다.

p	q	p · q
~~T~~	~~T~~	~~T~~
T	F	F
F	T	F
F	F	F

1929년의 논문에 나타난 비트겐슈타인의 견해는 논리학이

문맥으로부터 독립된 학문이 아니며, 이 사실을 간과하고 있는
『논고』는 비판, 수정되어야 한다는 것으로 풀이될 수 있다. 좀
더 구체적으로 말하자면, "A는 빨간색이고 파란색이다"와 같
은 난센스nonsense는 이것이 발언된 문맥에서 연접의 규칙을
개정함으로써 배제시킬 수 있다는 것이다. 1929년의 논문에서
비트겐슈타인은 그러한 개정된 규칙들은 문제되는 현상에 관
한 **후험적** a posteriori 분석이 완벽히 이루어진 연후에나 얻어질
수 있다고 보았다(RLF, 37쪽).

그런데 만일 비트겐슈타인의 이러한 생각이 참이라면 이는
예기치 않은 또 다른 문제를 불러일으키게 된다. 이제 이를 살
펴보기로 하자. 『논고』에 의하면 한 명제를 부정하는 행위는
그 명제와 그에 상응하는 실재 사이의 그림 관계에 어떠한 변
화도 초래하지 않는다. 부정은 부정되는 명제의 진리치를 바꾸
어줌으로써 그 명제의 의미를 바꾸어주는 역할을 할 뿐이다.
비트겐슈타인은 다음과 같이 말한다.

> 'p'와 '~p'는 대립되는 의미를 갖지만, 그것들에는 하나의
> 그리고 동일한 실재가 대응한다. (TLP, 4.0621)

이러한 까닭에 다음이 성립한다.

> 긍정적 **명제**는 부정적 **명제**의 존재를 전제해야 하며, 그 역도
> 성립된다. (TLP, 5.5151)

『논고』에서 한 명제의 부정은 그 명제를 진리 함수적으로 변
형함에 의해서 얻어지며 그 역도 참이므로 부정은 언제나 온전
한 명제의 부정이다. 그러므로 우리는 다음과 같은 결론을 얻

게 된다.

임의의 'x'는 그것의 부정, 즉 '~x'가 명제일 경우, 그리고 오직 그때에만 명제이다.

그러나 1929년의 논문에서 "A는 빨간색이다"와 "A는 파란색이다"라는 명제의 연접의 부정, 즉 "A는 (동시에) 빨간색이고 파란색이지 않다"는 분명 의미를 가지며 따라서 명제로 간주된다. 반면 연접, 즉 "A는 (동시에) 빨간색이고 파란색이다"는 난센스이며 따라서 명제가 아닌 것으로 간주된다. 그렇다면 연접의 부정은 명제인 반면 연접 그 자체는 명제가 아닌 셈이며 이는 앞서의 『논고』의 결론에 정면으로 위배된다.

비트겐슈타인이 이러한 문제를 알고 있었는지, 그리고 바로 이 문제 때문에 그가 색깔 배제의 문제에 대한 견해를 바꾸게 되었는지는 모두 확실하지 않다. 확실한 것은 그가 'e(2b)'가 요소명제가 아니라는 『논고』의 견해를 포기했다는 점뿐이다.

(2) 'e(2b)'가 요소명제라는 비트겐슈타인의 새로운 주장을 살펴보자. 이 주장은 적어도 다음과 같은 두 귀결을 함축한다. 첫째, 요소명제에 수(數) 개념이 들어가게 된다. 즉 요소명제는 다음과 같은 논리적 형식을 갖게 된다.

대상 'e'는 속성 p를 n의 정도만큼 소유하고 있다.

일정한 시점에서 변항 n에 오직 하나의 값만이 대입될 수 있으며 따라서 오직 하나의 명제만이 참으로 간주된다. 이로부터 우리는 성질에 수적 정도 numerical degree를 부여하는 명제가 더 이상 분석될 수 없는 요소명제라는 결론에 도달한다.

그러나 요소명제를 이렇게 해석한다면 요소명제들 사이의 상호 독립성은 지켜질 수 없게 된다. 그리고 이것이 바로 'e(2b)'가 요소명제라는 비트겐슈타인의 새로운 주장이 함축하는 두번째 귀결이기도 하다. 성질에 정도를 부여하는 명제가 요소명제라면 "e가 5b이다"라는 명제와 "e가 6b이다"라는 명제는 진리 함수 관계는 아닐지라도 다른 어떤 함수 관계에 놓이게 된다는 사실이 추론되기 때문이다.

비트겐슈타인은 요소명제가 상호 독립적이지 않다는 사실을 명백히 인정할 뿐만 아니라 이를 측정 막대의 비유를 사용함으로써 발전시키고 있다(PR, 76, 78, 85, 106, 110, 112, 114, 317쪽; WVC, 63~64쪽). 『논고』에서 요소명제는 실재를 측정하는 측정 막대에 비유되었다. 즉 측정 막대의 가장 끝 눈금이 측정되는 실재의 부위와 접촉하게 된다고 보았다. 그러나 『논고』 이후의 저작에서는 요소명제가 측정 막대가 아니라 측정 막대의 눈금에 비유된다. 그리고 내적으로 상호 연관되어 있는 명제들의 체계가 측정 막대에 비유된다. 비트겐슈타인은 다음과 같이 말하고 있다.

언젠가 나는 다음과 같이 썼다. "명제는 측정 막대처럼 실재와 마주한다. 오직 끝 눈금만이 측정되는 대상과 실제로 **접촉한다**"(TLP, 2.1512~2.15121). 이제 나는 **명제들의 체계**가 측정 막대처럼 실재와 마주한다고 말하고 싶다. 이로써 내가 의미하는 바는 다음과 같다. 내가 공간적 대상에 측정 막대를 마주한다면 나는 그 대상에 동시에 **모든** 눈금을 마주하는 것이다.

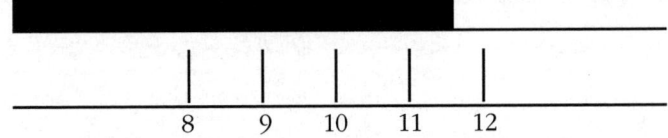

그 대상에 마주 대어지는 것은 개별적 눈금이 아니라 눈금 전체이다. 만일 내가 그 대상이 눈금 10만큼의 길이를 가짐을 안다면 나는 또한 그 대상이 눈금 11, 12 등만큼의 길이를 갖지 않음을 곧 안다. (WVC, 63~64쪽)

길이나 색과 같은 속성은 "기술description의 좌표"(혹은 "실재의 좌표")를 배경으로 논의된다. 한 속성의 정도degree는 좌표상의 값에 해당한다. 어떤 것의 길이, 혹은 색은 길이나 색의 좌표상에서 단 하나의 값을 갖는다. 즉 그것은 측정 막대의 오직 어느 한 눈금하고만 일치한다(N. Malcolm, 1967, 214쪽). 이로 말미암아 어떻게 한 점이 빨간색이면 그 점이 동시에 초록색이나 파란색이 아닌지, 그리고 어떻게 'e'가 2b이면 그것이 동시에 3b나 5b가 아닌지의 문제가 해명된다.

비트겐슈타인의 이러한 생각은 분명 그의 철학이 『논고』에서 『탐구』로 이행하는 데 있어 중요한 계기를 마련한다. 그러나 이행은 갑자기 일어난 것이 아니라 『논고』에서 미결 과제로 남겨졌던 문제들과 씨름하는 과정에서 점진적으로 이루어졌다. 『논고』에서도 하나의 명제는 체계, 즉 "논리적 공간"이라고 불리는 가능한 사태states of affairs들의 영역에 속하는 것으로 간주되고 있다. 또한 하나의 명제는 논리적 공간 전체를 가정한다고 여겨진다. 비트겐슈타인은 『논고』에서 다음과 같이 말한다.

명제는 논리적 공간 속의 한 장소만을 결정하겠지만, 그럼에도 논리적 공간 전체가 이미 그 명제에 의하여 주어져 있어야 한다.
(그렇지 않으면 부정, 논리적 합, 논리적 곱 등에 의해 항상 새로운 요소들이 — 좌표 속에 — 도입될 것이다.) (TLP, 3.42)

그러나 이 인용문은 명제의 체계(혹은 좌표)에 관한 후기 비트겐슈타인의 생각이 이미 『논고』에 그대로 잠재해 있는 것으로 해석되어서는 안 된다. 다시 말해서 위의 인용문은 다음과 같이 해석되어서는 안 된다.

하나의 요소명제가 주어지면 모든 명제들이 이미 그 명제에 의하여 주어져 있어야 한다.

이러한 해석은 『논고』의 중심을 이루는 요소명제들 간의 상호 독립성 주장을 위배하고 있다. 위의 해석에 따르면 하나의 요소명제는 다른 요소명제로부터 연역될 수 있기 때문이다. 위의 인용문이 요소명제들 간의 상호 독립성 주장을 위배하지 않는 방식으로 읽혀지려면 다음과 같이 해석되어야 할 것이다.

하나의 요소명제가 주어지면 그 명제의 모든 진리 함수가 이미 그 명제에 의하여 주어져 있어야 한다.

비록 모든 명제들이 하나의 요소명제에 의하여 주어질 수는 없지만 위의 인용문에서 비트겐슈타인이 언급하고 있는 것처럼 "부정, 논리적 합, 논리적 곱 등" 그 명제의 모든 진리 함수들이 이미 그 명제에 의하여 주어져 있어야 한다. 그들은 요소명제에 의해 이미 논리적으로 함축되고 있기 때문이다. 그렇지 않으면 비트겐슈타인이 지적하듯이 "항상 새로운 요소들이—좌표 속에—도입될 것"이며 이는 궁극적으로 『논고』 체계의 붕괴를 초래할 것이다.

우리의 이러한 해석에 동의하지 않는 사람들은 아마 『논고』에서 다음과 같은 명제를 반론의 계기로 삼을 것이다.

요소명제들이 주어지면, 그와 함께 모든 요소명제들이 주어진다. (TLP, 5.524)

이 명제는 분명 극적인 것이며 나름대로 중요한 의미를 담고 있다. 그러나 이 명제가 발언된 문맥을 정확히 이해하지 않고서는 이 명제의 진의를 올바로 이해할 수 없다. 위의 명제는 보편명제를 설명하는 문맥에서 나타난다. 좀더 구체적으로 말하자면 이 명제는 보편명제를 요소명제에 부가해서 하나의 초명제 super-proposition로 간주하려는 경향을 겨냥하고 있다. 위의 명제가 주장하고 있는 바는 개별적 요소명제 너머에 "모든 요소명제"라고 지칭되는 다른 어떤 것이 따로 존재하지 않는다는 점이다. "모든 요소명제"는 개별적 요소명제들의 총체 그 이상도 이하도 아니다. 따라서 우리는 각각의 개별적 요소명제들이 주어지면, 그와 함께 모든 요소명제들이 주어진다고 말할 수 있는 것이다(M. Black, 1964, 285쪽 참조). 그리고 이는 "하나의 요소명제가 주어지면, 그와 함께 모든 요소명제들이 주어진다"는 명백히 그릇된 해석과 구별되어야 한다. 사실 위의 인용문에서는 하나의 요소명제가 주어질 경우 모든 요소명제들이 주어지는지 아닌지의 여부는 문제로 제기조차 되지 않고 있다.

즉 그 문제는 위의 인용문과는 전혀 별개의 문제인 것이다.

『논고』이후의 저작에 나타나는 비트겐슈타인의 사고의 큰 변모의 하나는 하나의 요소명제가 주어지면 그 명제의 진리 함수가 아닌 다른 어떤 진리 함수가 주어질 수 있음이 허용되고 있다는 점이다. 우리가 앞서 살펴본 바와 같이 『논고』이후에 비트겐슈타인은 "눈앞의 이 점은 파란색이다"와 같은 명제가 요소명제임을 인정하지 않을 수 없었다. 그는 이 명제가 주어지면 그와 함께 "이 점은 빨간색이 아니다" "이 점은 초록색이 아니다" 등과 같은 명제들이 주어진다고 보았다(WVC, 64쪽). 그러나 분명 이 명제들은 주어진 요소명제의 진리 함수가 아니다. 이 주장은 『논고』와 현격한 대조를 이룬다. 『논고』에서는 "이 점은 초록색이 아니다" "이 점은 빨간색이 아니다" 등의 명제들은 "이 점은 파란색이다"라는 명제의 진리 함수가 아니므로 엄격히 말하자면 서로 함축이나 모순의 관계에 있을 수 없었다. 혹은 적어도 이들 사이의 함축의 관계를 온전히 설명할 수 없었다. 그러나 비트겐슈타인은 이제 세번째 명제가 앞의 두 명제를 함축함을 인정하고 있을 뿐 아니라, 그 함축의 근거를 측정 막대의 비유를 새로운 방식으로 사용함으로써 마련하게 된 것이다.

우리는 지금까지 비트겐슈타인이 색깔 배제의 문제에 관한 자신의 전기의 분석에서 어떤 결함을 발견했는지를 살펴보았고, 이와 아울러 그 문제에 관한 새로운 분석을 가능케 할 단초를 고찰해보았다. 이제 비트겐슈타인이 후에 색깔 배제의 문제에 관해 구체적으로 어떠한 견해를 구성했는지, 그리고 그것이 갖는 철학적 의의는 무엇인지를 보다 상세히 살펴보겠다.

3.3 색채론(II)

지금까지 우리는 비트겐슈타인이 『논고』 이후에 색깔 배제의 문제를 어떻게 다루었는지를 살펴보았다. 색깔 배제의 문제가 중요한 이유는 이 문제에 대한 그의 태도 변화가 그의 철학에 일대 전환을 초래했기 때문이다. 그러나 만일 그 문제가 제대로 정식화되지 않았거나 비트겐슈타인이 『논고』 이후에 모색한 해결 방안이 부적절한 것이라면, 그는 자신의 견해를 너무 성급하게 바꾸었다는 비난을 받게 될 것이다. 따라서 색깔 배제 문제의 명확한 설정과 이에 대한 전·중기 비트겐슈타인의 견해의 타당성의 검토는 함께 다루어져야 할 과제이다.

『논고』에서 진리 함수는 명제들 사이의 관계의 기초이자 비트겐슈타인이 구상하는 논리학의 핵심을 이루고 있다. 모순과 동어반복, 함축, 독립성 등의 중심 개념도 진리 함수의 관점에서 정의되고 있다. 그렇지만 비트겐슈타인이 언제나 진리 함수 논리에 충실했던 것만은 아니다. 가령 『논고』, 6.3751에서 그는 "A는 빨간색이고 파란색이다"와 같은 명제를 모순으로 간주하고 있다. 그러나 형식적 명제론에 따르면 두 명제 "A는 빨간색이다"와 "A는 파란색이다"는 분명 양립할 수 없지만 그렇다고 상호 모순의 관계에 있지는 않다. 즉 형식적 명제론에서 양립 불가능성은 모순으로 환원되지 않는다. 한 명제는 진리표 상에서 어떠한 경우에도 거짓일 경우, 그리고 오직 그 경우에만 모순이다. 달리 표현하자면 한 명제는 그것이 같은 명제의 긍정과 부정의 연접과 논리적으로 동치일 경우, 그리고 오직 그 경우에만 모순이다. 그런데 3.1에서 보았듯이 "A는 빨간색이고 파란색이다"라는 명제는 진리표 상에서 참일 수 있고, 같은 명제의 긍정과 부정의 연접과 논리적으로 동치인 것도 아니다. "A는 빨간색이고 파란색이다"는 "A는 빨간색이고 빨간색이 아니다"와 구별되어야 하며 따라서 'p · ~p'가 아니라 'p · q'로 기호화된다. 그리고 이 연접의 진리표는 'p'와 'q', 즉 "A는 빨간색이다"와 "A는 파란색이다"가 모두 참일 경우를 허용하고 있음을 알게 된다. 따라서 "A는 빨간색이고 파란색이다"가 모순이라는 비트겐슈타인의 견해는 진리 함수 논리와 상충된다.

"A는 빨간색이다"와 "A는 파란색이다"라는 두 명제가 진리 함수적으로 서로 모순의 관계에 있지 않다면 이 두 명제 사이의 관계는 과연 무엇인가? 이 두 명제는 진리 함수적으로 서로를 함축하지도 않고 모순되지도 않는다. 이들의 부정, 즉 "A는 빨간색이 아니다"와 "A는 파란색이 아니다"는 양립한다. 다시 말하자면 이들의 부정은 서로 모순되지 않는다. 그런데 바로 이러한 세 가지 특징이 어떤 두 명제가 논리적으로 상호 독립적일 수 있는 조건이다. 그러므로 우리는 "A는 빨간색이다"와 "A는 파란색이다"가 논리적으로 상호 독립적이라는 결론에 도달한다.

앞서 살펴보았듯이 『논고』에서 색깔 배제의 문제에 관한 비트겐슈타인의 논증은 다음과 같았다.

어떠한 두 요소명제의 연접도 모순이 아니다.
"A는 빨간색이고 파란색이다"라는 명제는 모순이다.

∴ 연접된 두 명제, "A는 빨간색이다"와 "A는 파란색이다"는 요소명제가 아니다.

그러나 『논고』 이후에 비트겐슈타인은 "A는 빨간색이다"와 "A는 파란색이다"가 요소명제라는 것을 인정했다. 그리고 이는 위의 논증의 결론과 위배되는 것이다. 타당한 논증의 결론이 거짓이라면 이는 논증의 전제 중 최소한 어느 하나가 거짓임을 함축한다. 진리 함수 논리는 두번째 전제, 즉 "'A는 빨간색이고 파란색이다'라는 명제는 모순이다"를 거짓으로 본다.

그런데 우리는 여기서 다음의 사항에 주의해야 한다. "A는 빨간색이다"와 "A는 파란색이다"라는 두 명제가 논리적으로 상호 독립적이라는 사실은 이 두 명제가 요소명제임을 함축하지 않는다. 요소명제가 독립적이라는 사실은 참이지만 그 역도 참인 것은 아니다. 예를 들면, '$p \vee q$'와 '$r \vee s$'는 상호 독립적이지만 요소명제가 아니다. 독립성은 두 명제가 요소명제가 되기 위한 충분조건이 아니라 필요조건일 뿐이다[2.1에서 보았듯이 충분조건은 두 명제가 오직 그 자체의 진리 함수라는 것이다(TLP, 5)].

많은 비트겐슈타인 연구가들은 『논고』의 논리학이 색깔 배제의 현상 및 이와 유사하게 성질quality에 정도degree를 부여하는 명제들 사이의 상호 의존 관계를 설명하는 데 실패함으로써 그 한계가 드러났다고 본다. 그들에 의하면 『논고』 이후에 비트겐슈타인의 과제는 요소명제가 독립적이라는 『논고』의 주장을 폐기함으로써 색깔 배제의 문제를 해결하는 것이었다. 하지만 앞서 살펴본 우리의 분석이 옳다면 『논고』의 논리학은 색깔 배제의 문제에 의해 훼손되지 않는다. 우리가 『논고』의 논리학을 적절히 적용한다면 소위 말하는 색깔 배제의 문제는 일어나지 않는다. 같은 시간에 한 대상의 성질에 다른 정도를 부여하는 두 명제는 상호 모순적이지 않고 상호 독립적이다. 색깔 배제의 문제는 바로 이 사실을 간과하는 데서 비롯된다. "A

는 빨간색이다"와 "A는 파란색이다"라는 두 명제가 상호 모순된다면 두 명제는 요소명제일 수 없다. 그렇다면 이 두 명제는 요소명제에 도달할 때까지 더 분석되어야 한다. 앞서 우리는 이러한 분석의 과제가 『논고』의 영역 안에서 수행 가능하지 않다는 것을 보았다. 그러나 『논고』의 논리학을 좇아 문제되는 두 명제가 상호 모순된다는 가정을 거부한다면 우리는 그들을 요소명제에 도달할 때까지 더 분석할 필요가 없다. 이로 말미암아 색깔 배제의 문제는 해결되는 것이 아니라 해소된다.

그러나 이러한 논증은 썩 만족스럽지 못하다. 왜냐하면 비트겐슈타인이 색깔 배제의 문제에 천착한 이유를 무시하고 있기 때문이다. 『논고』 이후의 비트겐슈타인의 저작을 주의 깊게 살펴보면 그가 색깔 배제의 문제를 이러한 식으로 쉽게 생각하지 않았음을 곧 알 수 있다. 비트겐슈타인은 색깔 배제의 문제와 씨름하는 과정에서 『논고』의 형식적 명제론을 탈피할 필요성을 느끼게 되었다. 우리가 살펴본 것처럼 『논고』의 형식적 명제론에 따르면 "A라는 점은 동시에 빨간색이고 파란색이다"라는 명제는 상호 모순되는 것으로 볼 수 없다. 그러나 문제는 일상 언어의 문맥에서 우리가 그 명제를 모순으로 취급한다는 데 있다. '모순' 개념의 일상적 용법은 『논고』의 형식적 명제론과 맞지 않는다. 비트겐슈타인은 일상적 용법을 임의적으로 제한해서는 안 되며 그 용법을 충실하게 기술해야 한다고 생각했다.

비트겐슈타인이 색깔 배제의 문제를 중요시한 또 다른 이유는 이 문제가 『논고』에서 형식적 명제론과 의미론적 명제론 사이의 갈등을 드러낸다고 보았다는 점이다. 앞서 보았듯이 형식적 명제론은 진리 함수 논리를 명제들 사이의 관계 규명을 위한 초석으로 삼는다. 그러나 의미론적 명제론은 대상들의 결합의 논리와 언어의 그림의 논리를 더 근본적인 것으로 간주한다. 가령 비트겐슈타인은 다음과 같이 말하고 있다.

나는―프레게G. Frege 및 러셀B. Russell과 같이―명제를 그 속에 보유된 표현들의 함수로 파악한다. (TLP, 3.318)

블랙은 요소명제들의 경우처럼 표현이 이름일 경우(TLP, 4.22) 위의 발언은 다음을 의미한다고 해석한다.

이름으로 구성된 명제의 의미는 그 이름의 '의미'의 함수이다. (Black, 1964, 126쪽)

그러나 진리 함수와 구별되는 이 함수가 구체적으로 어떤 것인지는 『논고』에 나타나 있지 않다.

힌티카는 색깔 배제의 문제와 관련해서 이 함수의 성격을 규명하고 있다. 그에 따르면 색채의 개념은 동시 부정을 뜻하는 조작 'N'에 따라 진리 함수적으로 산출된 명제를 통해서가 아니라 한 점을 하나의 색채와 연결시키는 함수 'c'를 통해 표현된다.

"이 조각은 빨간색이다"와 "이 조각은 초록색이다"의 논리적 형식은 각각 c(a)=r이고 c(a)=g이다. 여기서 r과 g는 각각 빨간색이고 초록색인 두 개의 분리된 대상이다. 색을 부여하는 위의 두 명제의 논리적 양립 불가능성은 빨간색과 초록색이 다른 이름으로 표현된다는 사실에 의해 반영된다. 그러므로 두 명제는 결국 논리적으로 양립 불가능하다. (Hintikka and Hintikka, 1986, 123쪽)

이 두 명제의 양립 불가능성은 물론 하나의 함수가 동일한 독립 변항argument에 대해 두 개의 다른 값을 가질 수 없다는 함수 논리에 의해 나타난다. 따라서 하나의 조각은 그 색채에 있어 오직 하나의 값만을 갖게 된다.

이러한 통찰은 색깔의 양립 불가능성이 "필연성은 오직 **논리적 필연성만이 있다**"(TLP, 6.375)는 비트겐슈타인의 견해를 위반하고 있는지의 여부를 다시 한 번 문제삼고 있다. 힌티카는 이에 대한 대답이 색채 개념에 관한 올바른 표기법에 달려 있다고 본다(Hintikka and Hintikka, 1986, 123쪽). 즉 만일 각각의 개별적인 색채가 조작 'N'에 따라 진리 함수적으로 산출된 명제에 의해 표현된다면, 같은 장소에 두 색이 동시에 존재할 수 없다는 사실은 진리 함수적으로 동어반복이 아니게 된다. 가령 "이 점은 동시에 빨간색이고 파란색이다"라는 명제는 모순이 아니므로 그 명제의 부정, 즉 "이 점은 동시에 빨간색이고 파란색이지 않다"는 동어반복이 아니다. 모든 논리적 필연성은 동어반복(TLP, 6.1)이기 때문에 같은 장소에 두 색이 동시에 존재할 수 없다는 사실은 논리적 필연성이 아니다. 그러나 만일 색채의 개념을 한 점을 한 색에 연결시키는 힌티카의 함수 c에 의해 해석한다면 색깔의 양립 불가능성은 함수 c의 논리적 형식에서 야기되는 논리적 필연성이다. "필연성은 오직 **논리적 필연성만이 있다**"는 『논고』의 관점에서 보았을 때 힌티카가 제시하는 함수 c에 의한 색채 해석은 진리 함수에 의한 해석에 대해 비교 우위를 점한다.

힌티카의 해석은 색깔 배제의 문제의 해결 여부는 차치하고라도 색깔의 양립 불가능성이 진리 함수적인 모순으로 환원되지 않음을 보임으로써 그 문제를 다시금 돌이켜볼 수 있는 계기를 마련했다. 앞으로 살펴보겠지만 비트겐슈타인도 『논고』 이후에는 힌티카와 마찬가지로 색깔 배제의 문제가 적합한 표기법을 사용함으로써 설명될 수 있다고 생각하게 되었다. 그러나 우리가 『논고』의 의미론에서 발전된 표기법 c를 채택한다면 색깔 배제 현상에 대한 분석은 진리 함수로의 환원적 분석을 벗어나게 된다. 그렇다면 새로운 표기법 c가 『논고』의 진리 함수의 표기법 N과 어떻게 연관을 맺을 수 있는지가 묘연해진다. 하나의 표기법을 관장하는 논리적 법칙은 다른 표기법에 쉽게 적용되지 않기 때문이다. 이들이 하나의 체계에서 화합할 수 있는지의 문제는 색깔 배제의 문제 이상으로 난제가 아닐 수 없다.

색깔 배제의 문제에 관한 1929년의 논문에서 비트겐슈타인은 힌티카와 매우 유사한 견해를 피력하고 있다.

더 이상 분석될 수 없는, 정도degree를 나타내는 명제들 간의 상호 배제는 몇 년 전에 내가 발표했던, 원자명제들이 서로 필연적으로 배제할 수 없다는 견해와 모순된다. (RLF, 35쪽)

나는 여기서 일부러 "모순된다"고 말하지 않고 "배제한다"고 말한다. 왜냐하면 이 두 개념은 다른 것이며 원자명제들은 서로 모순될 수는 없지만 서로 배제할 수는 있기 때문이다. (RLF, 35쪽)

비트겐슈타인은 여기서 "A는 빨간색이다"와 "A는 파란색이다"라는 두 명제가 서로 모순되는 것이 아니라 서로를 배제한다고 본다. 이러한 견해는 그가 『논고』의 진리 함수 논리를 벗어나 그와는 다른 표기법을 택하고 있음을 뒷받침한다. 비트겐슈타인은 위의 두 명제가 모순이 아니라 배제의 관계에 있다는 이유를 『논고』의 표기법과는 다른 새로운 표기법 하에서 다음과 같이 설명한다.

독립 변항의 하나의 값에 하나의 참된 명제만을 산출하는 함수가 있다. (RLF, 35쪽)

우리가 T와 P를 통해 각각 시간과 장소를 표현한다면

'( ) P T'는 하나의 대상만을 위해 공간을 남겨둔다. (RLF, 36쪽)

이 기호법에서 R과 B가 각각 빨간색과 파란색을 의미한다면 'R P T'와 'B P T'의 연접은 허용되지 않는다. 그들은 서로를 배제한다.

『논고』의 형식적 명제론에서는 "A는 빨간색이다"와 "A는 파란색이다"라는 명제는 상호 독립적이었다. 형식적 명제론은 상호 독립적인 명제들 사이에 존재하는 내적 '배제' 관계를 설명할 수 없었다. 위에서 제시된 새로운 표기법만이 이를 설명할 수 있는 것이다. 그리고 새로운 표기법만이 위의 두 명제의 논리적 곱을 배제할 수 있다. 비트겐슈타인은 새로운 기호법에 의해 드러나는 명제들 사이의 내적 관계를 매우 중요한 것으로 보았다. 그리고 그 관계의 규명에 있어 『논고』의 논리학이 미흡함을 자각하게 된 것이다.

그러나 비트겐슈타인은 1929년의 논문에서 제안한 색깔 배제의 문제의 해결 방안에 대해 곧 불만을 갖게 되었다. 그는 1929년의 논문이 "취약"하다고 보았다(LM, 415쪽). 그가 자신의 논문의 어느 곳이 어떻게 취약하다고 보았는지는 정확히 알수 없으나 우리는 오스틴(James Austin, 1980, 211~12쪽)을 좇아 비트겐슈타인이 다음의 구절을 못마땅해했다고 추정해볼 수 있다.

우리는 이제 기술하려는 현상을 살펴봄으로써, 그 논리적 복합성을 이해하려고 노력함으로써, 부정확한 기호법을 명료한 기호법으로 대체할 수 있다. 즉 우리는 선험적인 가능성을 추측함에 의해서가 아니라 어떤 의미에서 후험적인, 현상 자체의 논리적 탐구에 의해서만 정확한 분석에 도달할 수 있다. (RLF, 32쪽)

『철학적 고찰』에서 비트겐슈타인은 다시 이 문제를 언급하고 있다.

우리가 하나의 대상에 두 개의 양립 불가능한 속성을 부여할 수 없을지 모른다고 말한다면 우리는 문제되는 상황을 잘못 표현하고 있는 것이다. 왜냐하면 이와 같이 보았을 때 모든 경우에 있어 우리는 마치 두 규정이 양립 불가능한지 어떤지를 먼저 검토해야만 하는 것처럼 보이기 때문이다. 사실은 동일한 종류(좌표)의 두 규정은 불가능한 것이다. (PR, 112쪽)

이 구절의 첫 문장은 1929년의 색깔 배제의 문제 설정에 대한 비판으로 볼 수 있다. 색깔 배제의 문제의 관건을 색깔 배제의 현상으로 잡는다면 이는 문제를 잘못 표현하고 있는 것이다. 비트겐슈타인은 1929년의 논문의 오류가 물리적 불가능성과 논리적 불가능성의 혼동에 있다고 보았다. "두 색깔이 동일한 공간을 차지할 수 없다"라는 명제와 "두 사람이 동일한 의자에 있을 수 없다"라는 명제는 "전적으로 다른 종류의 것이지만, 똑같은 것으로 보인다"(BB, 56쪽). 후자가 물리적 불가능성을 말하는 반면 전자는 문법적 규칙으로서 논리적 불가능성을 말하고 있다. 따라서 앞서의 인용 구절의 마지막 문장이 표현하고 있는 불가능성은 논리적 불가능성으로 보아야 한다.

인용 구절에서 두번째 문장은 1929년의 논문에서 제안된 해결에 대한 비판으로 해석될 수 있다. 방금 살펴본 것처럼 논리적 불가능성을 다룰 때 우리가 검토해야만 하는 것은 현상 자체가 아니다. 논리적 불가능성에 대한 고찰은 결코 후험적일 수 없는 것이다.

비트겐슈타인은 후설(E. Husserl, 1900, 833쪽; C. Kates, 1979 참조)이 그랬듯이 "하나의 대상이 동시에 빨간색이고 파란색일 수 없다"와 같은 명제를 선험적 종합명제로 보았는가? 비트겐슈타인은 이 문제에 관련해서 "선험적 종합"이 자기 모순적인 표현임을 귀류법으로 증명하고 있다. 이 증명은 "긍정적 **명제**는 부정적 **명제**의 존재를 전제해야 하며, 그 역도 성립된다" (TLP, 5.5151; Cf. WVC, 67쪽)라는 『논고』의 원칙에 기초하고 있다. 비트겐슈타인의 증명은 다음과 같다.

1. "하나의 대상이 동시에 빨간색이고 파란색일 수 없다"라는 명제를 p로 기호화하자. p가 종합명제라면 『논고』의 원칙에 따라 그 명제의 부정, 즉 ~p도 종합명제일 것이다. ~p가 종합명제라면 그것은 의미를 갖는다. 그리고 이는 "그 명제에 의해 표현된 사물의 상태가 **확보될 수 있음**"(WVC, 66~67쪽)을 함축한다. 따라서 p인 경우와 ~p인 경우가 모두 가능하게 된다.

2. p가 선험적 명제라면 p는 필연적 명제이다. 따라서 p의 부정, 즉 ~p의 경우는 불가능한 것이 된다.
3. 1과 2는 서로 모순된다. 그러므로 색깔 배제를 표현하는 명제는 선험적 종합명제일 수 없다.
Q.E.D.

우리는 또한 비트겐슈타인이 색깔 배제를 표현하는 명제를 후험적인 것으로 간주하지 않음을 보았다. 그러면 그 명제는 도대체 어떠한 명제인가? 앞으로 살펴보겠지만 비트겐슈타인은 그것을 문법적 규칙으로 간주한다. 비트겐슈타인의 후기 철학의 핵심 개념인 문법은 명제의 체계를 측정 막대와 비유하는 과정에서 처음으로 형성된다. 『논고』에서는 각각의 독립된 막대가 실재의 독립된 측면과 접촉하듯이 요소명제가 측정 막대처럼 실재와 대면하는 것으로 생각되었다. 그리고 막대에서 막대로의(즉 실재가 한 막대와 접촉하는 지점에서 다른 막대와 접촉하는 지점으로의) 어떠한 추론도 불가능하다는 사실이 『논고』의 중심을 이루는 요소명제의 독립성의 원리를 뒷받침했다. 그러나 앞서 보았듯이 『논고』 이후의 저작에서 요소명제는 측정 막대가 아니라 측정 막대의 개별적인 눈금에 비유된다. 측정 막대의 한 눈금은 언제나 다른 눈금과의 연관 관계 하에서만 사용된다. 또한 정도degree를 나타내는 명제는 특정한 측정 체계 내에서 그와 이웃한 명제들로부터 더 이상 독립적이지 않다. 우리는 하나의 측정 막대에 의해 규정된 값이 동일한 막대에 의해 규정될 수 있는 다른 값을 배제하고 있음을 추론할 수 있는 것이다.[5]

---

5 이에 관한 자세한 논의를 위해서는 필자와 뉴턴 가버 Newton Garver가 같이 쓴 다음의 책을 참조할 것. Garver and Lee, 1994, 5장.

측정 막대의 비유로부터 얻어진 명제 체계의 중요성을 바탕으로 비트겐슈타인은 다음과 같은 세 가지 측면에서 자신의 생각을 바꾸었다. 첫째, 요소명제들의 상호 독립성이 무너진 까닭에 『논고』의 중심을 이룬 요소명제와 다른 명제들 사이의 구별도 그 빛이 바랬음을 자인하게 되었다. 1929년의 논문에서 비트겐슈타인은 색깔 배제의 문제에도 불구하고 그 구별은 그대로 유지될 수 있는 것으로 생각했던 것처럼 보인다. 그는 요소명제들이 서로 모순될 수는 없다 하더라도 상호 배제의 관계에 있을 수 있는 것으로 생각했다. 그러나 이것은 우리가 보았던 것처럼 단지 응급조치였을 뿐이다. 『철학적 고찰』에서 비트겐슈타인은 다음과 같이 말하고 있다.

> 요소명제의 개념은 이제 그것이 과거에 지녔던 모든 중요성을 상실했다. (PR, 111쪽)

둘째, 요소명제의 상호 독립성을 포기한 이후에 비트겐슈타인은 명제들의 진리 함수적 결합의 규칙이 "명제들의 내적 구문에서 생기는"(WVC, 80쪽) 규칙에 의해 보완될 필요가 있음을 인정하게 되었다. '문법' 개념의 선조 격인 '구문 syntax'은 "어떤 결합이 하나의 낱말에 의미를 부여하고 또한 비의미한 nonsensical 구조를 배제하는지를 알려주는 규칙"(RLF, 31쪽)이다.

『논고』에서 명제들 사이의 함축 관계는 동어반복에 의해 표현되었다. 따라서 모든 추론이 동어반복에 의해 설명되었다. 그러나 비트겐슈타인은 이제 명제들 사이의 모든 추론이 동어반복에 의해 파악되거나 분석되지 않음을 인식하게 되었다. 색깔 배제에 관한 명제들 사이의 내적 관계는 그 좋은 반증 사례이다. 비트겐슈타인은 다음과 같이 말한다.

> 하나의 추론이 옳은지 그렇지 않은지를 결정하는 것은 구문이다. 동어반복은 구문이 무엇인지를 보여주는 하나의 방식에 불과하다. (WVC, 92쪽)

『논고』의 논리학만으로는 우리가 사용하는 모든 추론을 다 설명할 수 없다. 그러므로 『논고』의 논리학은 그것을 일부로 포괄하는 보다 광범위한 언어 규칙, 즉 문법으로 대체되어야 한다. 문법은 한 표현의 어떤 쓰임을 허용하고 어떤 것을 배제해야 하는지를 규정하는 규칙이다. 따라서 이제 관건은 쓰임의 규칙, 용어를 사용하는 기준이다. 비트겐슈타인은 이러한 규칙과 기준에 대한 탐구를 실재나 현상에 대한 경험적 탐구와 구별해서 '문법적' 탐구라고 부른다. 마찬가지로 색깔 배제의 문제도 문법적 문제이며 색깔의 문법에 관한 탐구에 의해서만 제대로 해명될 수 있다.

셋째, 맬컴이 관찰한 것처럼 비트겐슈타인은 "명제 체계의 **다양성에 눈뜨게 되었다**"(Malcolm, 1967, 214~15쪽). 『논고』의 언어는 탈중심화를 겪게 된다. 각각의 명제는 『논고』와 같은 하나의 체계에 속하는 것이 아니라 명제 체계들 가운데 한 체계에 속한다. 비트겐슈타인은 통일된 하나의 언어 이념에서 명제들의 다원화되고 자율적인 체계의 이념으로 전환한다. 그는 다음과 같이 말하고 있다.

> 하나의 체계는 말하자면 하나의 세계이다. ······따라서 규칙의 체계는······ 또한 기호의 의미를 결정한다. 엄격히 말하자면 구문의 형식과 규칙은 동등하다. 그래서 내가 규칙을 변화시키

면—가령 외관상 그 규칙을 보완한다면—나는 그 형식, 그 의미를 변화시키는 셈이다. (PR, 178쪽)

이러한 내적 규칙, 그리고 한 체계 내에서 명제들 사이의 내적 관계에 관한 연구 과정에서 비트겐슈타인은 자신의 후기 철학에서 중요한 역할을 하고 있는 언어 게임에 관한 견해에 도달하게 된다. 막대의 비유와 아울러 명제 체계의 개념이 바로 언어 게임의 싹이었던 것이다.

3.4 명제의 일반 형식

1915년 비트겐슈타인은 "나의 모든 과제는 명제의 본성을 설명하는 것"(NB, 39쪽)이라고 했다. 명제의 본성에 대한 그의 이해는 "명제의 일반 형식"(TLP, 5.471)에 관한 논의에서 구체화되었다. 블랙(Black, 1964, 270쪽)을 좇아 우리는 명제의 일반 형식에 관한 비트겐슈타인의 논점을 다음과 같이 요약할 수 있다. (1) 이 형식에 대한 선험적이고 명확한 표현이 제시될 수 있어야 한다(TLP, 5.47). (2) 일반 형식은 단 하나의 논리적 원초 기호를 제시하는 것과 동치이다(TLP, 5.47, 5.472). (3) 명제의 일반 형식은 명제의 본질이다(TLP, 5.471). (4) 명제의 일반 형식을 제시하는 것은 세계의 본질을 제시하는 것을 의미한다(TLP, 5.4711).

2장에서 우리는 비트겐슈타인이 형식적 명제론과 의미론적 명제론에 각각 근거하는 두 가지 다른 버전의 명제의 일반 형식을 구상했음을 보았다. 형식적 명제론에 근거하는 첫번째 버전은 다음과 같았다.

[p̄, ξ̄, N(ξ̄)] (TLP, 6)

이것의 의미는 모든 명제가 요소명제에 조작 N을 적용함으로써 얻어진다는 것이었다. 한편 의미론적 명제론에 근거하는 두번째 버전은 다음과 같았다.

명제의 일반 형식은 "사태가 이러저러하다"는 것이다. (TLP, 4.5)

이 장에서 색깔 배제의 문제를 분석하면서 우리는 첫번째 버전이 지닌 한계와 문제점을 알게 되었다. 조작 N의 적용 대상인 요소명제의 개념이 설자리를 상실했기 때문에 첫번째 일반 형식이 함축하는 작업 자체가 의미를 잃게 된 것이다.

이제 일반 형식의 두번째 버전에 대해 살펴보자. 두번째 버전에 대한 비트겐슈타인의 비판은 세 갈래로 전개된다. 첫째, 그가 "사태가 이러저러하다"는 것을 명제의 일반 형식으로 간주했을 때 그는 모든 명제가 세계의 그림이라는 점을 의미했다. 이러한 관점에서 보자면 의문문이나 명령문, 감탄문 등은 서술문이 아니라는 이유 하나로 명제의 영역에서 제외된다. 요컨대 "우리에게 사실의 그림을 그리는"(TLP, 2.1) 단 한 종류의 언어 게임만이 고찰되고 있는 것이다. 『논고』이후의 저작에 나타나는 큰 변화는 세계를 그리는 언어 게임 말고도 무수히 많은 종류의 언어 게임이 있으며 그 기능도 그만큼 다양하다는 사실이 부각된다는 점이다. 즉 비트겐슈타인의 관심은 명제에서 언어 게임으로 확장된다. 언어 게임은 그 어떠한 공통적 성질도 공유하지 않으며 대신 다양한 섬유들이 겹쳐진 실처럼 다양한 성질들이 이런저런 방식으로 함께 짜여져 있다(PI, §67). 더구나 언어 게임의 "다양성은 한 번 주어진 채로 고정되지 않는다. 새로운 형태의 언어, 새로운 언어 게임이라 부를 수 있는 것이 생겨나고, 다른 것들은 낡아 잊혀진다"(PI, §23). 이러한 다양성이 동일한 일반 형식을 공유하고 있다는 생각은 환상에 불과하다.

그러나 우리의 관심 범위를 사태가 어떠한지를 그리는 종류의 명제로만 좁힘으로써 이러한 난점들을 무시한다면 우리는 여전히 그 종류의 명제에 관한 어떤 일반적 개념을 가질 수 있지 않을까? 이러한 명제들은 전기 비트겐슈타인이 생각했던 것처럼 진리치를 갖는 것과 같은 어떤 공통된 성질을 갖지 않을까? 이에 대한 비트겐슈타인의 답변은 부정적이다. 그리고 이것이 명제의 일반 형식의 두번째 버전에 대한 그의 두번째 비판의 줄기를 이룬다. 진리치를 갖는다는 것을 명제의 본성으로 본 것은 분명 명제에 대한 전기 비트겐슈타인의 견해의 핵심이었다. 그러나 이제 그는 진리치 개념이 명제에 대한 본질적 정의나 설명을 제공할 수 있는지를 검토하기 위해 명제와 진리치 사이의 관계를 살펴본다. 사실 우리는 명제에 대한 이해에 독립해서 진리치에 대한 개념을 갖는 것이 아니다. 따라서 진리치 개념은 어떤 것이 명제인지 아닌지를 결정하는 데 사용될 수 없다. "장기에서 왕은 우리가 장군을 부를 수 있는 말이다"(PI, §136)라는 명제는 장군을 부르거나 왕을 알아볼 수 있는 방법에 독립해서는 쓸모가 없다. 진리치가 어떤 것을 명제라고 결정한다는 생각은 장기에서 장군을 부를 수 있는 대상을 왕으로 결정한다는 생각처럼 별 도움이 되지 않는다.

셋째, 사태가 어떠한지를 그리는 명제의 범주 안에서조차 철학적으로 중요한 차이가 존재한다. 명제는 어떤 단일한 특징에 의해 정의되지 않는 가족 유사적 개념이다. 그 개념은 매개적 경우에 의해 서로 연관되며 전체를 관통하지는 않지만 서로 겹치는 유사성들로 이루어진 일군의 구조들을 지칭한다. 예컨대 수학적 명제는 일정한 종류의 경험적 명제와 동일한 문법적 형식을 가질 수 있다. 그러나 그것들은 그 쓰임에 있어서 전혀 다르다. 2 + 3 = 5라는 것을 확신하는 것은 영수가 경희보다 키가 크다는 것을 아는 것과 같지 않다. 이 문제는 5장에서 자세히 살펴볼 것이다.

명제의 일반 형식에 대한 비트겐슈타인 자신의 견해의 해체는 모순에 대한 그의 태도에 어떠한 영향을 미치는가? 2장에서 보았듯이 모순에 대한 비트겐슈타인의 견해가 그의 형식적 명제론과 의미론적 명제론에서 각각 상이한 방식으로 제시되어 있으므로 이에 미친 영향도 아래와 같이 나누어 고찰해야 할 것이다.

(1) 명제의 일반 형식과 같은 것이 존재하지 않는다는 것을 인식함으로써 비트겐슈타인은 어떤 것이 명제이기 위한 조건의 제시가 자의적이라는 사실을 깨닫게 되었다(L, 261쪽). 형식적 명제론은 명제를 그 쓰임의 문맥에서 유리시켜 명제 사이의 기계적 관계를 다루는 데에만 주력한다는 점에서 편중된 이론이다. 비트겐슈타인은 다음과 같이 말한다.

『논고』에서의 내 논리학이 그러한 것처럼 러셀의 논리학의 근본적 결함도 어떤 것이 명제인지의 문제가 몇 가지 일상적 예에 의해 설명되고는 그것이 일반화되어 이해된 것으로 전제된다는 데 있다. (RPP I, §38)

비트겐슈타인은 "'게임'에 대해서 그러한 것처럼 '명제'에 대해서도 어떤 일반적 정의를 제시할 수 없다"(L, 261쪽)고 말한다. 그는 자신이 긋는 어떠한 선도 "그 누구도 어떤 것을 '명제'라고 부를지 결정하지 못할 것이라는 의미에서 자의적"(L, 261쪽)이며 그래서 자신은 다만 명제의 예를 제시할 수 있을 뿐이라는 것이다. 비트겐슈타인은 형식적 명제론에서처럼 논리적으로 허용될 수 있는 어떠한 명제의 결합도 다 의미를 갖는다는 것이 자동적으로 전제될 수 없다고 본다. 요소명제에 조작 N을 적용한 모든 결과가 다 명제로 불려질 수 없다는 것이다. 형식적 명제론의 유일한 조작인 N에 대한 이러한 제한은 진리 함수의 이념 전체를 훼손시킨다. 이러한 맥락에서 모순과 동어반복이 명제인지에 대한 어떠한 결정도 자의적이라는 비판을 면하기 어렵다. 그것들이 요소명제의 진리 함수임을 보이는 진리표의 방법이 이 경우에 적용될 수 있는지를 문제삼을 수 있기 때문이다.

(2) 중기 비트겐슈타인은 형식적 명제론뿐 아니라 의미론적 명제론에도 자의적인 구석이 있음을 인정하게 된다(RFM, 377쪽). 그는 자신이 '의미'라는 개념을 잘못 이해했음을 시인한다 (L, 273쪽). '의미'는 '명제'에 상호 연관된 것이기에, 명제에 정확한 경계를 설정할 수 없다면 의미에 대해서도 마찬가지라는 것이다(L, 273쪽). 의미론적 명제론이 취하는 모순에 대한 견해에 대해 비트겐슈타인은 다음과 같이 비판한다.

시정해야 할 잘못이 하나 있다. 우리는 모순이 의미를 결여하고 있음에 **틀림없다**고 생각한다. 즉 예컨대 'p' '~' '·'와 같은 기호를 일관되게 사용한다면 'p · ~p'는 어떤 것도 말할 수 없다고 말이다. (RFM, 377쪽)

"비가 오거나 오지 않거나이다"라는 동어반복을 말하는 사람이 현재 기상 상황에 대해 아는 바가 없다는 것이 사실이긴 하지만 그렇다고 그가 아무것도 모른다고 볼 수는 없을 것이다. 왜냐하면 그의 발언은 최소한 "눈이 내리거나 내리지 않거나이다"와 다르기 때문이다. 이 둘은 서로 다른 의미를 갖는 것인지 모른다(L, 272쪽). 이는 그밖의 서로 상이한 모순들에도 마찬가지로 적용될 수 있을 것이다.

비트겐슈타인은 한 문장이 모순의 형식을 갖는다고 해서 그것이 명제가 될 수 없다고 보지 않는다. 그는 다음과 같이 말한다.

〔모순〕의 발생을 금지하는 것은 하나의 표현 체계를 채택하는 것으로서 그 자체 적극 추천할 만한 것이다. 이는 우리가 모순을 사용할 수 없음을 의미하는 것은 아니다. (AWL, 71쪽)

즉 모순의 형식을 갖는 문장도 일정 조건 하에서는 의미있는 담론에서 사용될 수 있으며 그 경우 그것은 의미있는 명제가 된다는 것이다. 예컨대 "이것은 아름답고 이것은 아름답지 않다"는 모순의 형식을 갖지만 '이것'이 상이한 두 대상을 각각 지칭할 경우에는 의미를 갖는다(RPP I, §37). 마찬가지로 "소리가 들리고 들리지 않는다"는 청각상의 상상을 표현하는 데 사용될 수 있다(RPP I, §885; LFM, 175쪽 참조).

(3) 중기 저작부터 '모순'은 '명제'가 그러한 것처럼 진리 함수 개념에 의한 정의대로 사용되지 않는다. 진리 함수적 관점에서는 모순이 아닌 명제들이 일상 언어에서는 종종 그것이 사용되는 문맥에 의해 모순으로 간주된다. 예컨대 내가 학생들에게 "조용히 하고 떠들어"라고 명령한다면 내 명령은 비록 그것

이 서술문도 'p · ~p'의 대입 사례도 아니지만 분명 모순이다. 이에 관해서는 5장에서 보다 상세히 살펴볼 것이다.

지금까지 우리는 명제의 일반 형식에 대한 비트겐슈타인 자신의 견해의 해체가 모순에 대한 그의 태도에 어떠한 영향을 미쳤는지를 세 갈래로 나누어 살펴보았다. 그런데 의미론적 명제론의 지지자인 골드슈타인(Goldstein, 1988)은 비트겐슈타인이 모순이 명제가 아님을 '증명'한 것처럼 주장하고 있다. 그의 증명이 타당하다면 위의 세 갈래 고찰 중 (2)에 해당하는 내용은 부정된다. 따라서 우리는 골드슈타인이 제시한 소위 '비트겐슈타인적' 증명을 자세히 살펴볼 필요가 있다. 증명은 다음의 두 전제에서 시작한다.

1. 명제는 말해질 수 있다.
2. 조건문을 말하는 것은 그것의 전건을 말하는 것도 후건을 말하는 것도 아니다.

골드슈타인을 좇아 어떻게 이 두 전제에서 모순이 명제가 아니라는 결론이 추론되는지를 따라가보자.

3. 동어반복,[6] 실질 함축, 이중 부정에 의해 'p · ~p'는 '(~p ⊃ p) · (p ⊃ ~p)'와 논리적으로 동치이다.[7]
4. 2에 따르자면 '(~p ⊃ p)'와 '(p ⊃ ~p)'에서 'p'나 '~p'는 말해지지 않았다. 따라서 '(~p ⊃ p) · (p ⊃

---

[6] $p \equiv (p \lor p)$
[7] $(p \cdot \sim p) \equiv \{(p \lor p) \cdot (\sim p \lor \sim p)\}$ 동어반복
$\{(p \lor p) \cdot (\sim p \lor \sim p)\} \equiv \{(\sim p \supset p) \cdot (\sim \sim p \supset \sim p)\}$ 실질 함축
$\{(\sim p \supset p) \cdot (\sim \sim p \supset \sim p)\} \equiv \{(\sim p \supset p) \cdot (p \supset \sim p)\}$ 이중 부정
∴ $(p \cdot \sim p) \equiv \{(\sim p \supset p) \cdot (p \supset \sim p)\}$

~p)'에서 말해진 것은 아무것도 없다.

5. 3과 4에 따르자면 'p · ~p'에서 말해진 것은 아무것도 없다.

6. 1과 5에 따르자면 'p · ~p'는 명제가 아니다.

Q.E.D.

이 증명은 그릇된 것이다. 우선 2로부터 조건문에서 말해진 것이 아무것도 없다는 것은 따라나오지 않는다. 만일 그렇다면 1에 따라 조건문은 명제가 아닐 터인데 이는 옳지 않다. 사실 2로부터 조건문에서 말해진 것이 아무것도 없다는 것이 따라나온다는 해석은 다음에서 보듯이 논리적으로도 불가능한 입장이다.

3. 임의의 명제 'p'를 택하기로 하자.

4. 실질 함축에 의해 'p'는 '(~p ⊃ p)'와 논리적으로 동치이다.

5. 2를 조건문에서 말해진 것이 아무것도 없다는 것으로 해석한다면 '(~p ⊃ p)'에서 말해진 것은 아무것도 없다.

6. 4와 5에 따르면 'p'에서 말해진 것은 아무것도 없다.

7. 1과 6에 따르면 'p'는 명제가 아니다.

8. 3과 7은 서로 모순된다.

Q.E.D.

4. 수학과 모순

4.1 이끄는 말

수학의 기초에 관한 비트겐슈타인의 저술들(RFM, LFM)은 일부의 수학자와 수리철학자들로부터 격렬한 비난을 받아왔다.[1] 그 이유의 하나는 그의 저술들이 수학자들의 고유의 영역을 침해하는 것으로 여겨졌다는 점이다(A. Malachowski, 1989, 11쪽). 비트겐슈타인의 비판자들은 모순에 관한 그의 견해를 그 대표적인 예로 들고 있다. 비트겐슈타인 자신도 이러한 비판을 예상하고 있었다. 그는 1939년에 행한 수학 기초론 강의 초두에서 이 문제를 거론하고 있다.

> 나는 수학의 기초에 관해서 말하려 한다. 이 주제 자체에서 다음과 같은 중요한 문제가 제기된다. 나, 혹은 수학자가 아닌 다른 모든 사람이 어떻게 이러한 주제에 관해서 말할 수 있는가? 과연 철학자가 수학에 관해서 말할 자격이 있는가? ……수학자들을 간섭하지 않는 것이 가장 중요한 일일 것이다. (LFM, 13쪽)

불간섭의 중요성을 강조함에도 불구하고 수학의 주제를 다루려 하는 이유를 비트겐슈타인은 다음과 같이 설명한다. 그에

---

[1] 가령 A. Anderson, 1958; P. Bernays, 1959; M. Dummett, 1959; G. Kreisel, 1958 등을 참조할 것.

의하면 철학의 용어로 설명될 수 있는 수학의 주제는 "수학적 기호의 해석"(LFM, 13쪽)이다. 그는 왜 이 주제가 철학자들에 의해 접근될 수 있는지에 대해 이렇게 말한다.

철학자인 내가 수학에 관해서 말할 수 있는 이유는 내가 '증명' '수' '연속' '순서' 등과 같은 일상 언어로부터 생겨나는 난제들만을 다룰 것이기 때문이다. (LFM, 14쪽)

수학적 기호와 난제에 관한 해석은 그것이 '일상 언어'에 관한 것인 한 철학적 탐구의 주제가 될 수 있다. 모순에 관한 비트겐슈타인의 고찰이 지니는 이러한 성격을 염두에 둘 때 우리는 이러한 고찰에서 찾아지는 명백한 '간섭'의 기저에 언어의 명료화에 대한 그의 깊은 관심이 놓여 있음을 발견하게 된다. 모순에 관한 비트겐슈타인의 고찰은 예컨대 메타 수학의 무모순성 증명과 같이 모순에 연관되는 주제의 기술적 technical 측면에 관한 것이 아니라 일상 언어의 쓰임에 연관되는 측면에 관한 것이다.

이 장에서 우리는 모순의 문제를 전자 아닌 후자의 측면에서 다루게 될 것이다. 우리는 우선 수학에 있어서의 모순에 관한 중기 비트겐슈타인의 견해의 뿌리가 무엇인지를 추적할 것이다. 그리고 우리는 모순의 문제를 둘러싼 튜링 Alan Turing과 비트겐슈타인 사이의 논쟁을 분석하고 평가할 것이다. 이를 바탕으로 우리는 비트겐슈타인의 모순론에 대한 종래의 비판이 타당한지의 여부를 비판적으로 살펴볼 것이다.

4.2 수학에서의 모순

철학계로 되돌아온 후에 비트겐슈타인은 언어를 게임에 비유해서 성찰하기 시작했다. 그러나 비트겐슈타인만이 게임의 비유를 주목했던 것은 아니다. 수학에서 형식주의자들이 수학의 본성을 설명하는 데 똑같은 비유를 사용했다는 것은 잘 알려진 사실이다. 그래서 우리는 이 비유의 원천을 형식주의자들에게로 소급해서 비트겐슈타인이 이 비유를 부활시킨 이유를 살펴보고, 또 그가 그것을 활용한 다양한 방식을 검토할 필요가 있다.

비트겐슈타인이 게임의 비유를 처음 거론한 것은 1930년 6월, 형식주의에 관한 슐릭M. Schlick과의 토론에서였다. 비트겐슈타인은 토론 중 다음과 같이 말하고 있다.

> 형식주의의 어떤 부분은 옳고, 어떤 부분은 옳지 않다.
> 모든 구문syntax을 게임의 규칙으로 볼 수 있다는 형식주의의 견해는 옳다. 나는 형식주의자가 수학의 공리를 체스의 규칙과 같은 것으로 본다는 바일 H. Weyl의 말의 의미에 관해서 생각해보았다. 나는 수학의 공리뿐 아니라 모든 구문이 다 자의적이라고 말하고 싶다. (WVC, 103쪽)

체스 말이 우리가 체스를 하는 문맥에서만 의미를 갖는 것처럼 수학적 기호는 우리가 수학을 실행하는 문맥에서만 의미를 갖는다. 체스에서 말의 역할이 체스의 규칙에 의해 결정되는 것처럼 수학에서 기호의 역할은 수학의 규칙에 의해 결정된다.

형식주의자들의 게임의 비유는 수학에 있어서 규칙따르기의 중요성을 환기시켜주는 데 매우 유용하다. 그래서 비트겐슈타인은 이 비유를 수용한다. 그러나 게임의 비유는 기껏해야 비유일 뿐이다. 비유를 사용할 때 우리는 그것을 남용하지 않도록 주의해야 한다. 비트겐슈타인은 형식주의자들이 바로 이 유용한 비유를 남용하는 경향이 있음을 주목한다. 그들에 의하면 수학은 바로 기호의 게임 그 자체이다. 수학은 무의미한 기호들의 기계적 운용으로 이루어지는데 이는 인간의 행위와 무관하게 독립적으로 수행된다는 것이다. 가령 형식주의의 대표격인 폰 노이만J. von Neumann과 힐베르트D. Hilbert는 다음과 같이 말하고 있다.

우리는 고전 수학을 원초적 기호들의 게임으로 보아야 한다. (von Neumann, 1931, 51쪽)

이 이론에 의하면 수학의 주제는 구체적 기호 자체이다. 그리고 기호의 구조는 즉각적으로 명료하게 알아볼 수 있다. (Hilbert, 1925, 142쪽)

비트겐슈타인은 형식주의를 다음과 같이 여러 각도에서 비판한다.
(1) 우리는 수학을 단지 게임으로만 볼 수 없다(PG, 293쪽). 만일 수학이 한낱 게임에 불과하다면 수학이 어떻게 그토록 중요한 위치를 차지할 수 있단 말인가? 수학을 보통 사람이 즐기는 게임의 목록에 포함시키는 사람은 아마 없을 것이다. 게임과 수학 사이에는 너무도 많은 차이점이 있다. 가령 게임에서는 수학에서와는 달리 '참'/'거짓'이 문제되지 않는 반면 수학에서는 게임에서와는 달리 '승'/'패'가 문제되지 않는다(PG,

293쪽).

　(2) 체스가 나무 말에 관한 게임이 아닌 것처럼 수학의 주제는 구체적 기호가 아니다(WVC, 105쪽). 가령 '0'이라는 기호 자체가 '1'을 보탰을 때 '1'이라는 기호를 산출하는 속성을 가지는 것은 아니다. '0'이라는 수학 기호를 보고서 그것이 수인지 아닌지를 판별할 수는 없다. 기호 '0'을 수이게끔 하는 것은 수학의 규칙이다. 나무 말이 체스의 규칙 하에서만 체스 말로 간주되는 것처럼 기호 '0'은 산술의 규칙 하에서만 수로 정의된다.
　이에 연관지어 비트겐슈타인은 게임의 비유를 바탕으로 한 프레게의 견해를 논의한다. 그는 프레게의 견해를 다음과 같이 요약하고 있다.

　(수학은) 종이에 씌어진 잉크의 획을 다루는 학문이거나 혹은 이 잉크 획은 **어떤 것의 기호로서** 그 의미는 그 획이 지칭하는 것이다. (WVC, 105쪽)

　비트겐슈타인은 이러한 견해가 근거 없는 것이라고 비판한다. 체스가 나무 말에 관한 게임이 아닌 것처럼 수학의 주제도 종이에 씌어진 잉크의 획이 아니다. 또한 체스 말이 어떤 것을 지칭하지 않는 것처럼 수학의 기호도 어떤 것을 지칭한다고 볼 수 없다. 수학이 "실제로 무엇에 관한 학문이 아니"(PG, 290쪽)므로 수학의 기호는 무엇을 기술하는 기능을 갖지 않는다. 수학의 기호는 기호 게임에 있어서 다른 모든 기호들과 마찬가지로 하나의 놀이 말에 불과하며 그 자체가 무엇을 의미하는 것이 아니다. 수학의 기호는 그것이 규칙에 따라 운용될 때에야 비로소 어떤 역할을 부여받게 된다. 마찬가지로 수학적 명제는 세계의 어떠한 사실도 기술하지 않는다. 체스의 규칙이 체스 말의 운용에 관한 올바른 방법과 그릇된 방법을 구별해주는 규범인 것처럼 수학적 명제는 수학에 있어서 올바른 추론과 그릇된 추론을 구별해주는 규범이다(RFM, 425, 431쪽).

프레게의 수학관에 대한 비트겐슈타인의 비판의 요지는 결국 수학이 종이에 씌어진 잉크의 획을 다루는 학문도 아니요, 이러한 잉크 획의 의미가 그 획이 지칭하는 것에 의해 밝혀지지도 않는다는 것이다. 비트겐슈타인에 의하면 게임의 비유가 제3의 대안을 제시한다. 즉 우리가 체스 게임을 하는 과정에서 체스 말이 어떤 역할을 부여받을 수 있는 것처럼 우리가 수학을 하는 과정에서 수학의 기호들은 어떤 역할을 부여받을 수 있게 된다는 것이다.

(3) 비트겐슈타인은 위의 논의를 바탕으로 수학이 단지 기호의 게임이라는 형식주의 수학자들의 주장에 대해 세번째 비판을 전개한다. 형식주의자들은 수학을 기호와 규칙의 형식 체계로 정의한다. 그들은 게임의 비유를 규칙의 기계적 성격을 부각하는 데 사용한다. 그러나 비트겐슈타인은 이들이 게임의 비유를 잘못 사용하고 있다고 본다. 그는 체스 게임을 하는 것과 수학을 하는 것이 모두 인간의 행위라는 점이 게임의 비유의 핵심이라고 주장한다. 규칙 자체에는 생명이 없다. 게임을 할 때, 혹은 수학을 할 때 규칙은 비로소 생명을 얻게 된다. 수학을 규칙을 어떻게 따르고 행하느냐에 의존하는 인간의 제도로 보고 있다는 점에서 비트겐슈타인의 수학관은 형식주의자들의 수학관과 대비된다. 비트겐슈타인은 다음과 같이 말한다.

나는 이렇게 말하고 싶다. 수학의 기호들이 **평상복 차림**으로도 사용된다는 점은 수학에 본질적이다.

기호놀이를 수학으로 만드는 것은 수학 외부의 사용이며, 따라서 그 기호들의 의미이다. (RFM, 257쪽)

비트겐슈타인에 있어서 수학이 일상 생활에 적용된다는 점은 수학의 본질에 해당한다. 실제 쓰임의 문맥을 벗어나서 수학의 기호는 아무런 의미를 갖지 않기 때문이다. 다른 한편으로 수학의 실행은 인간의 행위이므로 그 규칙은 자신이 실행되는 가능한 모든 경우를 기계적으로 예상해내지 못한다. 이 점은 매우 중요한 것이기에 다음 장에서 상세히 논의하고자 한다.

(4) 형식주의에 대한 비트겐슈타인의 네번째 비판은 수학에 있어서의 모순과 메타 수학의 무모순성 증명에 초점을 두고 있다. 바로 이 네번째 비판이 형식주의에 대한 그의 비판 중 가장 강도 높은 비판이자 또한 가장 많은 논란을 불러일으킨 비판이기도 하다. 비트겐슈타인이 문제삼는 형식주의자들의 견해는 다음과 같다(C. Wright, 1980, 296~97쪽 참조).

(가) 모순된 체계는 본질적으로 결함이 있는 체계이다. 그 체계는 모순으로 말미암아 완전히 못쓰게 된다. 모순은 체계를 병들게 하는 주 요인이다.

(나) 수학의 어느 분야, 어느 체계에서건 모순이 기계적으로 제거되거나 회피될 수 있는 것이 바람직하다.

(다) 무모순성의 증명은 필요한 것이거나 혹은 최소한 바람직한 것이다. 그러한 증명이 이루어지지 않았거나 불가능한 체계는 불안정한 체계이다. "무모순성의 증명만이 내가 계산법에 의존할 수 있음을 보여준다"(RFM, 215쪽).

이에 대한 비트겐슈타인의 비판을 살펴보기에 앞서 우리는 두 가지 점에 유의할 필요가 있다. 첫째, 비트겐슈타인의 목적은 수학에서 모순을 해결하거나 회피하는 것이 아니라 모순에 대한 형식주의자들의 태도를 변경하는 것이다. 비트겐슈타인은 수학에서 이러저러한 모순을 해결하는 데에는 관심이 없다. 그에게 이러한 것은 문제가 되지 않는다. 문제가 되는 것은 모순에 대한 형식주의자들의 편벽된 견해이다. 둘째, 비트겐슈타인은 형식주의자들의 무모순성 증명이 지니는 중요성을 평가절하하지 않는다. 수학적 증명으로서의 무모순성 증명에는 아무런 문제가 없다. 부연하건대 문제는 무모순성 증명에 대한 형식주의자들의 태도이다. 비트겐슈타인의 말을 직접 들어보자.

나의 목적은 모순과 무모순성 증명에 대한 **태도**를 바꾸려는 것이다(이 증명이 중요하지 않다는 말이 아니다. 어떻게 이 증명이 중요하지 않을 수 있겠는가?). (RFM, 213쪽)

비트겐슈타인이 의도하는 바는 수학자들이 형식주의에 입각해서 수학을 해서는 안 된다는 것이 아니다. 형식주의의 입장이 강요되어서는 안 된다는 점, 그리고 그 입장을 받아들이지 않을 경우 난관에 봉착하리라는 우려가 그릇된 것임을 강조하려는 것이다.

형식주의자들은 왜 모순된 체계가 본질적으로 결함이 있다고 보는가? 모순된 체계는 어떠한 적형식도 함축할 수 있으며 이로 말미암아 체계가 스스로 무너진다고 생각하기 때문이다. 비트겐슈타인은 수학자들이 이러한 입장을 택하는 것을 비난하지 않는다. 그는 모순된 체계가 어떠한 적형식도 함축할 수 있다는 입장이 우리가 수학을 할 때 가질 수 있는 많은 입장 중의 하나에 불과할 뿐임을 강조한다. 즉 모순에 대해 다른 태도를 취할 수도 있다는 것이다. 이를 뒷받침하기 위해 비트겐슈타인은 다음과 같은 게임을 고찰한다(WVC, 124~25쪽). 흰 말과 검은 말이 이 게임의 놀이 말이다. 그리고 이들은 다음과 같은 규칙에 의해 움직인다.

(1) 흰 말은 검은 말을 뛰어넘어야 한다.
(2) 어떠한 말도 판 밖으로 나갈 수 없다.

이 게임에서 흰 말이 모서리에 위치한 검은 말 앞에 놓이게 될 경우 두 규칙은 서로 모순을 일으키게 된다. 규칙 (1)에 따라 흰 말이 검은 말을 뛰어넘게 할 경우 흰 말은 판 밖으로 나가게 되어 규칙 (2)를 위반하게 된다. 규칙 (2)에 따라 흰 말을 판 안에 묶어둘 경우 우리는 그 결과로 규칙 (1)을 위반하게 된다.

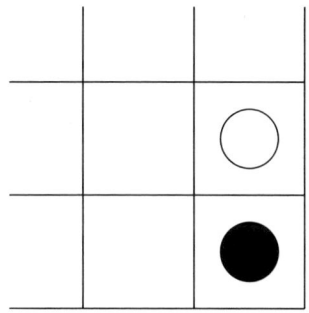

우리는 이 상황에 대해 다음과 같은 상이한 태도를 취할 수 있다.

(가) 이제 어떠한 놀이 말도 아무 방향으로나 움직일 수 있

으며 따라서 게임은 제멋대로 돌아가게 된다.

(나) 이 상황에서 무엇을 어떻게 해야 하는지 알 수 없으므로 게임은 더 이상 계속될 수 없다.

(가)의 경우 규칙들 사이의 모순은 게임을 아무렇게나 해도 된다는 결과를 초래한다. 그러나 이는 물론 가능하기는 하지만 우리의 일상적 태도와는 거리가 멀다. 반면 (나)의 경우에는 같은 모순이 게임을 멈추게 하는 결과를 초래한다. 즉 규칙 (1)과 (2)는 동시에 수행될 수 없는 것이다. 모순이라는 장애물은 우리로 하여금 어떠한 곳으로도 인도하지 않는다.

위의 경우에서 우리는 게임을 계속할 가능성이 완전히 사라진다고 생각하지는 않을지라도 (가)보다는 (나)를 택할 것이다. 즉 모순에 봉착했을 때 우리는 모순이라는 장애물에 어떻게 대처해야 할지에 대한 어떤 결정을 내릴 때까지는 게임을 중지할 것이다. 여기서도 게임을 아예 폐지하는 결정을 내릴 수도 있지만 역시 그보다는 문제 상황을 타개할 새로운 규칙을 도입한 뒤 이에 의거해 게임을 속개하려 할 것이다.

비트겐슈타인에 따르면(WVC, 125쪽; LFM, 221쪽) 수학에서도 이와 비슷한 상황이 발생한다. 가령 우리가 수를 0으로 나누어서는 안 된다는 규칙을 제외한 모든 계산 규칙을 배웠다고 하자. 그렇다면 우리는 다음과 같이 0으로 나눔으로써 $3 = 5$임을 증명할 수 있다.

$3 \times 0 = 5 \times 0$

$(3 \times 0) \div 0 = (5 \times 0) \div 0$

$3 = 5$

Q.E.D.

또한 그 외의 계산 규칙에 의해서 3 ≠ 5임을 증명할 수 있다. 즉 우리는 모순에 봉착하게 되는 것이다. 이로 말미암아 우리는 0으로 나눈다는 것의 타당성에 대해 의심하게 된다. 그러나 사실은 이러한 말조차 필요 없을 것이다.
　모순에 대한 우리의 반응은 무엇인가? 비트겐슈타인은 다음과 같이 말한다.

　　우리는 모순에 대해 어떠한 반응도 취하지 않는다. 우리는 다만 다음과 같이 말할 수 있을 뿐이다. 만일 그것이 정말이라면(모순이 존재하게끔 되어 있다면) 나는 그것을 이해할 수 없다. 혹은 이렇게 말할 것이다. 나는 그것에 대해 아는 바가 없다. 나는 그 기호〔모순〕를 이해하지 못한다. 그것에 대해 무엇을 어떻게 해야 하는지, 그것이 명령인지 등에 대해서 아는 바 없다. (PG, 303쪽)

　0으로 나누라는 명령에 대해 우리는 어찌할 바를 모른다. 0으로 나누라는 명령은 우리를 더 나아갈 수 없는 막다른 골목으로 인도한다. 여기서 우리는 수학을 포기하거나 아니면 0으로 나누는 것을 금지하는 규칙을 도입할 수 있다. 우리는 후자를 택하고 이에 대한 이유를 덧붙인다(0 × 0 = 0이지만 0으로 나누는 것은 잘못이라는 규칙을 입안한다).
　위의 예에서 보았듯이 비트겐슈타인에 있어서 "모순을 어떻게 피할 것인가?" 하는 것은 중요한 문제가 아니다. 그것은 가장 쉬운 문제이기도 하다. 모순을 금지하는 규칙만 도입하면 되는 것이다(WVC, 120쪽). 중요한 문제는 "모순에 봉착했을 때 우리는 어떻게 해야 하는가?"(Z, 688쪽)이다. 모순에 봉착한 게임을 포기해야 하는지, 혹은 모순을 금지하는 규칙을 도입한 뒤 게임을 속개해야 하는지는 우리에게 달려 있다. 모순 그 자체가 우리로 하여금 어떠한 결정을 하도록 강요하지는 않는다. 모순의 처리 문제를 포함한 게임의 제반 규칙을 정하는 것은 우리 인간이며 우리의 결정이 게임을 규정하는 것이다.

그렇다면 "모순에 대한 수학자의 미신적인 공포와 숭배"(RFM, 122쪽)의 기원은 무엇인가? 비트겐슈타인은 그것이 게임의 비유를 수학에 무비판적으로 적용한 데서 비롯된다고 본다. 게임의 규칙과 수학의 규칙을 동일시해서 마치 게임의 규칙이 모순을 일으켜서는 안 되는 것처럼 수학의 규칙도 모순을 일으켜서는 안 된다고 생각한다는 것이다. 이러한 생각이 굳어지면 "'p'가 규칙이면 'p · ~p'는 규칙이 아니라는 것이 '규칙'이라는 낱말의 문법의 일부"(PG, 304쪽)라고 보게 된다. 이로 말미암아 우리는 '모순'을 '금지'와 혼동하기에 이른다.

수학의 규칙들이 서로 모순을 일으키면 우리는 이들 중 최소한 어느 하나를 금지하거나 제거해야 한다고 생각한다. 그러나 비트겐슈타인은 모순된 규칙은 규칙이 아니라고 하는 규정 하에서만 모순의 금지가 요구된다는 사실을 강조한다. 규정은 바뀔 수도 있는 것이다. 비트겐슈타인은 우리가 당연시하고 있는 규정을 분석함으로써 수학의 언어에 있어서 '규칙'과 '모순'의 관계를 해명한다. 모순된 규칙을 규칙이 아니라고 규정할 때 우리는 역으로 "'규칙'이라는 낱말의 쓰임에 관한 규칙이 다를 때— '규칙'이라는 낱말이 다른 의미를 지닐 때—규칙들이 서로 모순을 일으킬 수 있음"(PG, 304쪽)을 허용하는 셈이다.

비트겐슈타인의 이러한 입장은 구체적 사례를 통해 입증될 수 있는가? 직선 밖의 한 점에서 그 직선에 이르는 수선(垂線)이 오직 하나만 존재함을 귀류법에 의해 증명하는 과정을 살펴보자. 증명하려는 명제를 's'로, 그 부정을 '~s'로 각각 기호화하자. 그리고 "삼각형의 내각의 합은 180도이다"라는 정리를 'p'로, 그 부정을 '~p'로 각각 기호화하자. 's'를 귀류법으로 증명하려면 '~s', 즉 "직선 밖의 한 점에서 그 직선에 이르는 수선은 하나만 존재하는 것이 아니다"가 모순을 일으킴을 증명하면 된다. 이제 직선 밖의 한 점에서 그 직선에 이르는 수선의 수가 둘이라고 가정해보자. 그러면 두 수선과 원래의 직선은 삼각형을 형성할 것이다. 그런데 두 수선과 직선이 이루는 각이 각각 90도이므로 그 삼각형의 내각의 합은 180도를 넘게 된다. 이 결과는 앞서의 약호법에 의해 '~p'로 기호화되고 이는 잘 알려진 정리 'p'와 모순을 일으킴을 알 수 있다. '~p'는 '~s'에서 연역된 정리이므로 '~s'가 곧 'p'와 모순을 일으키는 셈이며 따라서 '~s'는 부정되어야 한다. 그런데 '~s'의 부정은 's'이므로 우리는 's'를 증명한 셈이다.

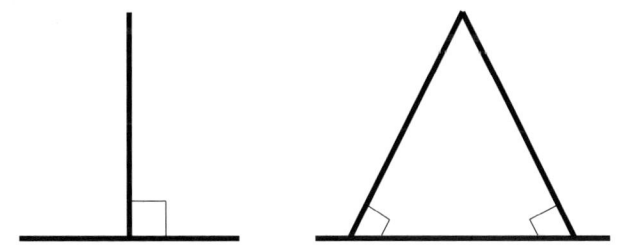

비트겐슈타인은 이러한 증명의 타당성을 부정하지 않을 것이다. 그는 다만 그 증명을 신중하게 해석해야 한다고 말할 것이다. 그의 입장에서 이 귀류법적 증명을 해석해보면 다음과 같을 것이다. (1) 우리가 '~p'를 받아들이지 않은 까닭은 그것이 어떤 사실과 어긋나서라기보다는(수학은 어떠한 사실에 관한 학문이 아니다) 그것이 우리에게 생소한 규칙이기 때문이다

(PG, 305쪽). 우리는 '~p'를 어떻게 이해하고 적용해야 할지 알지 못한다. '~p'가 속한 게임을 이해하고 적용할 수 있기 위해서는 규정이 더 만들어져야 한다. (2) 우리는 '~p'가 '~s'로부터 이끌어져 나온다는 규칙을 만들거나 혹은 그것을 금지할 수 있다. 우리가 이미 'p'를 정리로서 알고 있다고 가정하자. 그렇다면 우리는 '~p'가 '~s'로부터 이끌어져 나온다는 것을 규칙으로 삼아서는 안 될 것이다. 그것을 규칙으로 삼을 경우 'p'와 '~p'가 우리의 정리 목록에 포함될 것이기 때문이다. 요컨대 '~p'가 '~s'로부터 이끌어져 나온다는 것을 규칙으로 삼을 경우에만 우리는 그러한 모순에 도달하게 된다 (WVC, 201쪽). 우리가 행하고 있는 게임에서 '~p'는 '~s'로부터 이끌어져 나온다. 그러나 비트겐슈타인은 '~s'가 우리가 행하는 게임에 속하지 않는다고 볼 것이다. 그것은 우리의 게임과는 전혀 다른 게임에 속한다. 그렇다면 그러한 게임에서 '~p'가 '~s'로부터 이끌어져 나온다는 것이 허용되는지는 확실하지 않다. (3) 우리는 (2)를 다음과 같이 고쳐 쓸 수 있다. '~s'는 우리가 '~p'와 모순되는 'p'를 규칙으로 받아들였기 때문에 문제가 되는 것이다. 달리 말해 우리가 'p'를 이끌어내는 규칙을 차용하지 않았다면 '~s' 자체에 모순된 것은 없다 (PG, 305쪽).

비트겐슈타인은 "모든 것이 강제에 의해 일어난다는 믿음은 그릇된 것"(WVC, 201쪽)이라고 본다. 그에 의하면 우리가 기하학을 할 때 우리는 자신도 모르게 모종의 숨은 조건들에 의해 속박된다. 우리는 기하학을 이러한 조건들에 맞도록 구성하려 한다. 삼각형의 내각의 합이 여러 값을 가질 수 있다면 기하학은 성립될 수 없다는 믿음이 그 한 예이다(WVC, 201쪽). 그럼으로써 우리는 처음부터 기하학의 게임을 일정하게 규정하고 들어가는 것이다. 비트겐슈타인은 우리가 수학이라는 게임이 무엇인지 정의할 수 있다는 견해에 반대한다. 다양한 규칙들이 가능한 만큼 다양한 게임들이 가능하다는 것이 그의 견해이다. 모순이 그 귀결이라면 그것은 매우 흥미로운 일일 것이다. 왜냐하면 모순을 추론하는 게임을 함으로써 사람들은 무모순성으로부터의 해방감을 느낄지 모르기 때문이다(WVC, 139쪽). 비트겐슈타인은 다음과 같이 말한다.

우리가 모순을 이끌어내려 했다는 것은 가능하지 않을까? 수학적 발견에 대한 자부심으로 "봐라. 우리는 이렇게 해서 모순을 이끌어냈다"라고 자랑 삼아 말하는 것은 가능하지 않을까? 가령 많은 사람들이 논리학의 영역에서 모순을 이끌어내려 노력하다가 결국 한 사람이 성공했다는 것은 가능하지 않을까?

그러나 사람들은 왜 이러한 일을 해야만 했는가? 지금 당장으로서는 가장 그럴듯한 목적이 떠오르지 않는다. 하지만 예컨대 세상 만사가 불확실함을 보이기 위해서라면 어떨까? (RFM, 211쪽)

우리가 수학에서 모순이 발생해서는 안 된다고 말한다면 우리는 규칙을 정한 셈이고 그럼으로써 수학이라는 게임을 정의하고 있는 것이다. 그 게임에서 모순이 일어나는지의 여부는 전적으로 수학적인 문제이다. 그것은 어떤 것이 논리적으로 허용되거나 금지되는 것과는 아무 관련이 없다(WVC, 201쪽). 비트겐슈타인에 따르면 왜 수학의 다른 게임 말고 바로 이 게임이 행해져야 하는지의 이유를 결정할 객관적 관점은 존재하지 않는다. 그는 우리가 왜 이러저러한 수학의 게임을 하는지에 대해서 "(생물학적, 역사적, 혹은 그와 유사한 종류의 근거 이외에는) 다른 근거를 댈 수 없다"(PG, 304쪽)고 말한다. 우리가 모순이 발생해서는 안 됨을 규칙으로 하는 수학의 게임을 하는 이유는 단지 무모순적인 게임만을 게임으로 간주하려는 우리의 태도에 기인한다. 비트겐슈타인의 관점에서 보았을 때 이는 편견에 불과하며 따라서 준수해야 할 아무런 근거도 없다. 그는 다음과 같이 말한다.

"규칙은 모순을 범해서는 안 된다"는 "시곗바늘이 느슨해서는 안 된다"는 명령과 유사하다. 우리는 이유를 예상한다. 왜냐하면 그렇지 않다면…… 그러나 첫번째 경우에서 그 이유는 다음과 같아야 할 것이다. 왜냐하면 그렇지 않다면 그것은 규칙이 아닐 것이기 때문이다. 다시 한 번 우리는 논리적 근거를 댈 수 없는 문법적 구조와 마주하게 된다. (PG, 304쪽)

우리가 일정한 수학의 게임을 차용하는 것에 어떠한 논리적 근거도 주어질 수 없다는 비트겐슈타인의 생각은 또 다른 논증에 의해 옹호된다. 이 논증도 수학을 게임에 비유하는 데서 비롯된다. 게임의 개념에 있어서 흥미로운 점 하나는 우리가 게임이라고 부르는 모든 것을 관통하는 공통된 특징이 존재하지 않는다는 것이다. 이러한 생각은 비트겐슈타인이 "가족 유사성" 개념을 도입하는 『탐구』의 §66과 §67에서 전개되고 있다. "가족 성원 사이의 다양한 유사성, 이를테면 체구, 용모, 눈의 색깔, 걸음걸이, 기질 등이 같은 방식으로 겹치고 엇갈려 있"는 것처럼 "'게임'은 하나의 가족을 형성한다"(PI, §67). 요컨대 우리는 게임에서 "겹치고 엇갈린, 때로는 전체적이고 때로는 세부적인 유사성의 복잡한 그물망을 보게 된다"(PI, §66).

비트겐슈타인은 '수학'과 '언어'가 '게임'의 이러한 특징을 공유한다고 보았다. 그러한 특징 때문에 수학을 '언어 게임'의 관점에서 조명하는 것이 적절할는지 모른다. "수의 종류가 가족을 형성"(PI, §67)하는 것처럼 수학은 다양한 언어 게임의 가족이다. 계산하기, 증명하기, 규칙따르기 등등. 이들을 관통하는 공통된 특징은 존재하지 않으며 따라서 수학은 하나의 그림으로 정의되지 않는다. 수학은 가족 유사성을 갖는 다양한 언어 게임들에 의해 채워지는 열린 개념인 것이다(RFM, 176, 182, 226, 399쪽).

이를 염두에 둘 때 비트겐슈타인이 형식주의뿐 아니라 논리주의도 배격한다는 것은 놀라운 일이 아니다. 수학을 논리학으로 환원하려는 논리주의는 수학의 일률성을 전제하고 있기 때문이다. 수학은 일률적인 어떤 것이 아니며 일률적인 논리학은 더욱 아니다. 수학의 일반적 본질이나 명확한 경계는 존재하지 않는다. 수학은 다양한 언어 게임들의 집합체이며 이 게임들은 어떠한 명확한 영역의 구분 없이 서로 복잡하게 얽혀 있는 것이다.

비트겐슈타인의 주장대로 수학이 다양한 게임의 총체라면 수학의 근거와 기본적 구조를 밝힌다는 형식주의의 메타 수학도 마찬가지 이유에서 성립할 수 없다. 형식주의의 메타 수학은 수학에 확실한 토대를 부여하고 수학의 근본 구조를 밝히는 이론으로 스스로를 규정하고 있다. 비트겐슈타인이 보기에 메타 수학은 논리주의가 그러했던 것처럼 수학을 단일하고 동질적이고 일률적인 구조를 갖는 것으로 잘못 묘사하고 있다. 비트겐슈타인에 있어서 메타 수학이 보이고자 하는 것은 산술의 공리가 게임 그 자체의 속성을 지니고 있다는 점인데 이는 불가능한 작업이다(WVC, 124쪽). 규칙의 허용과 금지에 따라 우리가 게임 그 자체가 아니라 게임 하나하나만을 정의할 수 있는 것처럼, 우리는 수학이라는 게임 자체가 아니라 우리가 행하는 수학의 다양한 게임 하나하나만을 정의할 수 있을 뿐이다. 형식주의의 메타 수학은 마찬가지로 하나의 수학일 뿐이다. 비트겐슈타인은 이를 설명하기 위해 다음과 같은 유추를 사용한다.

나는 일정한 규칙에 따라 체스 게임을 할 수 있다. 하지만 나는 규칙들 그 자체에 대한 게임도 발명할 수 있다. 이제 체스의 규칙은 내 게임의 놀이 말이며 가령 논리학의 법칙들이 그 게임의 규칙이 된다. 이 경우에 나는 메타 게임을 하는 게 아니라 단지 또 다른 하나의 게임을 하고 있는 것이다.

힐베르트의 작업은 메타 수학이 아니라 수학이다. 그것은 또 다른 하나의 계산법에 불과하다. (WVC, 120~21쪽)

비트겐슈타인은 수학으로서의 논리주의나 형식주의를 부정하는 것이 아니다. 그가 부정하려는 것은 이러한 이론 배후에 깔린 철학적 견해, 즉 논리주의나 형식주의가 수학의 확고한 토대를 마련한다는 견해이다. 지금까지 보았듯이 비트겐슈타인은 이러한 견해를 난센스로 간주한다. 우리가 수학에 어떤 철학적, 이론적 토대를 제공할 수 있으리라고 가정하는 것이 난센스라는 것이다. 비트겐슈타인에 있어서 수학의 토대는 메타 수학이 아니라 측정, 계산에 있어서의 일치, 수열의 익힘 등과 같은 수학적 실행이다. 그리고 수학적 실행이 다를 때 어떠한 메타 수학적 토대도 문제를 해결할 수 없는 것이다. 이는 매우 중요한 점이며 다음 장에서 보다 상세히 살펴보게 될 문제이다.

4.3 튜링/비트겐슈타인 논쟁

모순에 대한 비트겐슈타인의 견해는 수학에 관한 그의 저술들에 흩어져 있지만 1939년에 그가 행한 수학 기초론 강의에서 가장 완벽한 형태로 제시되어 있다. 이 강의에 참석한 논리학자 튜링은 모순의 문제를 둘러싸고 비트겐슈타인과 정면으로 대립하고 있다. 이 절에서 우리는 1939년의 강의에서 제시된 비트겐슈타인의 모순론을 정리해보고 이에 대한 튜링의 비판을 살펴볼 것이다. 그리고 튜링의 비판에 대한 비트겐슈타인의 응답을 고찰함으로써 이들 사이의 논쟁을 평가해볼 것이다.

1939년의 강의에 나타난 비트겐슈타인의 모순론은 다음의 세 가지 주장으로 요약된다(M. Wrigley, 1980, 347~48쪽 참조).

(1) 수학에서 숨은, 즉 발견되지 않은 모순은 중요하지 않다 (LFM, 219쪽).

(2) 모순이 실제로 발견되었을 때 우리는 다만 모순이 다시 발생 못 하게 하는 규정을 만들어주면 그만이다(LFM, 220쪽).

(3) 이러한 조처가 꼭 필요한 것도 아니다. "(모순이) 발생해도 아무런 해가 되는 것이 아니기"(LFM, 219쪽) 때문이다.

숨은 모순이 중요하지 않다는 비트겐슈타인의 명제 (1)은 수학 체계에서의 모순에 관한 형식주의자들의 견해를 겨냥한 것처럼 보인다. 무모순성 증명의 중요성을 역설하는 형식주의자들의 견해를 액면 그대로 받아들인다면 우리는 무모순성 증명이 이루어지지 않은 수학의 체계에서 수학을 하는 것을 단념해야 할 것이다. 이러한 경직된 입장보다는 오히려 숨겨진 모순을 가볍게 보는 비트겐슈타인의 자유방임적 태도가 일선 수학자들의 공감을 살는지도 모른다. 더구나 괴델 Kurt Gödel의 불완전성 증명에 의해 형식주의의 무모순성 증명 작업이 일정한 한계를 갖고 있음이 드러난 바 있다(Gödel, 1931).

그러나 무모순성 증명이 이루어지지 않은 수학의 체계는 언제라도 자체 모순을 드러낼 수 있다는 형식주의의 위협에 굴하지 않는 수학자들이 그렇다고 비트겐슈타인의 명제 (2)를 수용하는 것은 아니다. 튜링과 그를 지지하는 후대의 철학자 치하라는 비트겐슈타인이 모순의 문제를 깊이 이해하지 못했다고 비판한다(C. Chihara, 1977). 이러한 비판이 미친 영향력을 감안해서 일단 그 타당성의 평가는 잠시 뒤로 미루고 비판의 핵심만을 객관적으로 정리해보겠다.

어떤 체계에서 모순이 발견되면 그 체계로부터는 어떠한 것도 이끌어낼 수 있으므로 결국 그 체계는 무너지고 만다는 것이 일반적인 견해이다. 그러나 앞서 살펴본 바와 같이 비트겐슈타인은 모순을 문제로 간주하지 않는다. 그는 프레게의 체계에서 러셀이 모순을 발견한 사실에 대해 다음과 같이 말하고 있다.

> 당신은 프레게의 체계에 의해 p · ~p를 얻을지 모른다. 내가 아는 바로는 당신이 그로부터 어떠한 결론도 추론해낼 수 있다는 사실이 당신이 봉착한 문제의 전모이다. 나는 다음과 같이 말할 것이다. "그러면 모순으로부터 어떠한 결론도 추론하지 마시오." (LFM, 220쪽)

치하라는 비트겐슈타인이 여기서 제시한 견해를 아마추어적이고 어리석은 것으로 폄하한다. 그에 의하면 비트겐슈타인은 여기서 두 가지 오류를 범하고 있다. 첫째, 비트겐슈타인은 특정한 하나의 모순에 초점을 두고 있지만 사실 모순된 체계에서는 무수히 많은 모순을 연역해낼 수 있다. 둘째, 모순으로부터의 추론을 금지함으로써 모순된 체계에서 어떠한 결론도 추론해낼 수 있는 상황을 개선하려는 비트겐슈타인의 계획은 이루어질 수 없다. 이와 관련해 튜링은 비트겐슈타인을 다음과 같이 비판한다.

> 그러나 그것[모순으로부터의 추론을 금지하는 것]으로는 충분하지 않다. 그것을 규칙으로 삼는다 해도 우리는 실제로 모순을 통하지 않고도 어떠한 결론도 추론해낼 수 있기 때문이다. (LFM, 220쪽)

튜링의 입장을 지지하는 치하라는 프레게의 체계를 예로 이를 설명한다(Chihara, 1979, 329~30쪽). 프레게의 체계를 [S]로 기호화하자. 러셀이 증명한 것은 [S]에는 다음과 같은 두 명제 'p'와 '~p'가 존재한다는 것이다.

1. [S]는 'p'를 함축한다.
2. [S]는 '~p'를 함축한다.

이로부터 다음이 추론된다.

3. [S]는 'p · ~p'를 함축한다.

일단 우리가 'p · ~p'에 도달하면 그로부터 우리는 원하는 모든 것을 이끌어낼 수 있다.

비트겐슈타인을 따라 우리가 모순으로부터의 추론을 금지하는 규칙을 차용한다고 가정해보자. 그렇다 해도 우리는 다음과 같이 [S]로부터 임의의 명제 'a'를 이끌어낼 수 있다.

4. [S]는 'p ∨ a'를 함축한다.   1. 첨가법Addition[2]
5. [S]는 'a'를 함축한다.   2, 4. 선언 논법Disjunctive Argument[3]
6. 그러므로 [S]로부터 어떠한 명제도 추론할 수 있다.
Q.E.D.

치하라는 모순으로부터의 추론을 금지하는 규칙을 도입함으로써 모순된 체계를 지켜보려는 비트겐슈타인의 시도가 위의 추론으로 말미암아 봉쇄된다고 결론짓는다. 왜냐하면 모순된 체계란 바로 모든 적형식들을 함축하는 체계이기 때문이다. 모순된 체계가 이러한 특징을 갖고 있음을 보이기 위해 그 체계의 어떤 특정한 모순으로부터 어떤 것을 이끌어낼 필요가 없다. 모순으로부터가 아니라도 모순된 체계로부터 직접 모든 적형식들이 추론될 수 있기 때문이다.

튜링과 치하라는 이어 비트겐슈타인의 명제 (3)에 대해서도 비판을 가한다. (3)은 설령 우리가 실제로 체계로부터 모순을 이끌어냈다 해도 아무런 조처를 취할 필요가 없다는 것을 그

---

[2] p
∴ p ∨ q

[3] p ∨ q
~p
∴ q

내용으로 하고 있다. 요컨대 그 모순으로부터 어떠한 적형식도 이끌어낼 수 있다는 것을 금지하는 규정을 차용할 필요도 없다는 것이다. 튜링은 체계의 모순을 방치한다면 엄청난 결과가 초래될 것이라고 비판한다. 가령 다리를 건설하는 데 모순된 계산법을 사용한다면 다리가 무너지게 된다는 것이다(LFM, 211쪽). 그런데 비트겐슈타인은 이러한 비판을 다음과 같이 일축한다.

모순으로 말미암아 다리가 무너질 것이라는 말은 옳지 않아 보인다. 우리는 다음과 같은 두 가지 실수로 말미암아 다리가 무너진다고 본다.
(a) 그릇된 자연법칙—그릇된 계수—을 받아들여왔다.
(b) 계산상의 착오가 있었다—누군가 계산을 잘못했다.
첫번째 경우는 분명히 모순과 아무 상관이 없고, 두번째 경우는 명확하지 않다. (LFM, 211쪽)

치하라는 비트겐슈타인이 여기서 제3의 가능성을 간과하고 있다고 지적한다(Chihara, 1977, 334쪽). 즉 다리를 건설한 기술자들이 사용한 계산법에 모순이 있어 계산상 상호 양립 불가능한 결과가 초래되는 가능성 말이다. 그래서 모순된 계산법이 다리 건설에 요구되는 계산을 망쳐놓을 것이고 이로 말미암아 다리가 무너지게 된다는 것이다. 물론 튜링은 비트겐슈타인과는 달리 이러한 제3의 가능성을 간과하지 않았다. 튜링은 다음과 같이 말한다.

프레게의 기호 체계에 의거해 계산을 한다면 러셀의 역설에 의해 계산의 결과가 잘못 나오게 될 수 있을 것이다. (LFM, 218

쪽)

치하라는 비트겐슈타인이 이를 이해하지 못했다고 주장한다. 그 근거로 그는 튜링에 대한 비트겐슈타인의 다음과 같은 답변을 인용한다.

나는 오직 두 가지 방식으로만 일이 잘못될 수 있다고 말하고 싶다. 즉 다리가 무너지거나 혹은 계산상의 착오가 있었다―예컨대 계산을 잘못한 것이다. 그런데 당신은 제3의 방식으로 일이 잘못될 수 있다고 생각하는 것 같다. 즉 계산법에 문제가 있다고 말이다. (LFM, 218쪽)

비트겐슈타인은 다음과 같이 계속한다.

어떻게 그것[다리]이 무너질 것임을 아는가? 그것은 물리학의 문제 아닌가? (LFM, 218쪽)

위의 인용문에서 비트겐슈타인은 분명 소위 말하는 제3의 가능성을 부정하고 있다.

지금까지 우리는 비트겐슈타인의 모순론에 대한 튜링과 치하라의 비판을 살펴보았다. 이제 우리는 비트겐슈타인의 입장에서 이에 답해보고자 한다. 비트겐슈타인의 명제 (2)에 대한 튜링의 비판에 대해 우리는 먼저 비트겐슈타인이 튜링이 제시한 반론의 논리적 함축을 알지 못했다는 편견을 제거해야 한다. 모순에서, 혹은 모순된 체계에서 어떠한 적형식도 추론됨을 보이는 논리학의 간단한 증명을 논리학을 전공한 비트겐슈타인이 몰랐거나 이해 못 했다면 이는 분명 놀라운 사건이다.

사실 튜링식의 반론은 비트겐슈타인에게 낯선 것도 아니었다. 바이스만F. Waismann은 9년 전에 이미 비트겐슈타인에게 똑같은 반론을 제기한 적이 있다(WVC, 130~32쪽). 비트겐슈타인에 대한 이러한 표준적 반론은 이후로도 반복해서 제기되었다. 더욱 중요한 것은 비트겐슈타인 자신의 해명이 바로 이러한 반론을 겨냥하고 있다는 점이다. 요컨대 비트겐슈타인은 결코 튜링의 비판에 기술적인 문제가 있다고 응수하지 않았다. 비판에 대한 비트겐슈타인의 일관된 태도는 그것이 자신의 논점에서 빗나가 있다는 것이다(S. Shanker, 1986a, 10쪽).

모순된 프레게의 체계 [S]에서 임의의 명제 'a'를 이끌어내는 치하라의 증명을 다시 한 번 살펴보기로 하자. 비트겐슈타인은 'p · ~p'와 같은 모순으로부터의 추론을 금지하는 것을 규칙으로 설정해야 한다고 주장한 바 있다. 그런데 문제는 [S]에서 'a'를 이끌어내는 과정에서 'p · ~p'가 직접 등장하지 않았다는 점이다. 그러나 비트겐슈타인의 주장의 핵심은 그것이 간접적으로 등장했다는 것이다. [S]가 'p'와 '~p'를 각각 함축한다면 이는 곧 [S]가 'p · ~p'를 함축함을 함축한다. 논리학의 관점에서 보았을 때 연접에 있어 연접되는 두 항 conjuncts을 따로 다루거나 함께 다루거나 이 경우에는 별 차이가 없기 때문이다. 이처럼 우리는 사실 논증의 1과 2에 전제된 'p · ~p'에서 출발했다. 그리고 명제 'a'는 'p · ~p' 및 체계 [S]로부터 추론될 수 있다. 요컨대 모순으로부터 추론을 할 수 있다는 전제 하에서만 우리는 임의의 명제 'a'를 이끌어낼 수 있는 것이다.

치하라의 증명에 대한 비트겐슈타인의 답변의 초점은 증명의 결론이 아니라 증명의 전제를 비판하는 것이다. 모순으로부터의 추론을 시작하기 전에 그 추론을 차단하자는 것이다. 위에서 보았듯이 치하라의 증명은 사실 [S]가 'p · ~p'를 함축한다는 전제에서 출발하고 있는 셈이며 따라서 바로 이 증명을 막는 규칙을 도입하자는 비트겐슈타인의 제안은 여전히 유효하다. 달리 말하자면 튜링/치하라에 대한 비트겐슈타인의 답변은 결국 모순을 통해서만이 임의의 명제를 추론할 수 있는데 그러한 추론을 허용할 필요가 없다는 것이다. 비트겐슈타인은 다음과 같이 말한다.

모순으로부터 어떤 것을 해서는 안 되는지만 보여주면 된다. (LFM, 222쪽)

계산법에 모순이 포함되어 있다면 이는 우리가 계산에서 막다른 골목에 부딪쳤음을 의미하는 것으로 이해되어야 한다. 우리는 모순으로 아무것도 할 수 없는 것이다. 예컨대 우리가 게임에서 서로 상반되는 두 가지를 동시에 하라는 명령을 받았을 때 그 결과는 우리가 아무것도 할 수 없다는 것이다(WVC, 120쪽).

정리하자면 튜링과 치하라는 모순된 체계에서 모순으로부터 어느 방향으로나 나아갈 수 있다고 보는 반면 비트겐슈타인은 같은 상황을 달리 볼 수도 있다는 입장이다. 비트겐슈타인은 모순을 체계의 꼬임으로 보아 이 꼬임을 풀거나 끊지 않는 한 모순으로부터 어느 방향으로도 나아갈 수 없다고 생각할 수도 있다는 것이다. 튜링의 입장을 택하는 것은 하나의 규칙 체계를 택하는 것에 해당하고 비트겐슈타인의 입장을 택하는 것은 그와 다른 규칙 체계를 택하는 것에 해당한다. 마찬가지로 계산법에서 모순의 출현을 금지하는 것은 수학의 한 규칙 체계를 택하는 것에 해당한다. 물론 이는 권할 만한 일이기는 하지만 그렇다고 해서 우리가 모순된 계산법으로 계산을 할 수 없음을 의미하는 것은 아니다.

모순된 체계를 적용했을 때 엄청난 결과가 초래될 것이라는 튜링과 치하라의 염려 또한 해소될 수 있다. 모순된 계산법을 사용하면 혼란이 일어날까? 우리가 모순된 체계 때문에 상이한 결과를 초래하는 두 가지 상이한 계산 방식을 택한다면 그것이 나쁜 것일까? 우리가 어떤 계산법을 사용해 상이한 두 결과를 얻는다면 그것은 우리가 모순에 봉착했거나 혼란에 빠졌음을 함축하지 않는다. 오히려 우리는 두 개의 상이한 계산법을 사용하고 있다고 말할 수 있다. 비트겐슈타인은 다음과 같이 말한다.

> 계산의 두 가지 방식이 있다면 왜 이들 모두를 계산이라고 부르는가? ……하나를 계산-A로, 다른 하나를 계산-B로 부르면 안 되는가? 당신은 두 가지 다른 종류의 계산법이 각각 다른 결과를 초래한다는 사실을 모르고 있었던 것뿐이다. (LFM, 216쪽)

마찬가지로 모순에서 어떠한 적형식도 유도될 수 있으며 따라서 모순된 체계는 결함이 있는 체계라고 믿는 사람에게 비트겐슈타인은 다음과 같이 응수한다.

> 그 경우에 계산법은 두 부분으로 이루어져 있다. 모순의 발견에 이르기까지의 과정이 그 첫 부분에 해당되고, 아무 적형식이나 써 내려가는 것이 허용되는 단계가 그 둘째 부분에 해당된다. (WVC, 197쪽)

상이한 결과를 초래하는 계산의 두 방식이 엄청난 결과를 초래하지는 않을까? 가령 만일 우리가 이 중 한 방식으로 하중(荷重)을 계산하고 나머지 방식으로 다리의 재료인 철근의 강도를 계산한다면 다리가 무너질 것이 아닌가? 어떻게 모순된 계산법을 그렇지 않은 계산법과 같은 방식으로 사용할 수 있다는 말인가? 이에 대해 비트겐슈타인은 다음과 같은 세 가지 답변을 준비하고 있다.

(1) 비트겐슈타인은 모순이 곧바로 재난을 초래하는 것은 아님을 분명히 한다(LFM, 212쪽). 모순된 계산법에서 비롯되는 모순된 결과를 놓고 우리는 계산법이 쓸모 없다고 볼 수도 있고, 혹은 계산법에는 아무런 문제가 없는데 우리의 경험적 지식의 어떤 부분이 잘못되어 있다고 볼 수도 있다. 이 중에서 어떤 것을 선택하느냐는 문제의 계산법이 우리의 삶에 얼마나 깊이 뿌리박고 있느냐에 달려 있다. 이를 설명하기 위해 비트겐슈타인은 다음과 같은 예를 든다(LFM, 211~12쪽). 어떤 부족의 현자가 부족민들에게 계산법을 가르쳤다. 그가 타계하기 직전에 그는 계산에 대한 가르침을 남겼는데 사실은 다음과 같이 틀린 것이었다.

$$3678 \times 19375 \neq -----$$

후에 부족민들은 계산상의 모순을 발견하게 된다. 가령 그들이 병사의 수를 세는 과정에서 처음으로 문제에 봉착한다면 그들은 뭐라고 말할 것인가? 비트겐슈타인은 다음과 같이 주장한다.

그들은 현자가 틀렸다고 하면서 그가 가르친 계산 규칙을 폐기할지도 모른다. 그러나 그들이 꼭 그래야만 하는가? "이제 우리는 이것과 아울러 반대되는 것도 함께 받아들일 것이다"라고 말할 수는 없을까? 그러면 이제 문제는 그것을 어떻게 사용할 것인가 하는 점이다. 혹은 "현자께서 옳으셨어. 그런데 우리가 병사를 셀 때 한 병사가 사라지거나 새로 나타나는 것이야"라고 말할 수도 있다. (LFM, 212쪽)

마찬가지로 다리를 건설하는 데 사용한 모순된 계산법에서 설사 우리가 모순을 알아채지 못했다 해도 "나중에 우리는 아마 다리의 재료인 철근의 탄성이 계속 변한다고 말할지 모른다"(LFM, 217쪽). $3678 \times 19375 \neq -----$의 경우에서 보았듯이 사실과 계산법은 여러 가지 방법으로 상호 균형을 유지할 수 있다. 부족민들의 경우에 그들이 모순을 발견했을 때 어떤 행동을 취할 것인가는 "그들이 그 [틀린] 적형식을 받아들이는 이유, 그 적형식이 그들에게 의미하는 바에 달려 있을 것이다" (LFM, 212쪽).

(2) 비트겐슈타인은 모순된 계산법을 그렇지 않은 계산법과 "같은 방식으로" 사용할 수 없다는 말이 애매하다고 본다(LFM, 214~15쪽). 그는 우리가 모순된 계산법을 모순 없는 계산법과 "같은 방식으로" 사용할 수 있는지는 우리가 그것을 "같은 방식으로" 사용한다고 말할 것인지의 여부에 달려 있다고 본다. 그는 왜 "같은 방식"이라는 표현이 애매하다고 생각하는가? 그 표현이 두 가지 다른 의미를 가질 수 있기 때문이다. 첫째, 다리를 건설하는 데 모순된 계산법을 사용할 수 없음을 의미할 수 있다. 만일 그렇다면 그것은 경험적인 것이다. 둘째, 모순된 계산법의 사용이 모순되지 않은 계산법의 사용과 "같은 방식의 사용"이 아님을 의미할 수도 있다. 비트겐슈타인은 이를 설명

하기 위해 다음의 예를 든다. 두 개의 3단자 전극이 서로 마주해 있다. 두 전극의 단자끼리 서로 접촉하면 세 개의 벨이 울린다. 이 경우에 그 중 한 전극이 2단자 전극이라면 "그것을 같은 방식으로 사용할 수 없다"는 말은 애매하다. 한편으로 만일 그 말이 물리학의 명제라면 "그것을 같은 방식으로 사용할 수 없다"는 말은 그것을 사용했을 때 세 개의 벨이 울리지 않을 것임을 의미한다. 다른 한편으로 하나의 방식이 다음의 첫번째 그림과 같이 표현되고 다른 하나의 방식이 두번째 그림과 같이 표현된다면 "그것을 같은 방식으로 사용할 수 없다"는 명제는 정의에 의해서 참이다. 그 명제가 단지 "같은 방식"의 정의에 준거하고 있기 때문이다(LFM, 215쪽).

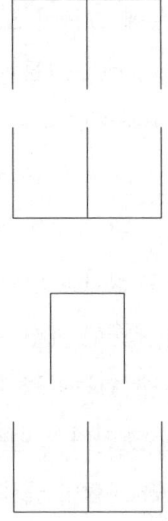

모순된 계산법에 대해서도 마찬가지이다. 한편으로 "모순된 계산법을 그렇지 않은 계산법과 같은 방식으로 사용할 수 없다"는 명제가 그 계산법에 의거해 건설된 다리는 무너진다는 사실을 의미한다면 그것은 경험적 명제이다. 그러나 다른 한편으로 그 명제는 "같은 방식"이라는 표현의 정의에 의해 참일 수 있으며 이 경우에 그것은 경험적 명제가 아니다. 이를 좀더 부연해보자. 우리가 모순된 계산법으로 하중과 다리의 철근의 강도를 계산하고는 철근이 버텨낼 것이라는 결론을 내렸는데 나중에 그것이 버텨내지 못한다는 것이 사실로 확인되었다고 하자. 비트겐슈타인에 의하면 이는 물리학의 명제이다. 즉 이 명제는 경험적 명제인 것이다. 다리가 무너지는지의 여부는 우리가 사용하는 계산법에 의해서가 아니라 물리학에 의해서 결정될 일이다. 계산법은 다리와 같은 사실적 대상에 관한 것이 아니므로 계산법 때문에 다리가 무너진다는 말은 문법적 오류에 해당한다. 계산법 자체는 참도 거짓도 아니며 단지 그것을 이러저러한 경우에 사용할 수 없을 뿐이다.

한편 "모순된 계산법을 같은 방식으로 사용할 수 없다"는 명제가 모순된 계산법이 계산법으로 간주될 수도 없음을 의미한다면 그 명제는 "같은 방식"이라는 표현의 정의에 의해서 참이 된다. 이 경우 그 명제는 경험적 명제가 아니라 문법적 명제인 것이다.

(3) 비트겐슈타인은 설령 우리의 계산법이 모순된 것이라 해도 그로 말미암아 다리가 무너진다고 보지 않는다. 튜링의 제안대로 프레게의 체계를 우리의 계산법으로 택한다고 하자. 그러면 러셀의 역설을 사용해 우리는 "2 × 2 = 369"와 같은 잘못된 계산을 할 수도 있다(LFM, 218쪽). 그러나 실제로 우리는 그렇게 하지 않는다. 심지어 우리는 일상 생활에서 "2 × 2 = 369"를 '계산'으로 간주하지도 않는다. 우리는 언제나 "2 × 2"가 '4'라고 생각한다. 튜링에 의하면 모순된 계산법은 우리로 하여금 어떠한 계산도 올바른 것으로 간주하게 만든다. 그래서 다리가 무너진다는 것이다. 이에 대해 비트겐슈타인은 모순된

계산법을 사용할 때조차 우리는 아무 계산이나 다 올바른 것으로 간주하지 않는다고 답한다. 그래서 그 계산법이 다리를 무너뜨리는 결과를 초래하지 않는다는 것이다.

비트겐슈타인은 우리가 모순을 피하려는 이유가 이론적인 것이 아니라 실제적practical인 데 있다고 본다(RFM, 214쪽). 선생이 학생에게 상호 모순된 명령을 내렸다면 학생은 어찌할 바를 몰라 당황하게 될 것이다. 물론 선생이 학생을 당황하게 하기 위해서, 혹은 학생이 시간을 낭비하도록 고의로 이러한 짓을 했을 수도 있지만 선생은 명령을 내릴 때 모순을 범하지 않도록 최선을 다해야 한다는 것이 이 예가 우리에게 주는 교훈이다(LFM, 213쪽).

사실 수학이나 논리학에서 모순은 오직 거짓말쟁이 역설과 같이 극히 제한된 분야에서만 발생한다. 수학자들과 논리학자들이 모순을 피하려 하고 모순이 발생하면 그것을 체계의 암적인 존재로 간주하려 하는 것도 사실이다. 비트겐슈타인은 이러한 태도 자체를 그릇된 것으로 부정하기보다는 이러한 태도가 함축할 수 있는 잘못된 생각을 경계하려 한다. 그는 다음과 같이 말한다.

(a) 우리는 실제로 모순을 피하려 한다. (b) (우리가 받은 교육을 고려할 때) 혼란을 막으려면 모순을 피해야 한다.—그러나 **논리학**에서 모순을 피해야 한다는 말은 이와는 전혀 다른 문제이다. (LFM, 213쪽)

물리학을 할 때 우리는 물론 모순을 범하지 않으려 한다. "논리학이 진리를 얻기 위한 사유의 지침이 되어야 한다"(Frege, 1893, 12쪽)고 보는 프레게처럼 논리학의 법칙을 물리학의 법칙과 유사한 것으로 생각할 때, 그리고 논리학을 일종의 물리학으로 생각할 때 우리는 "논리학에는 모순이 없어야 한다"(LFM, 214쪽)고 생각하게 된다. 그러나 논리학과 수학은 물리학이 아니다. 비트겐슈타인에게 논리학과 수학의 법칙은 물리학의 법칙과 성격상 완전히 다르다. 논리학이나 수학에서 모순을 허용했을 때 우리는 그렇다고 해서 어떤 사실과 상충하는 것은 아니다. 논리학이나 수학은 사실에 관한 학문이 아니기 때문이다.

비트겐슈타인은 우리가 (원한다면) "모순으로부터 어떠한 것도 이끌어낼 수 있다는 것을 허용한다면 계산법의 개념 자체를 포기하는 것이 되고 만다"(LFM, 230쪽)고 말할 수도 있음을 인정한다. 그러나 그는 여기서 신중을 기할 것을 우리에게 권고한다. 우리가 계산법의 범위를 이런 식으로 설정할 때 우리는 논리학이나 수학의 진리를 확신해서 그렇게 하는 것은 아니다. 비트겐슈타인은 다음과 같이 말한다.

> (우리가 모순율을 받아들이는 이유는) 어떤 특정한 진리를 확신해서라기보다는 그렇게 하고 싶어서이다. 논리학에 반하는 일을 한다는 것은 우리가 원하지 않는 어떤 것을 **행함**을 의미한다. (LFM, 230쪽)

오늘 우리의 바람이 내일도 변치 않으리라는 보장은 없다. 물론 여기서의 변화가 내일 휴강을 한다는 결정이나 넥타이를 매는 규약과 같은 것은 아니다. 그러나 모순을 계산법의 범위를 설정하는 것으로 간주하는 것은 분명 하나의 규약을 채택하는 것이다. 기존의 규약이 갖는 효율성이나 다른 규약에 대한 불만 등의 요소 말고는 수학자로 하여금 그 규약을 받아들이도록 강요하는 것은 없다.

4.4 논리학에서의 모순

모순으로부터 어떤 것도 이끌어져 나올 수 있다는 전통적 견해를 추종하는 사람은 비트겐슈타인의 자유방임적 태도를 받아들이기 어려울 것이다. 그는 비트겐슈타인이 모순으로부터 어떠한 명제도 추론된다는 전통적 견해에 반대하는 까닭을 프레게의 영향에서 찾으려 할지도 모른다. 다음에서 보듯이 프레게는 거짓된 전제로부터의 추론을 부정하고 있다.

참인 것으로 인정되지 않은 생각은 전제가 될 수 없다. 생각은 나에 의해 참인 것으로 인정된 이후에야 전제가 될 수 있다. 가설은 전제로 쓰일 수 없다. (Frege, 1912; D. Bell, 1979, 90~92쪽 참조)

생각은 프레게(Frege, 1918; A. Church, 1948 참조)와 비트겐슈타인(TLP, 4)에 있어서 모두 명제에 해당하므로 프레게는 여기서 거짓된 명제로부터의 추론을 부정하고 있다고 보아야 한다. 모순은 거짓된 명제이므로 모순으로부터의 추론을 금지하는 비트겐슈타인은 결국 프레게의 견해를 답습하고 있는 것이 아닐까?

이러한 해석은 프레게가 비트겐슈타인의 우상인 동시에 비판의 대상이라는 사실을 간과하고 있다. 비트겐슈타인은 이미 자신의 전기 저작에서 프레게의 견해를 다음과 같이 정면으로 부정하고 있다.

우리는 거짓된 명제로부터 **추론**을 할 수 있다. (TLP, 4.023; NB, 16쪽)

간접 증명은 프레게가 부정한 가능성, 즉 거짓된 전제로부터의 추론에 의해 가설을 배제하는 가능성에 의존되어 있다. 프레게와는 달리 비트겐슈타인은 이러한 증명의 타당성을 의심하지 않는다.

우리는 비트겐슈타인이 모순으로부터 어떠한 명제도 추론된다는 전통적 견해에 반대하는 근거가 그가 제시하는 "논리학에서의 증명"과 "의미있는 명제의 논리적 증명"의 구분에 있다고 본다. 이 두 증명이 의미하는 바와 둘 사이의 구분을 살펴보자. 비트겐슈타인은 『논고』에서 이 구분에 대해 다음과 같이 설명하고 있다.

논리학에서의 증명이란 동어반복이 복잡할 경우, 그것이 동어반복이라는 것을 인지하기 쉽게 하기 위한 기계적 보조 수단일 뿐이다.
의미있는 명제가 다른 명제로부터 **논리적으로** 증명될 수 있고, 논리적 명제도 역시 그렇게 될 수 있다면 이것은 실로 매우 주목할 만한 일일 것이다. 의미있는 명제의 논리적 증명과 논리학에서의 증명이 두 개의 전혀 다른 것이어야 한다는 것은 애초부터 분명하다. (TLP, 6.1262, 6.1263)

이 구분은 그의 전기 『노트』에서도 발견된다.

그러므로 하나의 **논리적** 명제가 다른 명제에서 논리적으로 추론된다 함은 하나의 **실제** 명제가 **다른** 실제 명제에서 논리적으로 추론된다는 것과는 전혀 다른 것을 의미한다. 따라서 소위 논리적 명제의 **증명**은 그것이 **참**임을 증명하는 것이 아니라…… 그것이 논리적 명제임(동어반복임)을 증명한다. (NB, 108쪽)

의미있는 명제의 논리적 증명과 논리학에서의 증명의 구분을 이해하기 위해서 우리는 2장에서 살펴본 논리적 명제와 진정한 명제의 구분을 상기할 필요가 있다. 그 구분은 다음과 같았다.

(1) 동어반복과 모순은 논리적 명제이다. 동어반복은 모든 경우에 참이고 모순은 모든 경우에 거짓이다.
(2) 동어반복도 모순도 아닌 명제가 진정한 명제이다. 진정한 명제는 어떤 경우에는 참이고 어떤 경우에는 거짓이다.

앞서의 인용문에서 논리적 명제는 동어반복이었다. 그러나 그것은 이 구분에서 분명히 알 수 있듯이 모순일 수도 있다.
논리적 명제와 진정한 명제의 구분이 함축하는 바를 다음의 논증을 예로 살펴보자.

$p \cdot \sim p$
$\therefore a$

여기서 'a'는 임의의 진정한 명제를 지칭한다. '$(p \cdot \sim p) \supset a$'가 동어반복이므로 이 논증은 타당하다. 그런데 문제는 논증의 전제가 모순이라는 점이다. 모순은 진정한 명제가 아니므로 이 논증이 하나의 진정한 명제로부터 다른 진정한 명제의 추론에 해당한다고 볼 수 없다. 비트겐슈타인은 위의 논증이 논리학 내에서 다루어졌을 때 그 타당성과 그 효율성을 부정하지 않는다. 앞의 논증은 타당하며 또한 '$(p \cdot \sim p) \supset a$'가 동어반복임을 인지하는 데 기여한다. 그러나 비트겐슈타인은 앞의 논증을 모순에서 임의의 진정한 명제(예컨대 'a')가 추론되는 것으로 해석하지 않고 단지 동어반복을 인지하기 쉽게 하기 위한 기계적 보조 수단으로만 간주한다. 그는 다음과 같이 말한다.

> 그리고 이것이 논리적 명제를 '증명'할 때 우리가 하는 작업이다. 우리는 의미 sense와 뜻 meaning에 신경을 쓰지 않고도, 단지 **기호 규칙들**에 따라, 다른 명제들로부터 논리적 명제를 구성하기 때문이다. (TLP, 6.126)

명제의 의미에 신경을 쓰는 사람들이 보기에 모순으로부터 어떠한 진정한 명제도 연역될 수 있다는 주장은 매우 이상하게 들릴 것이다. 그래서 비트겐슈타인은 "논리학에서의 증명"이 진정한 명제의 증명과는 구별되어야 함을 제안한 것이다. 일상적 상황에서는 아무런 명제나 다 모순에서 무작위로 추론될 수 있다는 것은 말이 되지 않는다. 어떤 사람이 "지금 비가 오고 비가 오지 않는다"라고 말했을 때 우리는 그로부터 "지금 눈이 온다"는 정보를 얻는다고 할 수 없다. 그러나 이러한 형태의 추론을 허용하는 게임을 만드는 것이 불가능한 것만은 아니다. 바로 이러한 게임이 "논리학에서의 증명"인 것이다. 그 게임은 추론을 기계적으로 운용해서 얻은 결과가 논리학자들에게 유용함을 보장하기 위해 만들어진다. 그렇다면 우리는 모순으로부터 어떠한 명제도 추론될 수 있다는 규칙이 모순 그 자체의 내재적 특성이 아니라 '논리학'이라 불리는 게임의 일부라는 사실에 의존되어 있음을 분명히 알게 된다.

비트겐슈타인은 논리학 내에서의 증명보다는 "생활 속에서" 진정한 명제의 논리적 증명에 더 관심을 가지고 있다. 생활 속에서 논리적 명제의 역할은 수학적 명제의 역할과 유사하다. 그는 다음과 같이 말한다.

> 생활 속에서 우리가 필요로 하는 것은 결코 수학적 명제가 아니다. 오히려 우리는 수학에 속하지 않는 명제들로부터, 마찬가지로 수학에 속하지 않는 다른 명제들을 추론하기 위해서만 수학적 명제를 사용한다(철학에서 "무엇 때문에 우리가 실제로 이 낱말, 이 명제를 사용하는가?"라는 물음은 언제나 다시 우리를 가치 있는 통찰로 인도한다). (TLP, 6.211)

일상 생활에서의 추론이 논리학에 많이 의존되어 있는 것은 사실이지만 언제나 그러한 것은 아니다. 가령 일상 생활에서는 논리학에서와는 달리 모순으로부터 더 이상의 추론을 하지 않는다. 그러나 일상 생활에서의 추론을 논리학에서의 추론과 다르다는 이유로 비논리적인 것으로 보아도 안 되고 논리학에서의 추론을 절대적인 것으로 신성시해서도 안 된다는 것이 비트겐슈타인의 견해이다(PI, §38).

『논고』에서 비트겐슈타인은 일상 언어가 논리학에서 요구하는 정확성과 엄밀성을 결여하고 있다고 보았다. 그는 일상 언어의 애매성, 모호성, 불확정성 등을 싫어해서 일상 언어 배후의 순수한 논리적 구조에 더 관심을 기울였다. 그는 일상 언어가 생각을 은폐하므로 이 은폐를 제거하기 위해 논리학이 필요하다고 보았다. 명제에 대한 완전한 분석은 오직 하나밖에 없으며(TLP, 3.25), 논리적 구문법에 지배되는 오직 한 종류의 기호 언어만이 존재한다는 것이다(TLP, 3.325). 아울러 『논고』에서 논리학은 모든 실재의 구조로, "세계가 반영된 상(像)image"(TLP, 6.13)으로 묘사되었다. 논리학을 인간의 작업이 아닌 숭고한 주제로 간주하는 비트겐슈타인의 태도는 『논고』 이외의 저작에서도 발견된다. 다음에서 보듯이 그러한 태도 하에서 논리학의 강제성은 분석의 결과가 아니라 그것의 요구 조건으로 여겨졌다.

> 내가 여기서 생각이라고 부르는 것은 본질적으로 인간의 작업이 아니다. 논리학에서 나는 인간의 작업에 관심이 없다. (MS, 109, 43)

> 생각을 생각이게 하는 것은 **인간적인** 어떤 것, 인간의 본성과 구조에 연관된 어떤 것이 아니라 순전히 논리적인 어떤 것, 즉 생물의 자연사natural history에서 독립된 어떤 것이다. (MS, 108, 217)

논리학에 대한 비트겐슈타인의 견해는 그 이후 극적으로 반전한다. 위의 인용에서 그가 부정하던 견해를 그 스스로 전격적으로 받아들이게 되는 것이다. 다음의 인용을 앞서의 인용과 비교해보자.

> 논리적 추론은 언어 게임의 일부이다. 언어 게임에서 논리적 추론을 하는 사람은 언어 게임을 실제로 배우는 과정에서 그가 익힌 일정한 지침을 따른다. (RFM, 397쪽)

논리적 추론의 규칙은 언어 게임의 규칙이다. (RFM, 401쪽)

생각과 추론(가령 계산)은 물론 자의적 정의에 의해서가 아니라 우리가 생활에서 생각과 추론이라 부르는 것의 자연적 한계에 의해서 그 테두리가 정해진다. (RFM, 80쪽)

비트겐슈타인은 "논리학이 러셀, 프레게, 그리고 내가 생각했던 것과는 다른 역할을 한다"(L, 261쪽)고 단정적으로 말한다. 가령 비트겐슈타인은 동어반복이 참이라는 논리학의 진리가 우리가 일상 언어의 쓰임에 익숙해지면 자연스레 인정하게 되는 자명한 진리가 아니라 오직 논리학을 배우는 과정에서 인위적 훈련에 의해서만 받아들이게 되는 견해라고 본다(LFM, 188쪽; D. N. Osherson and E. Markman, 1975 참조). 그는 다음과 같이 말한다.

우리가 실제의 언어를 정밀하게 검토하면 할수록 언어와 우리의 요구 사이의 갈등은 더욱 첨예해진다(논리학의 투명한 순수성은 물론 **탐구의 결과**가 아니라 요청이었다). 갈등은 허용 범위를 넘게 되어 이제 요구 조건이 백지화될 위기에 처한다.— 우리는 마찰이 없는 미끄러운 얼음판으로 들어섰던 것이다. 어떤 의미에서 마찰이 없다는 조건은 이상적이지만 다른 한편으로 바로 그 때문에 우리는 걸을 수 없게 된다. 걷고 싶다. 그러므로 **마찰**이 필요하다. 거친 땅으로 되돌아가자! (PI, §107)

논리학은 더 이상 어떠한 마찰도 면제된 숭고하고 이상적인 주제가 아니다. 실제 언어의 운용이 언제나 논리학에 들어맞는 것은 아니다. "거친 땅으로 되돌아가자"는 말은 일상 언어가 생활 속에서 어떻게 사용되는가에 좀더 관심을 기울이자는 뜻이다. 일상 언어의 관점에서 논리학을 보아야지 논리학을 통해 일상 언어를 해부해서는 안 된다는 것이다. "수정과도 같은 순수성에 대한 선입견은 오직 우리의 모든 고찰을 180도 돌려놓음으로써만 제거될 수 있다"(PI, §108). 비트겐슈타인의 견해를 좀더 들어보자.

우리가 이를 증명이라 부르는 까닭은 그것이 적용 가능하기 때문이다. 그리고 우리가 그것을 예측에 쓸 수 없다면, 그것을 적용할 수 없다면 우리는 그것을 증명이라고 부르지 않을 것이다. ― '증명'이라는 낱말은 일상 언어에서 택한 것으로서 그 낱말이 사용되는 까닭은 오로지 그것이 일상적 의미에서 무엇인가를 증명하는 데 사용되기 때문이다. (LFM, 38쪽)

이 모든 언명은 "우리의 고찰의 참조축"을 "우리의 실제적 요구를 고정점으로 해서 방향 전환"(PI, §108)하려는 시도, 즉 논리학을 새로운 각도에서 이해하려는 시도의 일환이다. 논리학이 명제의 최종적 분석을 제공하는 동시에 실재를 반영하는 단 하나의 선험적 틀이라는 『논고』의 견해는 비트겐슈타인 스스로에 의해 논리학에 대한 신화에 불과한 것으로 부정된다. 그의 후기 저작에서 논리학은 생활의 문맥과 얽혀 있는 언어 게임의 문법으로 대체되며 언어 게임이 규칙을 따르는 인간 행위라는 사실이 강조된다. 그러나 『논고』의 논리학이 전면 부정되는 것은 아니다. 그것은 제한된 영역에서는 의미있는 역할을 할 수 있는 도구이지만 인간의 다양한 언어 행위를 모두 설명하기엔 너무 조야한 것으로 한계가 드러났다고 보는 편이 더 타당할 것이다. 대신 비트겐슈타인은 실제 언어의 복잡다기한 쓰임을 기술하는 보다 광범위하고 다양한 방법을 채택한다.

비트겐슈타인이 이러한 견해를 수학이라는 또 하나의 연관된 주제로 확장하는 것은 놀라운 일이 아니다. 그는 수학에 관한 복잡하고 철학적인 논의들이 수학의 본성에 대한 본질적으로 올바른 이해를 도모하지 않는다고 경고한다. 비트겐슈타인은 수학에 관한 철학자들(혹은 간혹 수학자들)의 말이나 산문을 수학적 실행 자체와 분리시킨다. 그에 의하면 수학은 여전히 경험 과학과 구분되어야 하지만 우리가 생활 속에서 수학에서 배운 대로 계산하고, 측량하고, 추론하는 과정에서 자연히 일상의 문맥에 접목된다. 예컨대 논리학이 그러한 것처럼 수학도 우리가 어떻게 한 문장에서 다른 문장을 추론하는지를 보여준다(TLP, 6.211). 이러한 관점에서 보았을 때 수학의 언어는 일상 언어의 연장선상에 있다. 양자는 서로 대립할 필요가 없는 것이다. 수학은 일상 언어를 있는 그대로 내버려둔다. 그러나 수학자들의 전문성과 그들이 사용하는 전문 용어 때문에 우리는 그들의 말을 신비로운 것으로 받아들이게 된다.

비트겐슈타인은 우리가 특히 모순의 문제에 대해 이러한 태도를 견지한다고 본다. 앞서 살펴보았듯이 대다수의 수학자들은 수학의 체계에 모순이 숨어 있으면 그 체계는 모순이 발견되든 아니든 이미 불치병에 걸린 가망 없는 체계이므로 폐기 처리해야 한다고 생각한다. 비트겐슈타인은 수학자들의 이러한 견해를 반드시 받아들여야 할 필요가 없다고 본다. 한 언어 게임이 성공적으로 수행되었다면 설령 그 결과로 모순에 봉착한다 해도 우리는 그 게임을 원래 방식대로 계속 실행할 수 있다는 것이다.

모순에 대한 비트겐슈타인의 이 특이한 견해는 그가 사용하는 게임의 비유를 통해 이해해보면 덜 이상하게 여겨질 것이다. 오랜 역사를 지닌 게임에서 어느 날 그 게임의 어떤 규칙들이 상호 모순된다는 사실이 발견되었다고 하자. 예컨대 이러한 경우가 스포츠 게임에서 일어났다고 하자. 규칙들이 세세한 부분에 이르기까지 정비되고 연구된 게임에서조차 가능한 모든 사건을 다 예견할 수는 없는 일이다. 현재 시행되고 있는 규칙들이 서로 모순되는 상황이 발견되었다고 해서 지금까지 행해져온 과거의 모든 게임이 무효화되는 것은 아니다. 우리는 게임의 규칙을 고쳐서 게임을 계속 진행한다. 비트겐슈타인은 이처럼 모순의 발견과 그 해소의 작업이 과거와 현재의 게임을 다치지 않고 그대로 보존한다는 사실이 모순에 대한 수학자들의 전통적 견해를 재고할 계기를 마련한다고 본다(LFM, 210, 221~22쪽).

　모순을 이처럼 국소적인 문제로 이해하는 것은 일상 생활뿐 아니라 수학에서도 건강한 태도이다. 모순이 수학 체계에서 배제되어야 한다는 생각은 편중된 관점에서 나온 발상으로서 지나치게 엄격한 기준을 부과하는 것이기도 하다. 어떤 수학적 표현이 분명하게, 그리고 성공적으로 사용된다면 우리는 설령 나중에 그로부터 모순이 귀결된다 해도 그 표현을 원래 방식대로 계속 사용할 수 있다. 사실 일상 생활에서 우리의 다양한 견해를 모두 모아 그들 사이의 연관 관계를 분석해보면 모순이 발견될지 모른다. 그러나 그렇다고 모순이 곧 파국을 초래하지는 않는다. 모순된 견해들이라도 그것을 적재적소에 구사할 줄만 알면 우리는 아무 문제에도 봉착하지 않고 생활을 합리적이고 일관되게 끌어갈 수 있는 것이다(R. Ackermann, 1988, 118쪽). 모순의 체험과 모순된 견해가 우리의 삶을 항상 황폐하게 하지만은 않는다는 사실, 오히려 그것이 때로 우리의 생각을 자극하고 그 폭을 넓힌다는 사실의 의미를 우리는 다시 한 번 생각해보아야 할 것이다.

지금까지 우리는 모순에 대한 비트겐슈타인의 중기의 견해에 부과된 여러 비판에 대해 그 자신의 답변을 검토해보았다. 그의 답변이 결정적인 것이라고 단정하기는 아직 이르지만 적어도 그는 비판에 대한 답변이 가능하다는 것을 보여주었다. 우리의 다음 과제는 비트겐슈타인이 후기에 이르러 모순에 대한 자신의 견해를 어떻게 전개하고 있는지를 추적하는 것이다.

5. 규칙과 모순

5.1 이끄는 말

『탐구』를 비롯한 비트겐슈타인의 후기 저작에서는 그가 1929년부터 1944년 사이에 집중적으로 다루었던 수학의 기초와 모순의 문제가 거의 거론되지 않고 있다. 비트겐슈타인이 수학의 기초와 결부해서 모순의 문제를 논의해왔다는 점을 감안한다면 수학의 기초에 대한 그의 관심이 퇴조(RFM 편집자 서문, 29쪽)하면서 곧 모순에 대한 관심도 뒷전으로 물러난 것이 아닌가 추측해볼 수도 있다. 그러나 후기 저작에 산발적으로 등장하는 모순에 대한 논의는 수학 기초론의 영역을 벗어나 계산, 규칙따르기 등과 같은 일상적 활동과 연관되어 전개되고 있다. 후기 저작에서 모순의 문제는 비트겐슈타인이 다루는 다양한 주제와 얽혀 있는 관계로 따로 분리되어 거론되지 않고 있을 뿐이다. 이로 말미암아 모순에 대한 그의 견해 역시 간접적인 암시의 수준에 머물고 있다.

한 가지 분명한 사실은 비트겐슈타인의 후기 저작에 있어서 모순 개념의 의미 지평이 확장되었다는 점이다. 『논고』를 비롯한 비트겐슈타인의 전기 저작에서 모순은 진리 함수 논리의 관점에 입각해서 명제의 일정한 형식, 혹은 그 형식을 가진 명제를 의미했다. 즉 'p · ~p'라는 명제 형식, 혹은 그 형식을 가진 "지금 비가 오고 비가 오지 않는다"와 같은 구체적 명제가 모순에 해당되었다. 이러한 모순 개념은 수학과 논리학의 기초를 중점적으로 논의했던 비트겐슈타인의 중기 저작에 이르기까지 그대로 받아들여져왔다. 그러나 비트겐슈타인이 이 시기 중에 때때로 자신의 모순 개념을 위반했음이 발견된다. 가령 『논고』, 6.3751에서 그는 다음의 두 명제가 서로 모순을 일으킨다고 말하고 있다.

(1) 이것은 빨간색이다.
(2) 이것은 파란색이다.

그러나 진리 함수 논리의 관점에서 보았을 때 이 두 명제의 연접, 즉 "이것은 빨간색이고 파란색이다"는 '$p \cdot \sim p$'라는 명제 형식을 갖지 않으므로 모순으로 볼 수 없다. 비트겐슈타인은 후에 (1)과 (2)가 그 자체로는 서로 모순을 일으키지 않는다고 정정했다(WVC, 149쪽). 두 명제가 모두 참일 수 있는 경우를 금하는 규칙이 도입된 뒤에야 그들이 상호 모순을 범하게 된다는 것이다. 3장에서 보았듯이 색깔 배제 문제에 대한 이러한 접근은 비트겐슈타인의 중기 저작에서 발견된다. 후기의 관점은 이와 좀 다르다. 이에 대해 살펴보기로 하자.

일상 언어에서 명제 (1)과 (2)는 그들이 속해 있는 문맥에 따라 상호 모순을 일으킬 수도 있고, 일으키지 않을 수도 있다. (1)에서의 '이것'과 (2)에서의 '이것'이 각기 다른 사물을 지칭한다면 두 명제는 서로 모순을 일으키지 않을 수 있다. (1)에서의 '이것'과 (2)에서의 '이것'이 같은 사물을 지칭할 경우에도 두 명제가 반드시 모순을 범하게 되는 것은 아니다. 두 명제가 일정한 시간 간격을 두고 발언되었을 경우에 그들은 모순을 일으키지 않을 수 있다. 가령 두 명제가 리트머스 테스트가 있기 이전과 이후의 리트머스 용지의 색깔에 관해 말하고 있을 경우가 이에 해당한다. 명제 (1)과 (2)는 '이것'이 같은 사물을 동시에 지칭할 경우에만 상호 모순을 일으킬 수 있다고 보아야 한다. 그렇지 않은 경우에 우리는 두 명제가 필연적으로 모순을 일으킨다고 말할 수 없다. 요컨대 두 명제가 모순을 일으키는가 아닌가 하는 문제는 그 명제가 속해 있는 문맥과 독립해서는 결정될 수 없는 것이다.

모순의 문맥 의존성과 연관해서 비트겐슈타인이 즐겨 사용하는 또 하나의 예는 다음과 같은 두 규칙을 갖는 게임이다 (WVC, 124~25쪽).

(3) 흰 말은 검은 말을 뛰어넘어야 한다.
(4) 어떠한 말도 판 밖으로 나갈 수 없다.

두 규칙들은 그 자체로는 서로 모순되지 않는다. 우리는 이 규칙들을 아무리 상세히 살펴보아도 거기에서 어떠한 모순되는 점도 감지할 수 없다. 게임의 규칙들만으로는 게임에서 일어날 수 있는 온갖 상황을 예견할 수 없기 때문이다. 따라서 우리는 이들 규칙들로 말미암아 게임에서 모순되는 상황이 발생할지 아닐지를 예견할 수 없다. 그런데 이 규칙들은 특정한 상황에서 서로 모순을 일으키게 된다. 예컨대 4장에서 살펴보았듯이 흰 말이 모서리에 위치한 검은 말 앞에 놓이게 될 경우에 바로 그러하다.

지금까지 살펴본 두 예로부터 우리는 다음과 같은 세 가지 귀결을 얻게 된다. 첫째, 두 명제의 연접이 'p · ~p'의 형식을 갖는다는 사실은 연접되는 두 명제가 모순의 관계에 있기 위한 필요조건이 아니다. (1)과 (2)의 연접, (3)과 (4)의 연접은 모두 'p · ~p'의 형식을 갖지 않지만 특정한 상황에서 각각 모순을 일으킴을 우리는 보았다. 둘째, 두 명제의 연접이 'p · ~p'의 형식을 갖는다는 사실은 연접되는 두 명제가 모순의 관계에 있기 위한 충분조건도 아니다. "이것은 빨간색이고 이것은 빨간색이 아니다"라는 명제는 분명 'p · ~p'의 형식을 갖지만 그 명제에 두 번 나타난 '이것'이 각각 다른 색깔의 사물을 지칭하는 경우에는 그 명제는 모순이 아니기 때문이다(RPP I, §37). 셋째, 두 명제가 주어졌을 경우 우리는 그 두 명제가 정말로 서로 모순을 일으키는지 아닌지 알 수 없다. 오직 그것들이 쓰여지는 상황을 고려했을 때에야 비로소 우리는 이에 대한 명확한 답을 얻을 수 있다. 즉 두 명제가 서로 모순을 일으키는지의 여부는 명제 자체가 아니라 명제의 쓰임에 의해서 결정된다.

이 장에서 우리는 이 세 가지 귀결이 함축하는 바를 보다 정밀하게 고찰할 것이다. 그리고 이에 연관된 크립키(S. Kripke, 1982)의 비트겐슈타인 해석을 검토해보고 그 타당성을 논의할 것이다. 끝으로 우리는 비트겐슈타인이 그의 후기 저작에서 모순을 어떻게 처리하고 있는지를 구체적인 사례의 분석을 통해 살펴볼 것이다.

5.2 크립키의 논증

모순에 대한 후기 비트겐슈타인의 태도를 논의하기 위해서 우리는 먼저 같은 주제에 대한 전기 비트겐슈타인의 태도가 어떠했는지를 알 필요가 있다. 전자는 후자와의 비교를 통해 보다 명확히 이해될 수 있기 때문이다. 2장에서 보았듯이 『논고』에서 비트겐슈타인은 모든 명제가 요소명제에 동시 부정을 뜻하는 조작 N을 연속적으로 적용하는 과정에서 얻어진다고 보았다. 모순은 요소명제 'p'에 조작 N을 다음과 같이 적용했을 때 얻어지는 적형식을 지칭한다. N(p, N(p)) 혹은 좀더 일반적으로 말해 모순은 'p · ~p'와 논리적으로 동치인 적형식을 지칭한다.

『논고』에서 비트겐슈타인은 주어진 명제가 모순인지 아닌지가 그 명제의 형식에 의해 확정된다고 보았다. 우리가 모순을 'p · ~p'와 논리적으로 동치인 적형식이라고 정의하는 것은 규약에 불과하겠지만, 일단 그 규약이 확정된 이후에는 어떤 명제가 모순인지의 여부는 더 이상 규약의 문제가 아니라는 것이다. 비트겐슈타인은 다음과 같이 말한다.

우리의 표기법에는 실로 자의적인 어떤 것이 있다. 그러나 우리가 어떤 것을 자의적으로 결정했을 때, 다른 어떤 것은 필연적으로 그러해야 한다는 이것은 자의적인 것이 아니다(이것은 표기법의 본질에 의거하는 것이다). (TLP, 3.342)

즉 우리는 그 기술의 어떠한 부호도 동어반복이어야 한다고 자의적으로 규정했다. 그리고 이 규정이 확정된 연후에는 다른 부호가 동어반복인지의 여부는 더 이상 자의적이지 않다. (NB, 114쪽)

위의 인용문은 동어반복에 관한 것이지만 문맥을 고려할 때 모순에 대해서도 똑같은 말을 할 수 있음이 분명하다.

여기서 우리는 이러한 입장과 기호의 의미가 그 쓰임이라는 후기 비트겐슈타인의 입장 사이의 긴장 관계를 문제삼을 수 있다. 기호의 의미가 그 쓰임이라면 이는 그 쓰임의 전모가 이미 결정되어 있음을 뜻하는가? 우리가 어떤 기호의 의미를 이해할 때 그 쓰임의 전모가 우리 마음에 떠오를 수 있는가? 어떻게 우리 마음에 떠오르는 것이 그 쓰임과 즉각적으로 일치할 수 있는가?(PI, §197) 그러나 이러한 긴장 관계는 존재하지 않는다. 『논고』에서 이미 비트겐슈타인은 다음과 같이 분명히 말한 바 있다.

논리학은 그것의 적용 속에 놓여 있는 것은 예상할 수 없다. (TLP, 5.557)

그러나 어떤 명제가 모순인지의 여부를 정의만 가지고 확정할 수 있는지는 상세히 논의해볼 필요가 있다. 일상적 언어 상황에서 모순이 언제나 'p · ~p'와 논리적으로 동치인 것은 아니다. "눈앞의 한 점은 동시에 두 가지 다른 색을 가진다"라는 명제는 'p · ~p'와 논리적으로 동치가 아니지만 일상적 언어 상황에서 그 명제를 모순이라 부르는 것이 크게 잘못되었다고 말할 근거를 찾기는 어렵다. 혹자는 이 경우에 모순의 의미가 변경되었다고 지적할지 모른다. 즉 일상적 언어 상황에서 모순은 진리 함수 논리에서와는 다른 의미로 쓰여지고 있다는 것이다. 그래서 그것이 같은 의미로 쓰여진다면 위의 발언은 모순이 아니라고 말할지 모른다. 그러나 모순 개념을 같은 방식으로 사용함의 기준은 무엇인가? 모순 개념의 쓰임이 'p · ~p'의 의미에 의해 결정된다는 말이 뜻하는 바는 무엇인가? 어떻게 'p · ~p'라는 기호의 의미가 그것의 쓰임의 모든 경우를 확정한다는 말인가? 진리 함수 논리를 추종하는 사람들은 어떤 명제가 'p · ~p'의 형식을 지니고 있지 않다면 그 의미에 상관없이 그 명제는 모순이 아니라고 말할 것이다. 그러나 일상 언어의 사용자들은 모순의 기준이 명제의 형식보다는 그 의미에서 찾아지며 따라서 의미가 모순될 경우 그 명제는 어떤 형식을 갖는가에 상관없이 모순이라고 말할 것이다.

우리는 5.1에서 후기 비트겐슈타인에 있어서 명제의 형식이 그 명제의 의미가 모순이기 위한 필요조건도 충분조건도 아님을 보았다. 모든 경우는 아닐지라도 많은 경우에 'p · ~p'의 형식을 갖는 명제가 모순인 것은 사실이다. 그러나 그 경우에도 그 명제는 형식 때문이 아니라 내용 때문에 모순이라고 말할 수 있다(가령 'p · ~p'에서 '~p'의 의미가 'p'의 의미를 부정하고 있다고 말이다). 그렇게 보았을 때 모순의 진리 함수적 정의는 일상 언어에서의 모순의 의미에 대해서는 불충분한 해석임이 드러난다.

우리는 일상 언어의 사용자들이 진리 함수 논리의 사용자들과 마찬가지로 모순을 같은 방식으로 사용하고 있다고 말할 수 있는 근거를 가짐을 보았다. 그러나 그 경우에 우리는 주어진 명제가 모순인지 아닌지를 어떻게 알 수 있는가? 비트겐슈타인의 후기 저작에서 어떤 명제가 모순인지 아닌지의 여부는 그 명제가 쓰여지는 문맥에 의해 확정된다. 가령 "C는 A의 오른편에 있다"라는 명제와 "C는 A의 오른편에 있지 않다"라는 명제는 다음과 같은 경우에는 서로 모순된다.

                A_____C

그러나 다음과 같은 경우에 두 명제는 서로 모순되지 않는다 (RFM, 207쪽).

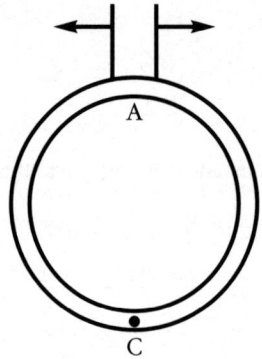

위의 예에서 보듯이 한 명제가 모순인지 아닌지, 혹은 두 명제가 서로 모순을 일으키는지 아닌지의 여부는 그 명제가 쓰여지는 문맥에 독립해서 미리 결정될 수 없다. 앞으로 보겠지만 이 점은 의미, 쓰임, 규칙따르기 등 광범위한 문제에 깊이 연관되어 있다.

『논고』에서 연접은 연접지가 모두 참일 경우에만 참인 것으로 정의된다. 'p · ~p'와 같은 연접은 두 연접지가 모두 참일 수 없으므로 거짓이다. 반면 "이 조각은 빨간색이고 이 조각은 파란색이다"와 같은 연접은 'p · q'로 기호화되므로 진리표에 따르면 참일 수 있다. 돌이켜 생각해보면 'p · ~p'와 'p · q'에 대한 이러한 설명은 모두 상식에 어긋나는 것처럼 보인다. 'p · ~p'에 대한 설명은 "비가 오고 비가 오지 않는다"와 같이 'p · ~p'의 형식을 갖는 문장이 과연 거짓으로 불릴 수 있을 만큼 의미있는 문장인지조차 확실하지 않기 때문에 설득력이 없다. 'p · q'의 형식을 갖는 "이 조각은 빨간색이고 이 조각은 파란색이다"에 대한 설명은 색깔 배제의 문제가 그 본성상 논리적 (혹은 문법적) 필연성을 지닌다고 여겨지기 때문에 설득력이 없다. 이 두 예들은 비트겐슈타인의 전기 저작에서 쉽게 해결되기 어려운 한계선상에 놓인 경우들이다.

함축의 문제는 『논고』의 한계선상에 속하는 또 하나의 예에 해당한다. 2.1에서 보았듯이 『논고』에서 함축은 'p ⊃ q'가 동어반복일 경우, 그리고 오직 그 경우에만 p는 q를 함축하는 것으로 정의되었다. 그렇다면 '(p · ~p) ⊃ q'가 동어반복이므로 모순은 어떠한 문장도 다 함축한다는 사실이 이끌어져 나온다. 비트겐슈타인은 이러한 결과를 부정한다. 그것은 명백히 상식과 어긋나기 때문이다. "비가 오고 비가 오지 않는다"는 분명히 일상 언어에서 "눈이 온다"를 함축하지 않는다. 논리학이 일상 언어의 쓰임에 부적합하다고 해서 문제가 될 필요는 없을지 모른다. 그러나 비트겐슈타인은 그러한 종류의 논리학에 관심이 없었다.

사실 진리 함수 논리가 그렇게 형편없는 것만은 아니다. 예컨대 일상 언어에서 문장의 진리치와 문장들 사이의 함축 관계의 대부분은 진리 함수 논리에 의해 설명될 수 있다. 그러나 진리 함수에 의해 정의된 기호의 의미는 여전히 그것의 가능한 적용을 모두 다 분명한 방식으로 결정하지는 못한다. 언제나 그 적용에 있어서는 애매성과 불확정성이 있게 마련이다. 대개의 경우에 주어진 기호가 사용되는 문맥은 너무 다양하기 때문에 그 가능한 모든 문맥을 예견하는 것이 거의 불가능한 것처럼 보이기 때문이다. 그럼에도 불구하고 의미가 쓰임을 확정적으로 결정하는 것처럼 여겨지는 경우가 존재한다. 가령 덧셈을 할 때 우리는 그 결과가 덧셈의 의미, 혹은 기호 '+'의 의미에 의해서 이미 확정되어 있다고 생각하는 경향이 있다. 비록 우리가 덧셈의 결과를 지금 당장 알지는 못하지만 그 결과는 결국 확정될 것이다. 덧셈을 하여 그 결과를 기록하는 작업은 어떤 의미에서 이미 확정되어 있는 결과를 확인하는 작업에 불과하다는 것이다.

비트겐슈타인이 의미가 쓰임을 결정하는지의 문제를 중요시했음에는 의심의 여지가 없지만 그 문제는 비교적 근래에 와서야 주목을 받게 되었다. 여기에는 비트겐슈타인에 대한 크립키의 해석(Kripke, 1982)이 불러일으킨 논쟁이 큰 몫을 했다.[1] 크립키의 분석이 우리의 논의와 연관이 있는 까닭은 기호의 의미가 그 적용을 확정적으로, 그리고 분명하게 결정할 수 없다는 것이 그 결론의 하나이기 때문이다. 이는 확실히 논란의 여지가 많은 주장이며, 우리는 비트겐슈타인이 이러한 입장을 취하지 않았다고 본다. 그러나 비록 우리는 크립키의 논의를 비트겐슈타인의 생각에 대한 올바른 설명으로 받아들이지는 않지만 크립키의 논의 자체가 매우 중요할뿐더러 우리의 논의와도 밀접하게 연관되어 있다는 점을 부정하지는 않는다. 따라서 우리는 크립키의 논의를 자세히 살펴보기로 한다.

크립키의 논의는 크게 둘로 나누어져 있다. 전반부에서 그는 비트겐슈타인의 후기 저작으로부터 "회의론적 역설"을 유도한다. 역설의 핵심은 기호의 쓰임이 그 의미를 확정할 수 없다는 것이다. 후반부에서 크립키는 다시 비트겐슈타인으로부터 그 역설에 대한 해결책을 유도한다. 크립키의 첫번째 논의는 우리가 사용해온 기호에 귀속된 의미의 문제에 관한 것이다. 크립키를 좇아 다음의 두 경우를 살펴보자.

(1) 나는 현재 기호 '+'에 대한 사용이 과거의 사용과 당연히 일치하며 따라서 "68 + 57 = ?"라는 물음에 답하려 덧셈을 할 때 나는 '+' 기호를 당연히 전과 마찬가지 의미로, 즉 더

---

[1] 크립키의 비트겐슈타인 해석에 관한 논쟁은 최근 사이버 공간으로까지 확산되었다. 크립키의 비트겐슈타인 해석에 관한 다음의 사이트를 참조할 것.
http://krypton.mankato.msus.edu/~witt/

하기로 해석하고 있다고 가정한다.

(2) 나는 현재 '승리자'라는 낱말에 대한 사용이 과거의 사용과 당연히 일치한다고 가정한다. 즉 과거와 마찬가지로 '승리자'가 승리자를 의미한다고 가정한다.

크립키는 이러한 가정이 타당한지를 문제삼는다. 기호 '+'와 '승리자'가 일관된 의미를 갖는 것으로 사용되고 있다는 근거는 무엇인가? 크립키는 기호의 실제적 쓰임이 기호의 의미를 확정한다는 견해를 살펴본다(Kripke, 1982, 8~20쪽). 크립키에 의하면 이 견해의 난점은 어떤 기호가 이러이러한 것을 의미하는 것으로 실제로 사용되었다는 사실이 그 기호가 다른 것을 의미하는 것으로 사용되었다는 사실과 논리적으로 부합될 수 있다는 것이다. 가령 '+'를 덧셈을 의미하는 것으로 사용함은 그것을 다음과 같이 정의되는 '럿셈'($\oplus$)을 의미하는 것으로 사용함과 부합할 수 있다.

x $\oplus$ y = x + y   x와 y가 임의의 수(數) N보다 작을 경우.
x $\oplus$ y = 5   x와 y가 임의의 수 N보다 크거나 같을 경우.

마찬가지로 '승리자'를 승리자의 의미로 사용함은 그 낱말을 다음과 같이 정의되는 '승배자'를 의미하는 것으로 사용함과 부합할 수 있다.

'승배자'는 임의의 시간 t 이전에는 '승리자'를 지칭한다.
'승배자'는 임의의 시간 t, 혹은 그 이후에는 '패배자'를 지칭한다.

우리는 이처럼 어떠한 기호에 대해서도 그것이 실제로 이러

이러한 것을 의미하는 것으로 사용되었다는 사실을 언제나 그것이 다른 것을 의미하는 것으로 사용되었다는 사실과 논리적으로 부합할 수 있도록 재해석할 수 있다. 따라서 기호의 쓰임은 그 의미를 확정할 수 없다.

기호의 쓰임이 그 의미를 확정할 수 없다면 무엇이 기호의 의미를 확정할 수 있는가? 크립키는 기호 사용자의 내적 의식의 내용, 가령 기호를 사용할 때 수반되는 이미지나 감정 등이 기호의 의미를 확정한다는 견해를 살펴본다(Kripke, 1982, 21쪽). 그는 이 견해가 두 가지 난점을 안고 있음을 지적한다. 우선 기호를 사용할 때 일정한 이미지나 감정이 반드시 수반되는 것은 아니다. 경우에 따라 다른 이미지나 감정이 수반될 수도 있고 전혀 아무것도 의식에 떠오르지 않을 수도 있는 것이다. 그 다음으로 설사 일정한 이미지나 감정이 수반된다 하더라도 그것의 의미가 무엇인지, 그리고 그 의미가 어떻게 확정되는지는 다시 제2의 해석을 요한다. 요컨대 이미지나 감정의 수반은 의미의 확정 문제를 해결하기보다는 그 문제를 회피하거나 되풀이할 뿐인 것이다.

크립키는 다음으로 기호 사용자가 기호를 이러이러한 의미로 사용하려는 의도가 기호의 의미를 확정한다는 견해를 살펴본다(Kripke, 1982, 22~37쪽). 이 견해의 난점은 그것이 기호를 실수로 잘못 사용할 수 있다는 사실을 제대로 설명하지 못하고 있다는 것이다. 가령 덧셈을 할 때 우리는 실수를 저지르기도 한다. 그러나 만일 언제나 우리의 의도가 덧셈 기호의 의미를 확정한다면 우리는 이 경우 실수를 저지른 것이 아니라 덧셈 기호를 다른 의미로 사용하도록, 그래서 결국 이상한 방향으로 덧셈을 진행하도록 의도한 것이 되어버린다. 이 견해는 의미의 확정 문제에 하나의 해결책일는지 모르지만 이와 같이 전혀 엉뚱한 결과를 초래하고 있는 것이다.

크립키는 지금까지 살펴본 견해가 의미의 확정 문제에 관해 우리가 생각할 수 있는 가능한 모든 방안이라고 단정한다. 그러므로 그는 '+'가 덧셈을 의미하거나, 혹은 '승리자'가 승리자를 의미함을 정당화할 수 있는 근거가 없다고 결론짓는다 (Kripke, 1982, 55쪽). 이들 기호의 실제적 사용도, 사용자의 의식의 내용이나 의도도 그 기호가 현재 무엇을 의미하는지, 혹은 앞으로 어떻게 사용될지를 확정하지 못한다. 요컨대 기호의 의미는 언제나 필연적으로 불확정적이라는 것이다.

크립키의 논증이 타당하다면 애초의 문제, 즉 기호의 의미가 쓰임을 확정하는지의 문제도 쉽게 답변된다. 의미 자체가 언제나 불확정적이라면 그러한 의미는 물론 쓰임을 확정할 수 없게 되는 것이다. 따라서 크립키의 논증에서 우리는 다음과 같은 세 결론을 얻는다.

(a) 기호의 쓰임은 그 의미를 확정할 수 없다.
(b) 기호의 의미는 그 무엇에 의해서도 확정되지 않는다.
(c) 기호의 의미는 그 쓰임을 확정할 수 없다.

우리는 이러한 결론이 앞서 살펴본 모순의 문제와 연관되어 있다고 본다. (c)가 참이라면, 하나의 기호가 과거에 사용되어 온 바와 같은 방식으로 지금도 사용되고 있는지의 여부는 가릴 수 없게 된다. 역으로 말하자면 어떠한 것도 기호의 현재, 혹은 미래의 쓰임이 과거의 쓰임과 같은 것인지를 확정할 수 없으므로 어떠한 방식으로 그 기호를 사용하는 것도 그것을 같은 방식으로 사용하는 것으로 간주될 수 있다. 그렇다면 우리가 어떠한 기호를 사용하는 과정에서 모순에 봉착하지 않으리라는 보장은 없다는 결론이 뒤따른다. 다음의 예를 통해 이를 살펴보자.

'승리자'라는 낱말의 쓰임이 일정한 시점을 전후해서 다음과 같이 다르다고 가정해보자.

(1) '승리자'는 승리자를 의미한다.
(2) '승리자'는 패배자를 의미한다.

그렇다면 (3) "한국 선수가 승리자이다"라는 문장에 대한 다음과 같은 서로 다른 해석이 가능하다.

(4) 한국 선수가 승리자이다.
(5) 한국 선수가 패배자이다.

(5)는 (6) "한국 선수가 승리자가 아니다"와 같은 문장이므로, (4)와 (6)은 (3)의 의미에 관해 서로 모순을 일으키게 된다. 그러나 크립키의 논증에 의하면 낱말을 어떠한 방식으로 사용해도 모두 그것을 같은 방식으로 사용하는 것으로 간주될 수 있으므로 (4)와 (6)은 모두 (3)과 같은 의미로 간주될 수 있는 것이다.

좀더 생각해보면 앞의 상황은 어떠한 기호를 사용하든 그 과정에서 언제나 발생할 수 있음을 알 수 있다. 가령 크립키가 했던 것처럼 '+'라는 기호에 의미를 부여하는 방식을 일정하게 변형시킴으로써 68 + 57이 125와 같으면서 다를 수 있다는 모순을 유도할 수 있는 것이다.

크립키의 논증은 모순에 대한 후기 비트겐슈타인의 견해와 어떠한 관계에 있는가? 여기서 우리는 후기 비트겐슈타인이 모순에 대한 일정한 견해에 대해 비판적 태도를 취하고 있음을 상기할 필요가 있다. 그가 비판하는 견해는 기호의 의미가 미래의 모든 쓰임을 미리 앞질러 결정하고 있어서 우리가 그것을 무한히 사용하는 과정에서 결코 모순에 빠지지 않을 것이라는 견해, 즉 모순이 우리 앞에 있을 수 없으며, 설령 있다고 해도 그것은 언제나 예견이 가능하다고 단정하는 견해였다. 일견했을 때 크립키의 논증은 비트겐슈타인이 부정하고 있는 바로 이 견해를 논파하고 있다. 그렇다면 크립키의 논증은 모순에 대한 비트겐슈타인의 견해와 부합하고 있다고 보아야 하지 않을까?

5.3 역설의 해소

크립키에 의하면 『탐구』에서 비트겐슈타인의 논증들은 기호의 의미, 혹은 기호의 일관된 쓰임에 관한 회의론을 정당화하고 있다. 크립키는 이러한 회의론이 『탐구』, §201에서 발견되는 다음과 같은 회의론적 역설을 초래한다고 본다.

> 우리의 역설은 이것이었다. 모든 행위 방식이 하나의 규칙과 일치하도록 만들 수 있기 때문에 규칙은 어떠한 행위 방식도 규정할 수 없다. (PI, §201)

크립키의 비트겐슈타인 해석에 관련하여 앞서 논의했던 사례들이 바로 이 경우에 해당된다. "68 + 57 = ?"(또는 "'승리자'는 무엇을 의미하는가?")에 대한 답변에서 '+'(또는 '승리자')에 관해 모든 증거와 일치를 이루는 여러 해석들이 가능하다. 그런데 '+'(또는 '승리자')에 관해 모든 증거와 일치를 이루는 이 해석들은 서로 모순된다. 그래서 일치와 모순이 모두 존재하게 되는 것이다. 보다 일반적으로 말하자면, 하나의 기호에 관한 우리의 해석을 정당화하기 위해 호소할 수 있는 어떠한 확정적 기준도 존재하지 않으므로, 기호의 올바른 해석과 그릇된 해석을 가르는 것 자체가 불가능하다.

크립키는 위의 논의에서 발견되는 기본적인 난점이 어떠한 사실도 "나는 '+'로 덧셈을 의미한다"와 같은 문장의 진리 조건을 형성하지 않는다는 것이었다고 본다. 과거의 '+' 기호의 적용들, 그 기호의 쓰임을 수반하는 나의 정신적 상태, 또는 나의 의도는 그 자체로 그러한 진리 조건을 제공하지 않는다. 만약 우리가 진리 조건이 한 문장이 일정한 의미를 갖기 위해 필수적이라고 가정한다면 어떤 사람이 한 문장으로 무언가를 의미한다는 주장은 성립할 수 없게 된다(Kripke, 1982, 77쪽).

크립키에 따르면 비트겐슈타인은 이러한 역설을 수수방관만 하지는 않는다. 비트겐슈타인은 어떠한 사실이나 진리 조건도 의미를 구성하지 않는다는 것을 인정하는 한편, 하나의 "회의론적 해결책"을 제시한다. 크립키는 비트겐슈타인이 "이 문장이 참이 되는 것은 어떤 경우인가?"라는 질문을 다음과 같은 두 질문으로 대체한다고 본다. 첫째, "어떠한 조건 하에서 이 문장이 적합하게 주장될 수 있는가?" 둘째, 처음 질문에 해답이 주어진다면, "그러한 조건 하에서 그 문장을 주장함이 갖는 역할과 유용성은 무엇인가?"(Kripke, 1982, 73쪽)

크립키는 비트겐슈타인이 문장의 의미를 그 주장 조건 assertion-conditions에서 찾았다고 본다. 문장의 주장 조건이란 언어 공동체의 성원들이 그 문장을 사용하는 문맥의 세목을 지칭하며, 이를 상술(詳述)함으로써 그 문장의 의미가 밝혀진다는 것이 주장 조건 이론의 요지이다(Kripke, 1982, 89, 91쪽 이후).[2] 예를 들어 내가 '승리자'라는 낱말로 승리자를 의미하기 위한 주장 조건은 내가 '승리자'를 공동체의 성원들이 사용하는 방식으로만 사용하는 데서 찾아진다. 원칙적으로 주장 조건 이론은 쓰여지는 낱말의 의미에 영향을 줄 수 있는 모든 주장 조건들을 상술할 수 있어야만 한다. 이것은 낱말이 쓰이는 전체 문맥에 대한 숙련을 필요로 한다.

크립키는 의미에 관한 이러한 논의가 『탐구』에 확고히 근거하고 있다고 본다. 그는 실제로 회의론적 역설과 회의론적 해결책 모두가 비트겐슈타인의 것이라고 믿는다. 그러나 역설에 관한 크립키의 해석을 수용한다면 『탐구』, §201의 나머지 부분은 매우 당혹스럽게 보인다.

> 대답은 이것이었다. 모든 것이 그 규칙과 일치하도록 만들 수 있다면 또한 그 규칙과 모순되도록 만들 수도 있다. 그러므로 여기에 일치도 모순도 있을 수 없게 되고 만다. (PI, §201)

비트겐슈타인은 "모든 것이 그 규칙과 일치하도록 만들 수 있다면 또한 그 규칙과 모순되도록 만들 수도 있다"는 사실이 회의론적 역설에 대한 대답이라고 본다. 그러나 크립키의 해석에서 이것은 대답이 아니라 역설의 일부이다. 크립키는 다음과 같이 말하고 있다.

> 그렇다면 회의론적 증명은 답변되지 않은 채 남아 있다. 어떤

---

[2] 크립키의 주장 조건 이론을 지지하는 다음의 글들을 참조할 것. C. Peacocke, 1980; Wright, 1980; 1982; 1984.

낱말로 무언가를 의미한다는 것은 있을 수 없다. 각각의 새로운 적용은 모험이다. 어떠한 현재의 의도도 우리가 선택할지도 모를 어떤 것에 일치되도록 해석될 수 있을 것이다. 그래서 일치도 모순도 있을 수 없다. (Kripke, 1982, 55쪽)

크립키는 어떤 행위가 하나의 해석에 의해서는 규칙과 일치하는 것으로 해석되고, 다른 해석에 의해서는 그것과 모순되는 것으로 해석될 수 있기 때문에 사실상 일치도 모순도 없다고 생각하는 듯하다. 그러므로 크립키에 있어서 "일치도 모순도 있을 수 없게 되고 만다"는 역설의 부분이지 그에 대한 대답은 아니다. 그러나 비트겐슈타인은 그 문장을 역설에 대한 대답으로 제시한다. 이런 면에서 크립키의 해석은 비트겐슈타인의 입장과 어울리지 않는다. 이것은 크립키의 해석이 무언가 잘못되었음을 암시한다.

서머필드는 문제되는 문장을 다음과 같이 해석한다(D. Summerfield, 1990, 421~22쪽). 규칙의 표현이 하나 이상의 방식으로 해석될 수 있다면 그 규칙에 대한 행태적 반응도 하나 이상의 방식으로 해석될 수 있다. 둘 모두 해석을 필요로 하거나 둘 다 해석을 필요로 하지 않는다. 그렇다면 『탐구』, §201에서 "모든 것[행위]이 그 규칙과 일치하도록 만들 수 있다면"이라는 조건문은 행위와 규칙 중 어느 하나만이 해석을 요하지 않는 한 참일 수 없기 때문에 역설은 발생하지 않는다. 그래서 여기에는 일치도 모순도 있을 수 없게 된다. 그리고 이 사실은 역설의 한 부분이 아니다.

서머필드의 해석은 일치도 모순도 없게 된다는 사실을 역설의 일부로 간주하지 않는다는 점에서 크립키의 해석보다 원전에 더 잘 어울린다. 그러나 그녀의 해석은 회의론적 역설을 해결하지 않는다. 그녀의 해석 하에서는 역설이 발생하지도 않기 때문이다. 우리는 『논고』에서 이와 유사한 결론을 발견할 수 있다.

회의론이, 만약 물음이 있을 수 없는 곳에서 의문을 제기하려 한다면, 회의론은 반박될 수 없는 것이 아니라 명백한 난센스이다.
왜냐하면 의문은 물음이 존립하는 곳에서만 존립할 수 있고, 물음은 대답이 존립하는 곳에서만 존립할 수 있으며, 대답은 무엇이 말해질 수 있는 곳에서만 존립할 수 있기 때문이다. (TLP, 6.51, NB, 44쪽 참조)

역설이 발생하지 않는다면 어떠한 해결도 있을 수 없다. 회의론을 난센스로 간주한 비트겐슈타인이 실제로 회의론적 역설을 진지하게 수용했다면 이는 놀라운 일이다. 그가 역설이 난센스라는 점을 보여주기보다 오히려 역설을 해결하려 했다면 이는 더욱 놀라운 일이다. 그러므로 비트겐슈타인이 회의론적 역설을 일관되지 못하게 취급했다기보다는 크립키의 회의론적 논증이 비트겐슈타인에 대한 오독(誤讀)이었다고 보는 것이 더 타당한 것 같다. 사실 비트겐슈타인은 회의론적 역설이 일상적 삶에서는 발생하지 않는다는 점을 명확히 하고 있다.

어떤 규칙이 제대로 지켜졌느냐에 관해서는 (가령 수학자들 간에) 전혀 논쟁이 생기지 않는다. 예를 들어 그런 문제에 대해 사람들은 싸움을 하지 않는다. 이것이 바로 우리의 언어가 움직이는 토대가 서 있는 (가령 기술(記述)을 제공하는) 틀이다. (PI, §240)

만약 사람들이 올바른 규칙 준수에 관해 언제나 불일치를 보여왔다면 규칙은 그 초점을 잃을 것이다. 우리 모두가 규칙을 동일한 방식으로 따른다는 사실은 규칙의 개념에 필수적이다. 규칙과 그 따름은 서로 분리될 수 없다. 규칙에 있어서의 일치는 궁극적으로 그 따름에 있어서의 일치를 의미한다. 비트겐슈타인은 다음과 같이 말하고 있다.

어떤 사람이 규칙을 따랐던 경우가 단 한 번만 있었을 것이라는 사실은 불가능하다. 누가 보고하거나, 명령을 내리거나, 이해하는 등의 경우가 단 한 번만 있었을 것이라는 사실은 불가능하다.―규칙을 따르는 것, 보고를 하는 것, 명령을 내리는 것, 장기놀이를 하는 것은 **관습**(쓰임, 제도)이다.
하나의 문장을 이해하는 것은 하나의 언어를 이해하는 것을 의미한다. 하나의 언어를 이해하는 것은 하나의 기술technique에 숙련된다는 것을 의미한다. (PI, §199)

그러므로 하나의 행위 방식이 규칙에 일치하는지 그렇지 않은지의 물음에 대한 논쟁은 사람들이 동일한 규칙을 동일한 방식으로 준수하고 실행한다는 바로 그 사실에 의해서 제거된다.
마찬가지로 한 낱말의 올바른 쓰임이 무엇인지에 대한 불일치는 발생하지 않는다. 만약 종종 불일치가 일어난다면 그 낱말은 의사 소통의 적절한 수단이 되지 못할 것이다. 낱말의 쓰임에 있어서의 일치는 의사 소통 가능성에 필수적이다. 비트겐슈타인은 다음과 같이 말하고 있다.

인간이 일치를 보는 것은 우리가 사용하는 언어이다. 이것은 의견의 일치가 아니라 삶의 형식의 일치이다.

언어가 의사 소통의 수단일 수 있으려면, 정의definition에 있어서의 일치뿐 아니라 (아마 이상하게 들릴지 모르지만) 판단에 있어서의 일치가 요구된다. (PI, §§241~42)

크립키가 보여주었듯이 정의는 그 자체 다양하게 해석될 수 있기 때문에 의미를 결정하지 못한다. 그렇다면 판단에 있어서의 일치란 무엇인가? 그것은 한 낱말이 어떻게 사용되는지에 관해서 우리 모두가 동일한 의견에 이른다는 것이 아니다. 그보다는 오히려 공통된 언어의 존재가 우리의 삶의 형식에 의존한다는 것을 의미한다(C. McGinn, 1984, 55쪽).³

지금까지의 논의의 구조를 살펴보자. 한 낱말에 대해 그것의 어떠한 쓰임도 다 허용 가능하다면, 다시 말해서 어떠한 쓰임도 다 규칙에 부합하도록 형성될 수 있다면, 역설이 발생한다. 즉 한 낱말의 어떠한 쓰임도 규칙에 의해 결정될 수 없다. 그러나 사실은 일상적 삶에서는 역설이 발생하지 않는다. 부정식에 의해서 우리는 다음의 결과를 얻는다. 한 낱말에 대해 그것의 어떠한 쓰임도 다 허용 가능한 것은 아니다.

한 낱말에 대해 어떠한 쓰임도 다 허용 가능하다면, 역설이 발생한다.
역설은 발생하지 않는다.
─────────
∴ 한 낱말에 대해 어떠한 쓰임도 다 허용 가능한 것은 아니다.

---

3 이에 관한 자세한 논의를 위해서는 다음을 참조할 것. 이승종, 1993b; 1995.

또한 일상 언어에서는 모순도 문제되지 않는다. 우리가 언어 사용 규칙을 완전히 파악하고 있다면 모순은 그것이 (특수한) 언어 게임에서 **사용**되지 않는 한 허용될 수도, 일어날 수도 없는 것이다(RFM, 410쪽; OC, §622 참조).

지금까지 우리는 『탐구』, §201의 첫번째 단락으로부터 회의론적 역설과 그 해결책을 유도하는 크립키의 논증이 사실 비트겐슈타인과 무관함을 살펴보았다. 그러나 물론 이는 크립키의 회의론적 해결책, 즉 주장 조건 이론 자체가 틀렸음을 논리적으로 함축하는 것은 아니다. 그렇다면 크립키의 비트겐슈타인 해석이 올바른지의 여부는 차치하고 과연 주장 조건 이론 그 자체는 설득력이 있는 것일까?

크립키의 주장 조건 이론의 난점은 그 이론을 통해서 크립키가 회의론적 역설의 논증에서 문제삼았고 또 애써 회피하려 했던 것들을 반복하고 있다는 점이다. 크립키에 따르면 그 이론은 일정한 문맥 하에서 의미를 확정하는 요소들을 명확하고 철저하게 상술할 수 있어야만 한다. 그러나 무엇이 주장 조건의 목록에 포함되어야 하는지에 대해서, 무엇이 의미를 확정하는 주장 조건을 확정하는지에 대해서는 또 다른 답안이 준비되어야 할 것처럼 보인다. 그리고 이는 끝없는 무한 퇴행으로 우리를 인도한다.

더 나아가 한 문장의 어떠한 주장 조건도 언제나 그 문장의 역할을 변경시키는 문맥에 접목되어 이전 상황과는 전혀 다른 새로운 문맥을 형성할 수 있다. 즉 어떤 문장의 주장 조건들이 충족된 이후에도 우리가 그로부터 예상하는 상황과는 전혀 다른 상황이 언제나 있을 수 있다. 이를 뒷받침하기 위해 다음의 예를 보자. 결혼식에서 주례사가 "나는 이제 두 사람을 남편과 아내로 선언합니다"라고 말한다. 우리는 보통 주례사의 이러한 발언이 다음과 같은 주장 조건들 하에서 그 효력을 발휘한다고 생각한다.

주례사는 혼례를 수행할 만한 권위가 있는 사람이어야 한다. 그가 주례하는 사람들은 현재 미혼인 남녀로서 이미 결혼 신고를 했거나 앞으로 할 예정이어야 한다. (J. Culler, 1982, 121쪽)

그러나 잠시만 생각해보면 이들 조건은 문제되는 발언의 주장 조건으로서 완벽한 것이 아님을 알 수 있다. 위의 주장 조건들이 모두 충족되었을지라도 어느 한 편이 최면 상태에 있거나, 그 예식이 예행 연습 내지 놀이의 한 부분일 수도 있는 것이다. 그러한 상황 하에서 주례사의 발언은 두 사람을 결합시키는 어떠한 힘도 지니지 않는다.

앞의 예를 통해 우리는 한 문장에 관한 주장 조건들의 어떠한 집합도 완결적인 것이 아니라는 사실, 즉 언제나 다른 주장 조건을 부가할 수 있다는 사실, 그리고 언급된 모든 주장 조건들과 양립 가능하지만 여전히 그 문장이 일상적 쓰임과는 양립 불가능한 일탈적 쓰임이 가능하다는 사실을 알게 된다. 역으로 어떤 사람이 모순과 같은 무의미한 문장을 발언할 때, 우리는 그것이 의미를 가질 수 있는 문맥을 상상할 수 있다. 즉 그것에 적절한 상황을 설정함으로써 우리는 모순에 의미를 부여할 수 있다(RFM, 410쪽). 의미가 문맥에 의해 결정된다는 바로 그 이유 때문에, 다른 문맥이 형성되었을 때 의미는 쉽게 변형될 수 있는 것이다.

이처럼 크립키가 회의론적 역설에 대한 해결책으로 제시하는 주장 조건 이론은 회의론적 역설을 해결하지 못하고 있음이 드러난다. 설령 정말로 비트겐슈타인이 언어로써 어떤 것을 의미하는 것이 불가능하다는 입장을 취한다 해도, 크립키의 주장 조건 이론은 주장 조건들 자체가 또한 확정될 수 없기 때문에 비트겐슈타인의 우려를 불식시키는 데 도움이 되지 않는 것이다.

물론 모든 의사 소통이 불가능하다는 것은 비트겐슈타인의 견해가 아니다. 이는 『탐구』, §201에서 크립키가 주목한 단락 바로 다음에 등장하는 단락에 명백히 천명되어 있다.

여기에 하나의 오해가 생겨났는데 그것은 우리가 앞서의 논의들에서 하나의 해석 다음에 또 다른 해석을 제시한 데서 연유한다. 그 해석들은 잠깐 우리에게 그럴듯하게 보일 뿐 곧 또 다른 해석이 뒤이어 나타나곤 한다. (PI, §201)

크립키의 해석과는 달리 비트겐슈타인은 진리 조건들에 의해 의미가 결정된다는 생각으로부터 역설이 발생한다고 말하지 않는다. 그보다는 의미가 해석에 의해 결정된다는 생각, 언어의 이해가 언어의 규칙에 해석을 차례로 도입하는 과정에서 확정된다는 생각을 문제삼는다. 만약 그 생각이 참이라면 우리가 도입하는 어떤 해석도 단지 '잠깐'만 우리를 만족시킬 뿐이라는 것이다.

어떠한 해석도 그것이 해석하는 바와 마찬가지로 여전히 미결정의 상태에 있으며, 어떠한 근거도 제시하지 못한다. 해석 그 자체는 의미를 결정하지 않는다. (PI, §198)

여기서 비트겐슈타인은 해석이 의미를 결정하지 않는다는 주장을 귀류법을 통해서 논증하고 있다. 그에 따르면 역설에 대한 올바른 응답은 언어의 이해가 확정되지 않는다는 것이 아니라 언어의 이해가 언어의 규칙에 해석을 차례로 도입하는 과정에 의해 확정되지 않는다는 것이다. 『탐구』, §201은 다음과 같이 계속된다.

이를 통해 드러나는 것은 해석이 아닌 규칙의 파악이 있다는 점이다. 그 파악이 드러나는 것은 우리가 "규칙을 따름"이나 "규칙의 위반"이라고 말하는 실제의 경우에서이다. (PI, §201)

관습과 실천의 배경 문맥이 결여되어 있다면 우리는 문제되는 규칙을 이리저리 해석해볼 수 있을 것이다. 그러나 우리가 이미 일정한 문맥 하에 놓여 있을 때 우리는 그럴 필요가 없는 것이다.

규칙은 벽돌 사이의 회반죽 같은 것이다. 우리는 벽돌에 회반죽을 붙이기 위해 또 다른 접착제를 사용하지는 않는다. 단순히 벽돌들을 접합하기 위해 회반죽을 사용할 뿐이다. 마찬가지로 규칙과 규칙의 따름을 접합하기 위해 또 다른 해석이 필요한 것은 아니다(Ackermann, 1988, 132쪽). 규칙을 파악하는 것이 그것에 대한 해석이 아니라는 사실은 언어와 그 쓰임이 분리될 수 없음을 의미한다. 우리가 언어를 그 쓰임과 분리될 수 있다고 생각하고 이를 제3의 의미론적 규칙에 의해 매개하려 할 때 우리는 역설에 빠진다. 왜냐하면 규칙 자체는 다시 해석되어야만 하고, 이 과정은 무한히 반복되어야 하기 때문이다. 사실 우리는 언어를 그 쓰임과 독립된 것으로 간주하지 않으므로 그러한 상황에 결코 직면하지 않는다. 우리는 언어를 사용할 때 그것을 완전하게, 그리고 즉각적으로 이해한다.

비트겐슈타인은 자신의 후기 저작에서 결코 주장 조건 이론

같은 의미론을 주장하지 않았다. 그는 주어진 경우에 어떠한 언어에 의해 "엄밀하게 의미된" 것이 그 언어의 쓰임에 의해 화자(話者)가 수행하는 것과 구별된다고 주장하지도 않았다. 그는 대신에 우리가 언어의 의미를 파악하기 위해서는 언제나 그 언어의 쓰임을 주시할 것을 권고했을 뿐이다.

5.4 철학에서의 모순

우리는 지금까지 『탐구』, §201에 언급된 회의론적 역설에 관한 비트겐슈타인 자신의 견해가 크립키의 그것과 상충됨을 보았다. 비트겐슈타인에 따르면 우리의 언어 행위는 "불에 대한 두려움, 혹은 우리에게 덤벼드는 난폭한 사람에 대한 두려움"(PG, 110쪽)과 마찬가지로 우리가 자의적으로 선택하는 것이 아니다. 우리의 언어 행위는 그것이 지금과 다른 방식으로 전개될 수 있다는 의미에서만 자의적이다. 그러나 그렇다고 해서 우리의 언어 행위가 신뢰할 수 없는 것이라거나 일관되지 못한 것은 아니다. 우리가 그 양식을 변경하지 않는 한 우리의 행위는 충분히 신뢰할 수 있는 것이고 또한 상당한 고정성을 갖고 있는 것이다(V. Krebs, 1986, 184~85쪽). 다양한 해석의 가능성에도 불구하고 옳고 그름의 기준은 언제나 우리의 실제적인 행위에 있다. 규칙의 자의성은 우리가 수행하는 행위의 안정성과 그에 대한 일치에 의해 상쇄된다. 따라서 많은 경우에 규칙에 대한 오해와 위반은 쉽게 확인되고 제거된다. 이에 관해 비트겐슈타인은 다음과 같이 말하고 있다.

그림과 적용은 서로 충돌할 수 있는가? 사람들이 이 그림을 이와 같이 적용하기 때문에, 우리가 그림의 다른 쓰임을 기대할 수 있는 한 그것은 가능하다.

나는 다음과 같이 말하고자 한다. 여기에 하나의 **정상적인 경우와 비정상적인 경우들이 있다**. (PI, §141)

덧셈을 럿셈으로 행하는 사람에 대해 우리는 그가 덧셈을 하고 있지 않다고 단정할 것이다. 우리는 물론 그의 행위를 럿셈의 관점에서 해석할 수 있다. 그러나 문제는 정상적인 경우에 우리는 결코 럿셈을 덧셈과 동일시하지 않는다는 데 있다. 마찬가지로 어떤 사람이 갑자기 '승리자'라는 낱말을 패배자를 의미하는 것으로 사용할 때 우리는 그가 더 이상 우리와 같은 언어를 사용하고 있지 않다고 단정할 것이다. 물론 그는 문제되는 낱말에 의미를 부여하는 과정에서 교묘한 재주를 부림으로써(가령 '승배자'가 시간 t 이전에는 승리자를 의미하며 그 이후에는 패배자를 의미한다는 조건 하에서 '승리자'는 '승배자'를 의미한다고 말함으로써) 일견 모순되어 보이는 자신의 언어 사용 행위에 일관성을 줄 수 있다. 그러나 우리는 여전히 그것을 우리의 언어 행위와는 다른 것으로 간주할 것이다. 우리의 입장에서 보았을 때 그의 언어 행위는 기껏해야 비정상적인 것에 불과하다.

이상의 논의에서 얻을 수 있는 하나의 귀결은 일정한 언어 행위가 일상적인 방식으로 수행되지 않을 때 모순이 발생할 수 있다는 사실이다. "한국 선수가 승리자이고 패배자이다" 혹은 "68 + 57은 125이며 125가 아니다"와 같은 모순은 문장 속의 일정한 낱말들을 비정상적으로 사용할 경우에만 일어난다. 정상적인 상황에서 그러한 모순은 결코 일어나지 않는다. 논리학이나 수학과 같은 특수한 영역에서의 모순도 마찬가지로 일정한 기호가 정상적인 사용의 범위를 넘어서 사용될 때 발생한다. 이에 연관하여 거짓말쟁이 역설에 관한 비트겐슈타인의 견해를 들어보자.

거짓말쟁이 역설을 생각해보자. 그것이 누군가를 당혹케 했어야 한다는 사실은 보기에 따라서는 매우 기이한 일이다. 그것이 사람들을 당혹케 한다는 사실은 당신이 생각하는 것보다 훨씬 놀라운 일이다. (LFM, 206쪽)

거짓말쟁이 역설이 실제로 골칫거리라는 사실이 비트겐슈타인에게 있어서는 왜 그렇게 기이한가? 그는 다음과 같이 말하고 있다.

왜냐하면 그것은 다음과 같기 때문이다. 만약 어떤 사람이 "나는 거짓말을 하고 있다"라고 말한다면, 우리는 그로부터 그가 거짓말을 하고 있지 않다는 사실이 추론된다고 말한다. 우리는 또한 바로 그 사실로부터 그가 거짓말을 하고 있다는 사실이 추론된다고 말한다. 그리고 이러한 과정은 계속된다. ……무엇이 잘못되었는가? 아무것도 잘못된 것은 없다. (LMF, 206~07쪽)

비트겐슈타인에 따르면 어떻게 역설이 일어나는지의 문제는 쉽게 설명된다. 그리고 설명의 각 단계는 조금도 놀랍지 않다. 그는 역설이나 모순은 증명에 의해서 제거되는 것이 아니라 분석에 의해서 해소된다고 본다(WVC, 121~22쪽). 가령 (L) "이것은 거짓이다"라는 문장을 생각해보자. 정상적인 상황에서 이 문장은 다른 어떤 문장을 지시하고 있다. 그리고 그 다른 문장이 거짓이면 (L)은 참이고, 그 다른 문장이 참이면 (L)은 거짓이다. 즉 정상적인 경우에 (L)의 진리치는 그것이 지시하고 있는 문장의 진리치에 의존되어 있다. 만약 어떤 사람이 (L)이 그자신을 지시하는 경우를 문제삼고자 한다면 그는 이미 그 문장의 정상적인 사용을 넘어서기를 우리에게 요구하는 것이다. 물론 그래서는 안 된다는 어떤 논리적인 제약은 없다.

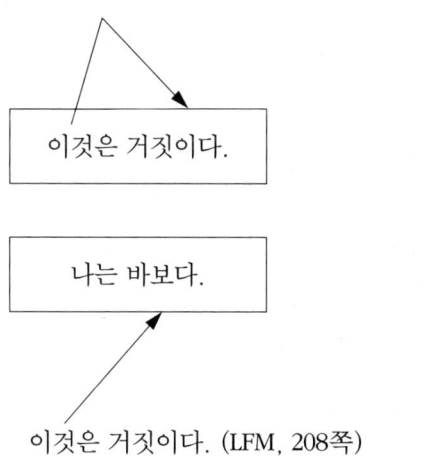

이것은 거짓이다. (LFM, 208쪽)

그러나 위의 두 경우 사이에는 중대한 차이가 있음을 주목할 필요가 있다. 두번째 경우와는 달리 첫번째 경우에는 (L)의 진리치가 (L)이 지시하는 바의 진리치에 의존하고 있는지가 묘연해진다. (L)이 바로 자신을 지시하고 있기 때문이다. 한 문장의 진리치가 바로 자신의 진리치에 의존되어 있다는 표현은 매우 이상하게 들린다. 요컨대 우리가 (L)을 그 자신을 지시하는 것으로서 사용할 때, 우리는 (L)의 쓰임을 단순히 확장하고 있는 것이 아니라 그것의 정상적인 쓰임으로부터 (L)에 고유한 하나의 특징―즉 진리치의 의존성―을 제거하고 있는 것이다. 그러므로 우리가 어려움에 봉착하는 것은 놀라운 일이 아니다.

그 어려움이란 구체적으로 어떠한 것인가? 논리학자들은 보통 다음과 같이 말한다. (L)이 참이라면 (L)은 거짓이고, (L)이 거짓이라면 (L)은 참이다. 따라서 우리는 모순에 직면한다. 그러나 우리가 모순에 직면하는 이유는 (L) 자체에서가 아니라 (L)에 대한 논리학자들의 사용에서 발견된다. 그들은 (L)을 자기 지시적으로 사용하면서도 여전히 그 진리치가 그것이 지시하는 문장의 진리치에 의존되어 있다고 보고 있기 때문에 모순에 빠지게 되는 것이다. 거짓말쟁이의 역설에서 모순이 발생한다는 것은 놀라운 일이 아니라 역설에 대한 논리학자들의 태도에서 이미 예견될 수 있는 것이다. 따라서 이 경우에 모순을 해결하려고 나서지 말아야 한다(H. Mounce, 1981, 12장 참조). 이에 관해서는 10장에서 보다 상세히 다루게 될 것이다.

대부분의 경우 우리의 언어 행위는 정상적이고 규칙적이며 이로 말미암아 언어를 통한 의사 소통이 가능하다. 비트겐슈타인은 다음과 같이 말한다.

언어가 의사 소통의 수단일 수 있으려면, 정의(定義)에 있어서의 일치뿐 아니라 (아마 이상하게 들릴지 모르지만) 판단에 있어서의 일치가 요구된다. 이것은 논리학을 폐기하는 것처럼 보이지만 그렇지는 않다.—측정 방법의 기술(記述)과 측정 결과의 발견 및 진술은 별개의 것이다. 그러나 우리가 '측정'이라 부르는 것은 부분적으로는 측정 결과의 일정한 항상성에 의해서도 결정된다. (PI, §242)

판단에 있어서의 일치가 언어에서 정의의 타당성을 보장해주는 것과 같은 방식으로 측정 결과에 있어서의 항상성은 측정 방법의 타당성을 보장해준다. 그렇게 본다면 모순은 결국 우리의 언어 사용이 그것의 일상적 쓰임과 어울리지 못할 때 일어난다. 특히 모순은 종종 철학에서 발생하고 또 문제시된다. 그러나 앞으로 보겠지만 철학에 있어서 모순의 존재는 사실 놀라운 것이 못 된다. 철학에서의 모순은 다양한 철학적 문제들과 밀접히 얽혀 있어 그 문제들로부터 분리될 수 없기 때문에 하나의 명료한 그림으로 총체적으로 파악하기는 쉽지 않다. 우리는 사적 감각에 관한 비트겐슈타인의 모순적 언명을 분석해봄으로써 철학에서의 모순에 대한 비트겐슈타인의 견해를 간접적으로 살펴보고자 한다.

사적 감각에 관하여 비트겐슈타인은 다음과 같이 말한다.

그것은 어떤 것something도 아니지만 그렇다고 아무것도 아닌 것nothing도 아니다! (PI, §304)

일반적으로 어떤 것도 아닌 것은 아무것도 아닌 것이라 할 수 있으므로 위의 문장은 "사적 감각은 아무것도 아닌 동시에 아무것도 아닌 것도 아니다"가 된다. 이는 'p · ~p'라는 명제 형식을 갖는 모순이다. 이 모순은 무엇을 의미하는가? 왜 비트겐슈타인은 사적 감각에 관하여 이런 수수께끼 같은 발언을 하고 있는가?

피처는 비트겐슈타인이 우리가 사적 감각을 지칭하거나 그것에 관해서 언급한다는 사실 자체를 부정하고 있다고 본다(G. Pitcher, 1964a, 298쪽 이후). 그러나 이러한 해석은 그릇된 것이다. 일상 생활에서 우리는 종종 사적 감각에 관해서 말하기 때문이다. 비트겐슈타인이 위와 같은 말을 한 까닭은 우리가 사적 감각을 지칭할 때 사실은 어떤 것도 지칭하고 있지 않다는 사실을 일깨우기 위해서이다. 위에 인용된 자기 모순적 문장은 사적 감각의 지시체를 탐구함으로써 사적 감각에 관한 철학적 문제를 해결할 수 있다는 생각이 그릇된 것임을 보여준다. 사적 감각에 관한 표현에 대응하는 지시체가 존재한다는 생각은 사적 감각을 하나의 사물로 간주하는 데서 비롯된다. 그러한 생각은 다시 사적 감각이 어떤 것이어야 한다는 생각에 이르게 한다.

그렇다면 비트겐슈타인은 왜 사적 감각이 어떤 것도 아니라고 보는가? 사적 감각이 하나의 사물이기 위해서는 그것을 확인할 수 있는 어떤 기준이 있어야 한다. 그러나 사적 감각의 경우를 신중히 살펴보면 우리는 결코 그러한 기준을 확보할 수 없음을 알게 된다. 요컨대 내가 나의 내적 감각에 주의를 기울이고 그것을 내적으로 지칭하면서 그것에 관한 낱말을 말할 때 내가 지칭하는 것이 무엇이건 그것에 대한 나의 이해는 그것과 서로 일치하는 것처럼 보일 것이다. 여기서 내가 한 낱말로 지칭하는 사적 감각이 그것에 대한 나의 이해와 일치하는 것처럼 보이는 것인지 아니면 실제로 일치하는 것인지를 우리는 구분할 수 없다. 내가 사적 감각을 지칭하는 경우에 있어서 정말로 올바른 지칭과 내가 올바르다고 생각하는 지칭을 판별할 방법이 없다는 것이다. 이 사정을 비트겐슈타인은 다음과 같이 묘사하고 있다.

그러나 이 경우에 나는 올바름의 기준을 결여하고 있다. 혹자는 다음과 같이 말할지도 모른다. 내게 옳게 보이고 있는 것은 실제로 모두 옳다. 그것은 단지 우리가 여기서 '올바름'에 관해 말할 수 없음을 의미할 뿐이다. (PI, §258)

그러므로 '규칙따르기'는 또한 하나의 실천이다. 그리고 규칙을 따르고 있다고 **생각하는** 것이 규칙을 따르는 것은 아니다. 그러므로 '사적으로' 규칙을 따르는 것은 불가능하다. 그렇지 않다면 규칙을 따르고 있다고 생각하는 것이 그것을 따르는 것과 마찬가지가 될 것이다. (PI, §202)

올바른 지칭과 그렇지 못한 지칭을 판별할 수 없다면 지칭 대상으로서의 사적 감각 개념은 그 의미를 잃게 된다.
우리의 이해를 돕기 위해 비트겐슈타인은 다음과 같은 예를 고안한다. 모든 사람들이 저마다 상자를 하나씩 가지고 있으며 그 안에 어떤 것이 들어 있다고 하자. 그것을 '딱정벌레'라고 부르기로 하자(PI, §293). 아무도 다른 사람의 상자 안을 들여다볼 수 없다. 따라서 모든 사람들은 저마다 자신의 상자 안을 들여다봄으로써만 '딱정벌레'가 무엇을 의미하는지 알 수 있다. 그러나 아무도 다른 사람의 상자 안에 무엇이 있는지 알 수 없기 때문에, 사람들이 '딱정벌레'에 관해서 말하고 있을 때, 그것이 상자 안에 있는 것일 수 없다. "이 경우에 각자의 상자에 각기 다른 것이 들어 있을 수도 있다"(PI, §293). 사실상 상자가 비어 있다고 해도 문제가 될 것은 없다(PI, §293). 요컨대 '딱정벌레'라는 낱말이 어떤 쓰임을 갖는다면 그것은 상자 안에 있는 것과 아무런 연관이 없는 것이다. 마찬가지로 '감각'이라는 낱말의 의미의 유일한 원천이 사람들 저마다의 서로 다른 사적 감각에 대한 지시체라면 그 낱말에 대한 공통적인 의미는 있을 수 없다. 그러나 '감각'이라는 낱말은 일상의 문맥에서 사용되고 있다. 이는 그것의 의미가 사적 감각에 관한 지시체로부터 비롯되는 것이 아님을 시사한다. 비트겐슈타인은 다음과 같이 말하고 있다.

우리가 감각의 표현의 문법을 '대상과 지칭'의 모델에 따라 구성한다면, 대상은 우리의 고찰로부터 무관한 것으로 떨어져 나간다. (PI, §293)

그러므로 우리는 다음과 같은 결론에 이르게 된다. 의사 소통이 가능하다면 사적 대상은 쓸모가 없게 된다. 거꾸로 사적 대상이 어떤 역할을 하게 되면 의사 소통은 불가능해진다 (Hacker, 1986, 270쪽).

지금까지의 논의는 감각에 대한 지시체가 확정될 수 없음을 보여준다. 그러므로 언어와 사적인 사물로서의 사적 감각 사이에는 어떠한 관계도 성립할 수 없게 된다. 비트겐슈타인은 다음과 같이 말한다.

'사적 경험'은 우리 문법의 퇴화된 구성물이다(어떤 의미에서 그것은 동어반복과 모순에 비견될 수 있다). 그리고 이 문법적 괴물이 이제 우리를 바보로 만든다. (LPE, 314쪽)

비트겐슈타인의 의도는 사적 감각이 존재하지 않는다는 것이 아니다. 오히려 그는 다음과 같이 말하고 있다.

아무것도 아닌 것은 아무것도 말해질 수 없는 어떤 것과 같은 일을 한다. 여기서 우리는 강요되는 문법을 거절하였을 뿐이다. (PI, §304)

우리가 지칭의 모형에 기초하여 감각 표현의 문법을 설명하는 한 "(사적 감각은) 어떤 것도 아니지만 그렇다고 아무것도 아닌 것도 아니다"(PI, §304)라는 비트겐슈타인의 주장은 자기 모순으로 남는다. 그러나 이 문법을 거부한다면 문제되는 모순은 해소된다.

『탐구』, §304를 어떻게 해석할 것인가에 관한 문제를 살펴봄으로써 우리는 모순의 지형도를 헤아리고 모순이 초래할 수 있는 철학적 혼동을 차단할 수 있는 예비적 작업을 수행했다. 이러한 배경적 작업이 이루어지지 않은 상태에서 "사적 감각은 어떤 것이 아니다" "사적 감각은 아무것도 아닌 것도 아니다"와 같은 상호 모순되어 보이는 문장이 동시에 주어진다면 우리는 이들이 상호 모순된다는 사실이 두 문장이 공존할 수 없는 징표가 된다고 간주한다. 그러나 이들 문장이 위치한 문맥과 그 문법이 완전히 이해된다면 두 문장은 의미있는 주장으로 전환될 수 있다. 그리고 그 전환으로 말미암아 두 문장은 상호 양립 불가능한 모순의 관계에서 양립 가능한 공존의 관계로 다시 설정되는 것이다. 전환이 이루어진 경우 두 문장은 우리가 사적 감각에 관한 언명으로 의미하는 바를 문법적으로 상기시켜 주는 역할을 하게 된다.

6. 모순의 의의

모순에 대한 비트겐슈타인의 고찰을 읽으면서 사람들은 흔히들 그의 견해가 매우 참신하면서도 알쏭달쏭하다는 인상을 갖게 된다. 비트겐슈타인의 견해가 해괴하고 비밀스러운 것이라는 생각을 일소하기 위해 우리는 그의 견해를 가능한 한 평이하고 설득력 있게 설명하려고 노력했다. 이제 우리의 노력을 결산하려면 모순에 대한 비트겐슈타인의 전기의 견해를 돌이켜보는 데서 시작하는 것이 유익할 것이다.

비트겐슈타인의 전 저작을 통해 모순의 문제는 말할 수 있는 것과 없는 것 사이의 구분이라는 보다 포괄적인 문제에 연관되어 있다. 청년 시절의 비트겐슈타인은 이를 명제와 의미의 문제로 이해했다. 그 당시 그의 입장을 우리는 형식적 명제론과 의미론적 명제론으로 정리해보았다.

형식적 명제론은 우리에게 N이라는 진리 조작에 근거한 진리 함수적 명제 결합 이외에는 어떠한 종류의 명제 결합의 여지도 남겨두지 않는다. 일련의 낱말들이 명제가 되기 위한 유일한 조건은 그것이 요소명제에 대한 조작 N의 귀결이어야 한다는 것이다. 모순—즉 'p · ~p'와 논리적으로 동치인 적형식—은 이러한 조건을 만족시키므로 형식적 명제론에서 모순은 명제로 간주된다. 형식적 명제론의 또 하나의 귀결은 모든 명제가 의미를 갖는다는 것이다. 이에 따르면 모순도 의미를 갖는다.

한편 의미론적 명제론에 따르면 일련의 낱말들이 명제가 되기 위한 유일한 조건은 그것이 말하는 바가 참이거나 거짓일 수 있는 가능성이 논리적으로 모두 보장되어야 한다는 것이다. 진리표의 방법에 의거해 분석해보면 모순은 이러한 조건을 충족시키지 못하므로 의미를 결여하게 된다. 의미론적 명제론의 또 하나의 귀결은 일련의 낱말들은 의미를 가질 때에만 명제가 된다는 것이다. 이에 따르면 모순은 명제가 아니다.

그래서 비트겐슈타인의 전기 저작의 문맥에서 우리는 모순의 위상에 대한 하나의 수수께끼에 봉착하게 된다. 형식적 명제론에 따르면 모순은 의미있는 명제이다. 의미론적 명제론에 따르면 모순은 명제가 아니고 의미도 없다. 전기 비트겐슈타인의 문맥에서 이 수수께끼를 풀 방도는 없다.

하지만 비트겐슈타인은 이후의 성찰에서 모순에 대한 상이한 접근을 모색한다. 그것은 앞서의 두 명제론, 즉 형식적 명제론과 의미론적 명제론의 해체로 시작된다. 그는 자신이 언어를 그 실제 쓰임을 보지 않고 대신 어떤 선입견을 가지고 이해하려 하는 오류를 범했음을 깨닫게 된다. 일련의 낱말이 의미있는 명제가 되기 위한 조건으로 간주했던 것들이 바로 이에 해당한다. 그 조건들이 의미를 잃는다면 그것에 의존했던 명제론들, 그리고 그 명제론들이 해결하려 했던 문제도 마찬가지 운명을 겪게 된다.

자신의 전기 사상의 해체는 모순에 대한 비트겐슈타인의 태도를 방향 전환시키는 중요한 전환점이 된다. 후기 저작에서 모순은 "문법적 혹"으로 묘사된다. 이러한 표현이 의미하는 바를 이해하기 위해 이를 모순에 대한 전기의 견해와 비교해보자.

모순과 마주칠 때 우리가 취할 수 있는 가능한 태도는 "그것은 담론의 문법을 위반하고 있다"거나 "뭘 어떻게 해야 할지 모르겠다"는 것이다. 논리학자나 수학자들은 일반적으로 첫번째 태도를 견지한다. 그들은 한 걸음 더 나아가 논리학이나 수학뿐 아니라 우리의 생각 일반에도 모순이 있을 수 없다고 본다. 설령 있다 해도 그것은 혼동에서 비롯되는 잘못이므로 즉각 거부되거나 혹은 기껏해야 적절한 방식으로 수정되어야 한다는 것이다. 반면 후기 비트겐슈타인은 위의 두 선택지 중에서 두번째를 택한다. 모순과 '마주하여 두번째 태도를 취하는 사람은 그 자신이 언어의 미로에서 길을 잃었음을 인정한다. 그는 모순이 문법적인 현상이라고 생각하고 모순을 다루는 문법을 찾고자 한다. 문제는 문법이 내재된 언어적 실행을 찾아 기술하는 것이다. 이러한 이유에서 비트겐슈타인은 모순의 문제가 규범적으로 해결되기보다 서술적으로 해소되어야 한다고 본다. 그는 다음과 같이 말한다.

철학의 과제는 수학적, 또는 논리 수학적 발견에 의해 모순을 해결하는 것이 아니라 오히려 우리를 당황하게 하는 수학의 상태, 모순이 해결되기 **이전**의 상태를 우리로 하여금 명료히 볼 수 있게 하는 것이다(그리고 이는 우리가 어려움을 피해 가고 있음을 의미하지 않는다). (PI, §125)

비트겐슈타인은 여기서 철학의 과제가 모순을 만족스런 방식으로 해결하기 전에 모순의 징후인 규칙의 얽히고 설킨 모습을 기술하는 것임을 명확히 인식하고 있다. 모순의 해결은 모순을 제거할 새로운 문법적 규칙을 찾는 것과 같은 수학적 문제일 것이다. 그러나 우리가 어떻게 그리고 왜 모순에 도달하게 되는지를 보이기 위해 수학의 현황을 서술하는 것은 철학자의 과제이다.

허기가 식욕을 유발하듯 모순은 통상 그 제거를 유도하는 것으로 여겨지곤 한다. 음식이 우리의 물리적 욕구를 채워주듯이 모순의 제거는 우리의 인지적 욕구를 채워주는 것으로 간주된다. 사실 우리는 모순의 출현이 어렵지 않게 봉인될 수 있음을 알고 있다(러셀의 유형 이론이 하나의 예일 것이다). 문제는 그것이 아니라 "모순의 시민적 지위"(PI, §125), 즉 그 함축이다. 전기 비트겐슈타인이 그러했던 것처럼 모순이 있을 수 없다는 주장, 규칙이 서로 상충해서는 안 된다는 주장은 우리의 규칙 따르기에 어떤 형이상학적 필연성을 투사한 데서 비롯된다(G. P. Baker and Hacker, 1980, 550쪽).

모순에 대한 후기 비트겐슈타인의 태도는 그의 철학관과 근본적으로 분리될 수 없다. 그는 모순의 궁극적 기준이나 의미를 찾아내려 하기보다는 각각의 모순이 어떻게, 그리고 왜 나타나는지를 이해하려는 것이다. 모순은 비의미의 영역과 인접해 "무엇이 말할 수 없는 것인가"를 보여준다. 비트겐슈타인은 모순을 통해 말할 수 있는 것과 없는 것 사이의 복잡 미묘한 관계를 드러내려 한다. 모순의 철학적 중요성은 모순의 출현에 대한 우리의 깊은 반성과 성숙한(재빠른 해결이나 감정적인 거부가 아닌) 대응에서 찾아진다(LFM, 209쪽). 모순의 가치는 우리로 하여금 모순을 재고하게끔 한다는 데 있다. 비트겐슈타인은 이에 관해 다음과 같이 말한다.

철학적 문제는 다음과 같은 형식을 취한다. "나는 어찌할 바를 모르겠다." (PI, §123)

이런 상황에서 필요한 것은 문제를 둘러싸고 있는 언어 게임의 문법을 상세히 살펴보는 것이다. 하지만 문법은 쉽게 개관되는 것이 아니다. 그것은 화석화된 기성적 구조에서가 아니라 우리가 역동적으로 언어를 실제 사용하는 과정에서 드러나는 성격을 가지고 있다.

모순에 대한 비트겐슈타인의 이러한 태도는 철학함의 스타일에 있어서 전·후기 사이의 근본적인 차이를 드러낸다. 전기 비트겐슈타인이 언어의 구조와 한계를 추상적인 논리학에서 연역하려 했다면, 후기 비트겐슈타인은 그것을 문법적 탐구를 통해서 발견하려 한다. 그는 이러한 맥락에서 자신의 철학적 탐구를 다음과 같이 규정한다.

그러므로 우리의 탐구는 문법적인 것이다. 그러한 탐구는 낱말의 쓰임에 관한 오해를 제거함으로써 우리의 문제에 빛을 던져준다. 그러한 오해는 무엇보다 언어의 여러 영역에서 표현의 형식들 간의 일정한 유사성에 의해 초래된다. (PI, §90)

언어는 인간의 삶의 일부이며 그 삶의 형식과 역할의 복잡성의 문맥 하에서 고찰되어야 한다.

철학에서 모순은 종종 그 모순의 배경이 되는 언어 게임의 문법에 복잡하게 얽혀 있다. 비트겐슈타인은 이와 아울러 철학적 문제 자체가 이미 모순에 대한 깊은 관심을 요구하고 있다고 본다. 결국 모순을 통해서 우리는 철학적 문제의 핵심을 관통할 수 있다. 사적 감각에 관한 비트겐슈타인의 모순된 언급을 해석하는 과정에서 우리는 그것이 사적 감각에 관한 철학적 문제를 명확히 이해하는 데에 결정적인 계기를 마련하고 있음을 보았다. 결론적으로 『탐구』, §304에 등장하는 모순적 언명은 문법적 고찰을 담고 있다. 그것은 경험적으로 어떤 주장을 하고 있지는 않지만 사적 감각에 대한 우리의 언명이 무엇을 의미하는가를 되새김질하게 한다.

문법적 고찰이 우리에게 어떠한 경험적 지식도 제공하지 않는다는 사실은 그러나 문법적 탐구로서의 철학으로부터 얻을 것이 아무것도 없음을 의미하지 않는다. 오히려 그 반대이다. 비트겐슈타인의 문법적 고찰은 사적 감각의 지위와 같은 철학적 문제에 대한 올바른 접근법을 제공한다. 비트겐슈타인은 다음과 같이 말하고 있다.

철학의 성과는 평범한 몇 개의 난센스와, 이해력이 언어의 한계에 부딪침으로써 생겨난 혹을 드러내는 것이다. 이러한 혹으로 말미암아 우리는 발견의 가치를 알게 된다. (PI, §119)

우리가 철학에서 모순의 의의를 발견하는 곳이 바로 여기이다. 왜냐하면 많은 경우에 우리는 모순의 형태 속에서 철학적 문제를 발견하기 때문이다. 철학적 난제들의 중심에 놓여 있는 모순들을 명백하게 밝힘으로써 우리는 그 난제들을 올바로 볼 수 있고, 따라서 그 난제들이 보여주는 의미의 한계의 본성을 좀더 명확하게 이해하게 된다. 의미의 한계는 분명한 방식으로 그을 수 있는 단일하고도 연속적인 경계선이 아니다. 그것은 오히려 그 한계를 넘어서려는 충동에 이끌려 헛된 시도를 거듭하다 제자리로 되돌아오게 된 사람만이 이해할 수 있는 미로들의 얽힘이다.

II. 수리철학과 논리철학

『논고』의 수리철학
모순된 수학의 적용
비트겐슈타인의 괴델 읽기
거짓말쟁이 역설의 분석
투사적 존재로서의 타자

7. 『논고』의 수리철학

7.1 이끄는 말

비트겐슈타인의 수리철학은 별 주목을 받지 못했던 것이 사실이다. 심지어 그는 수학의 문외한으로까지 묘사되곤 했다(S. Shanker, 1986a, 1쪽). 비트겐슈타인의 전기 저작인 『논고』에 개진된 수리철학은 특히 거의 무시되거나 오해되었다. 베나세라프와 퍼트남은 그들이 편집한 현대 수리철학의 한 고전에서 다음과 같이 말한다.

『논고』에서 비트겐슈타인은 러셀과 프레게를 좇아 수학이 논리학으로 환원될 수 있다고 주장했다. (P. Benacerraf and H. Putnam, 1964, 14쪽)

반면 블랙은 『논고』에 대한 자신의 권위 있는 주석서에서 다음과 같이 말하고 있다.

비트겐슈타인은 화이트헤드A. N. Whitehead와 러셀식으로 수학이 논리학으로 환원될 수 있다고 보지 않는다. (Black, 1964, 340쪽)

이처럼 저명한 학자들 사이에도 의견이 엇갈리고 있기에 『논고』의 수리철학에 대한 올바른 이해는 더욱 절실히 요청된다.

7.2 논리주의와 무한 공리

전통적인 순수 수학의 모든 분야가 자연수론으로부터 이끌어져 나온다는 것은 비교적 근래에 이르러서야 알려진 사실이다. 페아노 Guiseppe Peano는 자연수론이 세 가지 기본 개념과 다섯 개의 공리로부터 논리학의 도움만으로 이끌어져 나올 수 있음을 입증했다. 페아노가 상정한 다섯 개의 공리는 다음과 같다.

1. 0은 하나의 수이다.
2. 어떤 임의의 수의 후자 successor도 또한 하나의 수이다.
3. 두 수는 같은 후자를 갖지 않는다.
4. 0은 어떠한 수의 후자도 아니다.
5. 어떤 속성이 0에 속하며 또 그 속성을 가지는 임의의 수의 후자에도 속한다면, 그 속성은 모든 수에 속한다. (Russell, 1919, 5~16쪽)

여기서 수(즉 자연수), 0, 후자가 기본 개념이다.
러셀은 (1) 이 기본 개념들이 명확한 정의를 통해 논리적 개념으로부터 이끌어져 나올 수 있으며, (2) 위의 공리들이 사실은 논리적 연역을 통해 논리학의 공리로부터 이끌어낼 수 있는 정리임을 골격으로 하는 논리주의를 주장한다. 그의 이러한 두 주장을 차례로 정리해보자.

(1) 페아노의 기본 개념들은 집합 개념에 의해 다음과 같이 정의될 수 있다. 어떤 집합의 수는 그 집합과 대등한 모든 집합의 집합이다. 0은 공집합만을 원소로 하는 집합의 집합이다.

집합 α가 가진 원소의 수의 **후자**라 함은 α의 원소와 α에 속하지 않는 임의의 항 x로 이루어지는 집합의 원소의 수이다. 0을 원소로 가지며 그 어떠한 원소의 후자 또한 원소로 갖는 집합을 귀납적 집합으로 정의한다.[1]

(2) 이러한 정의에 의해 페아노의 공리 1과 5는 정의로부터 귀결되는 것임이 드러난다. 2와 4도 정의를 이용하여 쉽게 증명될 수 있다. 그러나 공리 3에 대해서는 어려움이 있다. 세계가 무한히 많은 개별자를 포함하지 않는다면 일정한 한계를 넘어서부터는 모든 수가 공집합으로 서로 동일하게 되어버릴 것이다.[2] 이러한 불합리를 방지하기 위해서는 세계가 무한히 많은 개별자를 포함한다는 내용을 골자로 하는 무한 공리가 요청된다. 무한 공리의 도움으로 러셀은 페아노의 세 기본 개념에 대한 정의뿐 아니라 공리 3을 포함하는 페아노의 모든 공리가 정리임을 증명한다.

수에 대한 러셀의 정의를 위해서 우리는 집합의 존재를 상정해야 한다.[3] 이는 다시 무한히 많은 개별자의 존재에 근거해 있다. 그러나 무한 공리는 논리석 진리가 아니라 경험적 전제일 뿐이다. 수에 대한 자신의 논리적 정의를 정당화하기 위해 러셀은 경험적 전제에 의존하고 있는 셈이다.[4] 러셀도 무한 공리의 경험적 성격을 다음과 같이 시인하고 있다.

---

1 자세한 내용은 다음을 참조할 것. Russell, 1919, 2~3장.
2 예컨대 세계 안의 개별자가 모두 10개라고 한다면 11개의 원소를 가지는 집합은 존재하지 않으므로 수 11은 공집합이다. 마찬가지로 수 12도 공집합이며 따라서 11 = 12가 된다.
3 사실 집합 개념은 다음과 같이 정의되는 '유도된 외연적 함수derived extensional function'라는 개념을 도입함으로써 소거될 수 있다. "'함수 $\varphi(x)$로 정의된 집합이 성질 φ를 갖는다'라는 것을 주장하는 것은 '$\varphi(x)$가 φ에서 유도된 외연적 함수를 만족시킨다'는 것을 주장하는 것이다"(Russell, 1919, 188쪽).
4 집합 대신 함수 개념을 사용한다 해도 사정은 마찬가지이다. 우리는 충분히 포괄적인 치역을 갖는 함수의 존재에 관한 문제에 봉착하게 된다.

무한 공리는 어떤 가능 세계에서는 참이며 다른 가능 세계에서는 거짓이다. 그것이 이 현실 세계에서 참인지 아닌지에 대해서 우리는 알 수 없다. (Russell, 1919, 141쪽)

상호 독립적이면서 그 수에 있어서 무한한 개별자의 존재 여부가 어떻게 경험적으로 알려질 수 있겠는가? 수학을 논리적 진리에 정초시키려는 러셀의 논리주의가 이처럼 불확실한 경험적 토대 위에 있어도 되는 것인가?

7.3 조작의 지수로서의 수

비트겐슈타인은 이 지점에서 논의에 개입한다. 그는 다음과 같이 말한다.

집합론은 수학에서 전적으로 불필요한 것이다.
이것은 우리가 수학에서 필요로 하는 일반성이 우연적인 일반성이 아니라는 것과 연관되어 있다. (TLP, 6.031)

위의 인용문에서 두번째 명제는 러셀의 무한 공리를 겨냥하고 있다.

비트겐슈타인은 집합론에 의존하지 않으면서 수에 대한 새로운 이해를 시도하려 한다. 그에 의하면 수는 형식적 개념이다. 그러한 개념을 제시하는 것은 집합이 아니라 변항이다.

(수는) 형식적 개념을 나타내며, 개념 표기법에서 (프레게나

러셀이 믿었던 것처럼) 함수나 집합에 의해 제시되는 것이 아니라 변항에 의해 제시된다. (TLP, 4.1272)

이를 바탕으로 비트겐슈타인은 집합을 매개로 자연수론을 논리학으로 환원시키려는 러셀의 시도를 배격한다. 비트겐슈타인의 입장에서 볼 때 자연수의 집합이란 없다.

"1은 하나의 수이다" "0은 하나밖에 없다"와 같은 표현들, 그리고 이와 비슷한 모든 표현들은 난센스이다. (TLP, 4.1272)

변항은 대입을 위한 자리이므로 변항 개념은 언제나 대입법에 연관된다. 비트겐슈타인은 대입법을 수학적 방법의 본질로 본다. 등식이 두 표현 간의 대입 가능성을 표현하고 있다는 점에서 수학의 명제는 등식으로 간주된다(TLP, 6.2).[5]

비트겐슈타인의 논의에 깔려 있는 하나의 지침은 수학적 대상의 도입을 피하자는 것이다. 그러나 여전히 우리는 수란 무엇인가 하는 문제를 비트겐슈타인에게도 던지지 않을 수 없다. 그는 이 문제를 진리 함수에 관한 논의로부터 접근한다. 2장에서 보았듯이 모든 진리 함수는 요소명제들에 $N(\bar{\xi})$이라는 조작을 잇따라 적용함으로써 얻어진다(TLP, 5.502). N의 진리표는 다음과 같다.

---

[5] 램지는 수학에 부등식도 있다는 점을 들어 비트겐슈타인의 견해를 지나치게 협소한 것으로 비판한다(Ramsey, 1925, 17쪽; 1923, 282쪽).

p	N(p)
T	F
F	T

p	q	N(p, q)
T	T	F
T	F	F
F	T	F
F	F	T

p	q	r	N(p, q, r)
T	T	T	F
T	T	F	F
T	F	T	F
T	F	F	F
F	T	T	F
F	T	F	F
F	F	T	F
F	F	F	T

비트겐슈타인의 N은 종종 셰퍼 H. Sheffer의 '|'와 동일한 것으로 오해되어왔다. 블랙(Black, 1964, 277쪽), 파볼트(D. Favrholt, 1967), 호크버그(H. Hochberg, 1971, 537~38쪽), 마리온(M. Marion, 1998, 25쪽), 마운스(Mounce, 1981, 52~53쪽) 등과 같은 비트겐슈타인 학자들이 공통적으로 이러한 오류를 범했다. 그래서 예컨대 파볼트는 2항 관계를 나타내는 '|'나 '∨' '⊃' '·'와 같은 기호들이 그러하듯이 N도 셋 이상의 명제에는 동시에 적용될 수 없다고 보았다(예컨대 'p ∨ q ∨ r'은 적형식이 아니라고 보았다). 심지어 그는 비트겐슈타인이 이러한 특성을 간파하지 못할 만큼 논리학에 무지했다고 비난하고 있다(Favrholt, 1967, 134쪽). 그러나 위의 진리표에서 보듯이 무지의 혐의는 파볼트 자신에게 전가된다. 사실 다음에서 보듯이 비트겐슈타인의 N은 '|'보다 '↓'에 가깝다.

p	q	p | q
T	T	F
T	F	T

p	q	p↓q
T	T	F
T	F	F

F	T	T	T		F	T	F
F	F	T	T		F	F	T

그러나 '↓'도 2항 관계에만 적용된다는 점에서 N과 구별되기는 마찬가지이다.

비트겐슈타인은 (1) 모든 명제는 요소명제들에 $N(\bar{\xi})$이라는 조작을 잇따라 적용함으로써 얻어지며(TLP, 6.001), (2) 이 조작의 적용은 한 명제에서 다른 명제로의 이행의 가장 일반적인 형식을 제시한다(TLP, 6.01)고 주장한다. (1)에 대해 우리는 2장에서 논의하는 과정에서 비트겐슈타인이 명제의 일반 형식을 다음과 같이 정식화하고 있음을 보았다(TLP, 6).

(I) $[\bar{p}, \bar{\xi}, N(\bar{\xi})]$

이제 (2)에 대해 살펴보기로 하자.

조작 N은 진리 조작뿐만 아니라 한 명제로부터 다른 명제로의 모든 논리적 이행을 구성한다. 따라서 비트겐슈타인은 조작 N을 이용해 한 명제로부터 다른 명제로의 이행에 관한 일반 형식 $\Omega'(\bar{\eta})$을 다음과 같이 정식화한다(TLP, 6.01).

(II) $[\bar{\xi}, N(\bar{\xi})]'(\bar{\eta})$ (= $[\bar{\eta}, \bar{\xi}, N(\bar{\xi})]$)

$\Omega'(\bar{\eta})$은 명제의 집합 η으로부터 그것의 진리 함수를 얻기 위해 요구되는 조작이다.

비트겐슈타인은 이즈음에서 "이렇게 하여 우리는 수(數)에 이른다"(TLP, 6.02)고 말한다. 그는 한 명제에서 다른 명제로의 이행을 매개하는 조작과 수의 개념 사이에 내적 연관이 있다고 보는 것이다.

비트겐슈타인은 임의의 출발점에서부터 시작해서 명제의 일반 형식을 잇따라 적용함으로서 얻어지는 형식 계열을 살펴본다. 그 계열은 다음과 같은 것이다(TLP, 6.02).

(III) x, $\Omega' x$, $\Omega' \Omega' x$, $\Omega' \Omega' \Omega' x$, ⋯

비트겐슈타인은 이를 다음과 같이 정의한다(TLP, 6.02).

(IV) x = $\Omega^0 x$ Def.
$\Omega' \Omega' x$ = $\Omega^{v+1'} x$ Def.

이러한 정의에 의거하여 비트겐슈타인은 (I)을 다음과 같이 쓴다(TLP, 6.02).

(V) $\Omega^0 x$, $\Omega^{0+1'} x$, $\Omega^{0+1+1'} x$, ⋯

그리고 그는 (II)에 해당하는 [x, ξ, $\Omega' \xi$]를 다음과 같이 쓴다(TLP, 6.02).

(VI) [$\Omega^0 x$, $\Omega^v x$, $\Omega^{v+1'} x$]

그리고 나서 비트겐슈타인은 다음과 같은 정의를 제시한다 (TLP, 6.02).

(VII) 0 + 1 = 1 Def.
0 + 1 + 1 = 2 Def.

0 + 1 + 1 + 1 = 3 Def.
(등등)

우리는 이러한 과정을 통해 수(數)와 형식적 조작(x, Ω'x, $\Omega'\Omega'$x, $\Omega'\Omega'\Omega'$x, …) 사이의 유사성 내지는 내적 연관성을 확인하게 된다. 여기서 우리는 수에 대한 다음의 정의에 이르게 된다.

수는 조작의 지수이다. (TLP, 6.021)

이는 수를 포함하는 어떠한 문장도 조작의 적용을 가리키는 문장으로 번역될 수 있음을 의미한다. 예컨대 "2 × 2 = 4"는 다음과 같이 풀어 쓸 수 있다(TLP, 6.241).

$(\Omega^\nu)^\mu x = \Omega^{\nu \times \mu} x$ Def.
$\Omega^{2 \times 2} x = (\Omega^2)^2 x = \Omega^2 \Omega^2 x = \Omega^4 x$

그리고 이는 다시 다음과 같이 풀어 쓸 수 있다(TLP, 6.241).

$\Omega^2 \Omega^2 x = \Omega^{1+1} \Omega^{1+1} x = (\Omega'\Omega)'(\Omega'\Omega)' x = \Omega'\Omega'\Omega'\Omega' x = \Omega^{1+1+1+1} x = \Omega^4 x$

이제 수는 형식적 조작의 적용의 과정을 참조함으로써 해명됨이 분명해졌다. 이는 『논고』 이후의 비트겐슈타인이 지녔던 견해와도 잘 어울린다.

산술은 수에 관해 말하는 것이 아니라 수와 함께 전개된다.

......
모든 수학적 계산은 그 자신의 적용이며 그럼으로써만 의미를 지닌다. (PR, §109)

요컨대 조작의 적용이 수를 해명하는 것이지 그 역은 아닌 것이다.

7.4 논리학의 방법으로서의 수학

『논고』의 수리철학에 대한 블랙과 베나세라프/퍼트남의 상반된 해석에 관한 논의로 되돌아가보자. 비트겐슈타인은 수학이 화이트헤드와 러셀이 생각한 방식으로 논리학으로 환원될 수 있다고 보았는가? 이 물음에 대한 비트겐슈타인의 대답은 다음과 같다.

수학은 논리학의 한 방법이다. (TLP, 6.234)

이는 수학이 논리학에서 비롯된다는 말과는 다르다. 그러나 수학과 논리학 사이에는 여전히 내적 관계가 존재한다. 그 관계는 지금까지 살펴보았듯이 기본적인 논리적 조작에 의해 한 명제가 다른 명제로부터 도출된다는 점에 놓여 있다. 이러한 방식의 관계맺기는 화이트헤드/러셀의 논리주의, 그리고 수가 어떤 존재를 지칭하는 것이라는 수학적 대상에 관한 존재론을 동시에 지양한다는 점에서 주목할 만한 것으로 평가된다.

8. 모순된 수학의 적용

8.1 이끄는 말

  박정일 박사의 논문 「튜링의 다리는 무너질 것인가?」는 수학에서의 모순과 그 적용에 관한 튜링/비트겐슈타인의 논쟁에서 어떻게 비트겐슈타인의 입장이 정당화될 수 있는지를 탁월한 방법으로 논증하고 있다. 특히 튜링/비트겐슈타인 논쟁을 해결하기 위해 박정일 박사가 준비한 네 가지 입론의 내용과 논리는 아주 흥미롭고 참신하다. 그 중에서 이론의 여지가 있는 곳들을 추려 논의해보고자 한다.

8.2 김구의 죽음

  1) 박정일 박사는 놀이로서의 수학과 적용의 개념이 독립적임을 주장한다(박정일, 2001, 329쪽). 그 근거로 다음과 같은 비트겐슈타인의 언명을 인용하고 있다.

  수학이 놀이라고 말하는 것은 다음을 뜻할 것이다. 증명하는 데 있어서 우리는 기호들의 의미에, 따라서 그것들의 수학 외적 적용에 결코 호소할 필요가 없다. (RFM, 259쪽)

  나는 이렇게 말하고 싶다. 수학의 기호들이 **평상복 차림**으로도 사용된다는 것은 수학에 본질적이다.

기호놀이를 수학으로 만드는 것은 수학 외부의 사용이며, 따라서 그 기호들의 의미Bedeutung이다. (RFM, 257쪽)

그러나 위의 인용문은 박정일 박사의 주장을 뒷받침해주는 것으로 보기 어렵다. 인용문에서처럼 기호를 수학적 기호로 국한할 때 첫번째 단락은 다음을 말하고 있다.

기호놀이의 외적 적용은 그것이 수학이기 위한 필요조건이 아니다.

그리고 인용문의 나머지 단락은 다음을 말하고 있다.

기호놀이의 외적 적용은 그것이 수학이기 위한 충분조건이다.

따라서 위의 인용문을 바탕으로 했을 때 놀이로서의 수학과 적용의 개념에 대한 비트겐슈타인의 입장은 최종적으로 다음과 같다고 본다.

기호놀이의 외적 적용은 그것이 수학이기 위한 충분조건이기는 하지만 필요조건은 아니다.

이 해석이 옳다면 수학은 그 적용과 완전히 독립해 있지 않다. 그렇다면 놀이로서의 수학과 적용의 개념을 명확히 구분하는 박정일 박사의 입론은 재고되어야 할 것이다.

2) 박정일 박사는 수학 이론의 적용과 자연과학 이론의 적용 사이의 차이에 대해 다음과 같이 말한다.

수학 이론에 대한 적용은 '제대로 적용하는 경우'와 '잘못 적용하는 경우'로 구분될 수 있는데, 이때 '제대로 적용하는 경우'는 항상 성공하는 적용이라고 우리는 말할 수 있는 반면에, '잘못 적용하는 경우'는 '실패한 적용'이라고 말할 수 없다. 이는 자연과학 이론에 대한 적용과 비교할 때 더 분명해진다. 예컨대, 어떤 사람이 뉴턴I. Newton의 역학을 적용하여 태양 뒤쪽에 있는 어떤 별이 관측되지 않을 것이라고 예측했다고 하고, 또 어떤 다른 사람이 아인슈타인A. Einstein의 상대성 이론을 적용하여 그 별이 관측될 것이라고 예측했다고 하자. 이제 실제로 그 별이 관측되었다고 하자. 그러면 우리는 이제 뉴턴의 역학을 적용하는 것은 실패했지만 아인슈타인의 이론을 적용하는 것은 성공했다고 말하게 될 것이다. 그것들은 둘 다 '제대로 적용한 경우'이지만 전자는 그 적용에서 실패했고, 후자는 그 적용에서 성공했다. (박정일, 2001, 330쪽)

논리적 관점에서 보자면 어떤 이론 T가 어떤 사건 e를 예측했는데 그 예측이 맞지 않았다면, 그 이론 T는 후건 부정의 원리에 의해 부정된다.

T ⊃ e
~e
―――
∴ ~T

인용문에 나타난 박정일 박사의 추론은 부정식 Modus Tollens으로 알려진 위의 논리식에 근거한 것 같다.

그러나 실제의 과학에서의 사정은 이렇게 간단명료하지만은 않다. 예측에 실패하는 가설들이 이론으로 승격되기 이전 단계에서 폐기되는 것은 사실이지만, 예측에 일정한 성공을 거두고 이론으로 승격된 것들은 사정이 다르다. 첫째, 이들 이론들은 이미 일군의 확증 사례들을 거느리고 있기 때문에 예측에 한두 번 실패한다 해도 쉽사리 그것을 실패로 자인하지 않는다. 앞으로 살펴보겠지만 어떠한 경우를 예측의 진정한 실패로 간주해야 하는지에 대해서 분명한 기준이 없다는 것도 이러한 태도를 부추긴다. 이에 대한 역사적 사례는 쿤(T. Kuhn, 1962)의 과학사가, 그리고 이러한 태도가 어떻게 정당화될 수 있는지는 콰인(Quine, 1951; 1990)의 논리적 작업이 각각 잘 보여주고 있다.

둘째, 과학 이론이 예측에 실패하(는 것처럼 보이)는 까닭은 그 이론이 틀려서라기보다 그 이론의 적용 범위가 애매해서인 경우가 상당수이다. 이론이 처음부터 자신의 적용 범위를 확정적으로 규정하고 나오는 경우는 많지 않다. 적용 범위를 확정하고 나온 이론의 경우에도 그것이 일정한 문제를 해결하는 데 성공한 뒤에는 인접한 문제들에 대해서도 그 적용이 시도되곤 한다. 이 경우에 일어날 수 있는 적용의 실패는 실패가 아니라 잘못된 적용일 뿐이다. 박정일 박사가 인용문에서 예로 든 뉴턴 역학의 적용의 경우에 대해서도 그것을 적용에 실패한 경우로 단정하기 어렵다. 오히려 그 적용 범위에 뚜렷한 제한이 가해지지 않았던 뉴턴 역학이 자신의 적용 범위를 보다 선명히 긋게 되는 것으로 볼 수 있다. 요컨대 인용문에서 뉴턴 역학은 적용에 실패했다기보다 잘못 적용되었다는 것이 더 올바른 표현일 것이다. 자연과학 이론의 잘못된 적용과 적용의 실패가 언제나 선명히 구분되는 것은 아니다. 그렇다면 이러한 구분에 근거해서 수학의 적용을 자연과학 이론의 적용과 대비시키는 박정일 박사의 논의는 확실성을 얻지 못할 수 있다.

박정일 박사는 수학의 제대로 된 적용이 항상 성공적인 적용임을 논증하는 과정에서 어떤 보편 문장과 어떤 특수한 사건의 관계로서 적용의 개념을 다음의 삼단논법과 비교한다(박정일, 2001, 332~33쪽).

모든 사람은 죽는다.
김구는 사람이다.
그러므로 김구는 죽는다.

여기에서 박정일 박사는 대전제를 언어적인 것으로서 파악하고 결론을 특수 사건으로서 파악하며 소전제를 생략해서 다음과 같은 적용의 개념을 얻는다.

모든 사람은 죽는다. (보편명제)
김구는 죽는다. (특수한 사건)

김구는 사람이다. (생략된 전제)

박정일 박사는 생략된 전제를 "적용의 근거"라고 부른다. 그리고 "모든 사람은 죽는다"라는 보편명제가 김구가 죽는 특수한 사건에 적용될 수 있는 근거는 김구가 사람이라는 점, 또는 우리가 그렇게 간주한다는 점에 있다고 말한다.

박정일 박사는 이를 바탕으로 자연과학적 명제에 대한 적용의 경우를 살펴본다. "모든 백조는 하얗다"라는 보편명제를 어떤 백조 A에 적용하려고 하는데 A가 돌연변이여서 검다고 하자. 그러면 우리는 여기에 대해서 어떻게 말하게 될 것인가? 여기에서 적용의 근거는 "A는 백조이다"이다. 박정일 박사는 우리가 이 적용의 근거를 고수하게 될 것이라고, 즉 여전히 A가 백조라고 말하게 될 것이라고 주장한다. 그리고 A는 가정상 검다. 그래서 그는 우리가 적용항 "모든 백조는 하얗다"를 수정하게 될 것이라고 말한다.

그러나 위의 예에서 적용의 근거를 고수해야 할 것인지 아닌지의 문제는 쉽게 단정할 수 없는 복잡한 문제라고 생각한다. 돌연변이인 검은 백조가 있다면 우리는 그 백조의 돌연변이 정도가 어느 만큼인지를 정밀 조사하고 난 뒤에야 그것을 백조라고 부를지의 여부를 신중히 결정할 것이다. 그리고 이는 전적으로 생물분류학의 문제이다.[1] 검은 백조도 백조라는 박정일 박사의 주장은 우리말의 어법상 일종의 모순이라는 점도 지적하고 싶다. 백조(白鳥)라는 낱말에 이미 그것의 색깔[白]이 규정되어 있기 때문이다.

양자역학의 논리적 기초에 관심을 가진 일군의 논리학자(K. Lambert, 1969a), 수학자(G. Birkhoff and von Neumann, 1936), 철학자(H. Reichenbach, 1944; Putnam, 1969)들은 기존의 2치 논리나 배분법칙이 양자역학에 (예컨대 쌍슬릿 실험 결과의 서술에) 적용되었을 경우 적용에 실패한다고 주장하면서 기존 논리학에 대한 다양한 수정안들을 양자논리학이라는 이름 하에

---

[1] 박정일 박사의 논의는 이를 문제삼지 않거나 생략한 채 애초부터 A를 백조로 가정, 혹은 규정한 상태에서 전개되는 것으로 해석될 수도 있다. 그렇다면 모든 것은 그가 구성한 삼단논법을 닮은 형식논리적 추론의 타당성 문제로 간단히 환원된다. 이러한 환원적 해석에 논리적 결함이 있는 것은 아니지만 정작 다루어져야 할 문제가 빠져 있다는 인상을 지우기 어렵다.

제시해왔다. 양자역학이 정말 기존의 논리학을 위배하고 있는지, 2치 논리나 배분법칙이 양자역학에 적용되었을 경우 발생하는 사건이 적용의 실패인지 혹은 잘못 적용한 경우인지는 아직도 해결을 보지 못한 난제들이다. 그 주요한 이유는 다양하게 제시된 양자논리학이나 양자역학의 형식 체계에 문제가 있어서라기보다 양자역학의 해석 문제가 아직 정리되지 않은 상태이기 때문이다. 양자논리학의 위상을 둘러싼 논쟁은 수학을 자연과학이나 자연현상에 적용하는 경우에 적용의 근거의 고수 여부를 결정하는 것이 매우 까다롭고 복잡한 문제임을 시사한다. 이러한 상황을 감안할 때 수학의 적용이 항상 성공적인 적용이라는 박정일 박사의 주장은 그 과정에 대한 논의를 생략한 단순 명쾌한 단정으로 보인다. 우리는 거기에 생략된, 과정에 대한 심도 있는 논의가 유효할뿐더러 절실히 필요하다고 본다.

적용의 근거를 고수할 것인지에 대한 논의 과정을 생략했을 때 (a) 박정일 박사가 예로 든 검은 백조의 경우, (b) 뉴턴 역학의 경우, 그리고 (c) 우리가 예로 든 양자역학의 경우는 다음과 같은 동일한 등식 E에 대한 세 가지 해석으로 정리할 수 있다.

(등식 E) $L + P' = L' + P$

(a) L과 L'에 각각 적용의 근거("A는 백조이다")의 고수와 수정을 대입하고, P와 P'에 각각 적용항("모든 백조는 하얗다")의 고수와 수정을 대입하자. 그렇다면 등식의 좌변은 검은 새 A가 백조라는 것을 고수하는 대신 "모든 백조는 하얗다"라는 보편명제를 수정하는 경우이고, 우변은 검은 새 A를 백조로 인정하

지 않는 대신 "모든 백조는 하얗다"라는 보편명제를 고수하는 경우이다.

(b) L과 L'에 각각 뉴턴 역학의 제대로 된 적용과 잘못된 적용을 대입하고, P와 P'에 각각 뉴턴 역학의 고수와 수정을 대입하자. 그렇다면 등식의 좌변은 박정일 박사가 330쪽에서 든 예를 뉴턴 역학이 제대로 적용된 것으로 보고 뉴턴 역학을 수정하는 경우이고, 우변은 뉴턴 역학이 잘못 적용된 것으로 보고 뉴턴 역학을 고수하는 경우이다.

(c) L과 L'에 각각 고전 논리학의 제대로 된 적용과 잘못된 적용을 대입하고, P와 P'에 각각 고전 논리학의 고수와 수정을 대입하자. 그렇다면 등식의 좌변은 우리가 예로 든 양자역학의 상황을 고전 논리학이 제대로 적용된 것으로 보고 고전 논리학을 수정하는 경우이고, 우변은 고전 논리학이 잘못 적용된 것으로 보고 고전 논리학을 고수하는 경우이다.

(a), (b), (c) 세 경우 모두 좌변과 우변은 각각 등식 E를 만족시키는 방식으로 해석될 수 있다. (a), (b), (c) 세 경우 모두 등식의 좌, 우변 어느 쪽을 택해도 결과는 다른 쪽을 택했을 때와 다르지 않다. 콰인-듀앙 P. Duhem 테제로 표현되는 전체론도 선택에 대한 이러한 자유방임적 태도를 부추길 수 있다. 그러나 실질적으로는 선택이 자의적으로 이루어지지 않는다. 각 경우마다 그에 연관되는 여러 가지 조건과 변수들을 고려해야 한다. 양자역학에 올바른 논리적 근거를 주기 위해 기존의 논리학을 양자논리학에 의해 수정, 혹은 대체하는 방안의 득실을 저울질하던 콰인은 기존의 논리학을 고수하는 입장을 택했다 (Quine, 1970, 86쪽). 그러나 그러한 그도 논리학이 경험에 의해 수정될 수 있는 여지를 인정했다는 점에 우리는 주목할 필요가 있다(Quine, 1951, 6절).[2]

8.3 게임 천국

박정일 박사는 같은 논문에서 『비트겐슈타인이 살아 있다면』에서 전개된 우리의 비트겐슈타인 해석에 대해 다음과 같은 비판을 가하고 있다(인용 쪽수는 이 책의 체제에 맞추었다).

이승종은 『비트겐슈타인이 살아 있다면』의 4장, 110쪽에서 비트겐슈타인이 "모순에 대한 수학자의 미신적인 공포와 숭배" (RFM, 122쪽)가 "게임의 비유를 수학에 무비판적으로 적용한 데서 비롯된다고 본다"라고 주장한다. 그러나 이는 공허한 주장이거나 아니면 오류이다. "**무비판적인**" 적용이 문제라면 어떤 비유든 그럴 수 있다. 그리고 "게임의 비유"로부터 "공포와 숭배"가 나온다는 것은 평형이 맞지 않는다. 이는 그저 프레게의 경우를 보아도 알 수 있다. 또한 그가 그러한 주장의 근거로서

---

2 적용의 문제를 벗어나 상대성 이론과 양자역학 자체에 대해서도 위의 등식을 가지고 설명할 수 있다.
  상대성 이론: L과 L'에 각각 유클리드 Euclid 기하학과 비유클리드 기하학을 대입하고, P와 P'에 각각 고전 물리학의 일정한 법칙들의 고수와 수정을 대입하자. 그렇다면 좌변은 유클리드 기하학을 고수하는 대신 고전 물리학의 법칙들을 수정하는 경우(푸앵카레 H. Poincaré)이고, 우변은 비유클리드 기하학을 도입함으로써 그 법칙들을 그대로 고수하는 경우(아인슈타인)이다.
  양자역학: L과 L'에 각각 고전 논리학과 양자논리학을 대입하고, P와 P'에 각각 기존의 일정한 물리적 서술들의 고수와 수정을 대입하자. 그렇다면 좌변은 고전 논리학을 고수하는 대신 기존의 물리적 서술들을 수정하는 경우(콰인)이고, 우변은 양자논리학을 도입함으로써 그 서술들을 그대로 고수하는 경우(라이헨바흐/퍼트남)이다. 앞서와 마찬가지로 이 두 경우에도 등식의 좌, 우변 어느 쪽을 택해도 결과는 다른 쪽을 택했을 때와 다르지 않다. 콰인-듀앙 테제는 선택의 여지를 충분히 열어주고 있다. 그러나 분명 선택은 이루어지며 그 과정에는 결코 자의적이지 않은 심사숙고가 수반된다. 예컨대 과학사는 푸앵카레가 아닌 아인슈타인의 손을 들어주었다. 거기에 그럴 만한 충분한 이유가 있었다는 것은 아인슈타인 패러다임의 눈부신 성공이 대변해주고 있다. 상대성 이론과 양자역학에 대한 위의 논의에 관해서는 각각 다음을 참조할 것. R. Carnap, 1966, 15장; M. Redhead, 1987, 153쪽.

제시하는 비트겐슈타인의 『철학적 문법』, 304~05쪽에 대한 해석은 혼란스럽다. 사실상, 거기에서 비트겐슈타인이 논의하고 있는 것은 위의 주장과는 거의 관련이 없다. 특히 『비트겐슈타인이 살아 있다면』의 4장의 141쪽, 첫번째 단락은 위의 주장과 상충한다고 여겨진다. (박정일, 2001, 338쪽)

좀더 자세한 설명을 부탁한 내게 박정일 박사는 편지를 통해 다음과 같이 설명했다.

선생님께서는 모순에 대한 공포와 숭배가 게임의 비유를 무비판적으로 적용한 데서 왔다고 비트겐슈타인이 진단했다고 주장했습니다. 그러나 이는 결코 비트겐슈타인의 주장이라고는 생각되지 않습니다. 게임으로부터 공포와 숭배가 나온다고 말하는 것은 상식에도 부합하지 않을 것입니다.

선생님께서는 4장 110쪽에서 '모순'과 '금지'의 혼동에 대해서 언급하고 있습니다. 그러나 비트겐슈타인의 『철학적 문법』, 304~05쪽에는 그런 언급이 없습니다. 또한 110쪽에서의 선생님의 언급은 명료하지 않다고 생각합니다. 특히 다음의 언급이 그렇습니다.

수학의 규칙들이 서로 모순을 일으키면 우리는 이들 중 최소한 어느 하나를 금지하거나 제거해야 한다고 생각한다. 그러나 비트겐슈타인은 모순된 규칙은 규칙이 아니라고 하는 규정 하에서만 모순의 금지가 요구된다는 사실을 강조한다. 규정은 바뀔 수도 있는 것이다.

엄밀하게 말하면 비트겐슈타인은 모순은 규칙이 될 수 없다고 보고 있습니다. 즉 모순된 규칙은 규칙이 아니라는 것은 비트겐슈타인에게는 '규정'이 아니라 문법적으로 참인 언명입니다. 그래서 위의 두번째 문장은 썩 만족스럽지 않습니다. 또한 『철학적 문법』, 305쪽을 자세히 살펴보면, 그런 식의 언급은 없습니다. 선생님께서는 "unless we have made some stipulation that it contradicts"라는 언급을 그렇게 파악한 것으로 보입니다만 과연 이 언급을 그렇게 해석하는 것이 옳은지 저는 의문입니다.

어쨌든 『철학적 문법』, 303~05쪽에는 앞의 선생님의 주장을 뒷받침할 어떤 언급도 없다고 생각합니다. 오히려 게임의 비유는 공포와 숭배를 낳게 하는 것이 아니라 선생님께서 141쪽에서 언급한 바와 같이 모순을 다른 관점에서 바라보게 합니다. 141쪽의 선생님의 언급을 다시 보시기 바랍니다. 어떻게 그러한 비유로부터 공포와 숭배가 나오겠습니까?

우리는 게임의 비유로부터 공포와 숭배가 나온다고 말하지 않았다. 게임으로부터 공포와 숭배가 나온다고 말하는 것이 상식에 부합하지 않는다는 박정일 박사의 지적에는 우리도 공감한다. 수학을 게임에 비유하는 것은 비트겐슈타인과 그가 비판하는 형식주의자들이 공유하고 있는 부분이다. 그런데 비트겐슈타인은 형식주의자들이 게임의 비유를 남용하고 있다고 지적한다. 그들에게 만연된 모순에 대한 두려움의 원인도 이 남용에서, 혹은 오용(誤用)에서 비롯된다는 것이 형식주의에 대한 비트겐슈타인의 비판의 핵심이다. 우리는 그 중에서도 형식주의의 무모순성 증명의 이념에 대한 그의 비판에 초점을 맞추었다. 비유는 여타의 학문에서뿐 아니라 철학에서도—제대로만 사용한다면—해명과 이해의 유용한 도구일 수 있다. 문제는 그것의 올바른 적용이다. 이러한 맥락에서 비트겐슈타인은 형식주의자들이 수학을 해명하는 과정에서 게임의 비유를 어떻게 남용하고 오용했는지, 그리고 게임의 비유는 수학의 해명에 어떻게 올바로 적용되어야 하는지를 구별하고자 했던 것이다.

게임의 비유를 수학에 적용하는 것의 올바름 여부를 가늠할 수 있는 척도의 하나는 모순에 대한 태도이다. 비트겐슈타인은 수학에서 모순이 두려움의 대상이어야 하는지의 문제를 게임을 행하는 과정에서 규칙들 사이에 모순이 발생했을 때 우리가 취하는 태도와 조처를 참조함으로써 해명하려 한다. 그 과정에서 형식주의에 만연된 모순에 대한 두려움의 기원과 문제점을 밝혀낸다. 4장에서 우리는 모순을 금지와 동치시키는 태도를 두려움의 기원으로, 그러한 태도의 무반성성, 무근거성을 문제점으로 꼽았다. 이러한 해석은 비트겐슈타인의 다음과 같은 언명에 근거한다.

10. "규칙은 모순을 범해서는 안 된다"는 "시곗바늘이 느슨해서는 안 된다"는 명령과 유사하다. 우리는 이유를 예상한다. 왜냐하면 그렇지 않다면…… 그러나 첫번째 경우에서 그 이유는 다음과 같아야 할 것이다. 왜냐하면 그렇지 않다면 그것은 규칙이 아닐 것이기 때문이다. 다시 한 번 우리는 논리적 근거를 댈 수 없는 문법적 구조와 마주하게 된다.[3] (PG, 304쪽)

---

[3] 8.5에 위의 인용문이 속해 있는 비트겐슈타인의 『철학적 문법』, 2부 3장 14절(303~05쪽)을 우리말로 옮겼다. 이 절의 취지에 대해 박정일 박사와 우리의 견해 사이에 적지 않은 차이가 있기 때문이다. 논의의 편의를 위해 원문에는 없는 단락 번호를 매겼다.

인용문의 첫 문장은 모순을 금지와 동일시하는 태도를 표현하고 있다. 그 이하의 문장들은 이러한 태도가 (논리적) 이유나 근거를 결여하고 있음을 말하고 있다.

박정일 박사는 모순이 규칙이 될 수 없다는 것이 비트겐슈타인의 견해라고 본다. 그리고 모순된 규칙은 규칙이 아니라는 것이 비트겐슈타인에게는 문법적으로 참인 언명이라고 본다. 이러한 해석은 비트겐슈타인의 텍스트와 일정 부분 부합한다. 예컨대 다음과 말이다.

6. "규칙은 서로 모순을 일으킬 수 없다"는 "이중 부정은 부정을 야기할 수 없다"와 같다. 즉 'p'가 규칙이면 'p · ~p'는 규칙이 아니라는 것이 '규칙'이라는 낱말의 문법의 일부이다. (PG, 304쪽)

그러나 비트겐슈타인은 곧이어 다음과 같이 부연한다.

7. 그것은 우리가 또한 이렇게 말할 수 있음을 의미한다. '규칙'이라는 낱말의 쓰임에 관한 규칙이 다를 때— '규칙'이라는 낱말이 다른 의미를 지닐 때—규칙들이 서로 모순을 일으킬 수 있다. (PG, 304쪽)

비트겐슈타인은 이처럼 (규칙들이 서로 모순을 일으킬 수 있는) 여지를 열어놓는다. 이러한 열린 태도가 비트겐슈타인 철학의 매력이라면 매력이다. 그래서 위의 두 인용문 중 박정일 박사가 §6을 강조한다면 우리는 §7을 강조하고 싶다. 그 까닭은 §6의 내용만이 참이라는 근거를 댈 수 없기 때문이다. 비트겐슈타인도 이 점을 짚어주고 있다. 그는 §7에 이어서 바로 이렇게 말한다.

8. 여기서도 우리는 어떠한 근거를 댈 수 없다(생물학적, 역사적, 혹은 모종의 근거를 제외하고는 말이다). 우리가 할 수 있는 것의 전부는 어떤 낱말들에 관한 규칙들 사이의 일치나 불일치를 정하고서는 이 낱말들이 이 규칙들에 따라 쓰여지고 있다고 말하는 것이다. (PG, 304쪽)

비트겐슈타인은 다른 곳에서 문법, 규칙, 게임 등의 변화의 여지가 상대적으로 큰 분야로 수학을 꼽았다. 그는 이렇게 말한다.

우리가 '기호' '낱말' '문장'이라고 부르는 것의 수많은 상이한 종류의 쓰임이 있다. 그리고 이 다양성은 한 번 주어진 채로 고정되지 않는다. 새로운 형태의 언어, 새로운 언어 게임이라 부를 수 있는 것이 생겨나고, 다른 것들은 낡아 잊혀진다(우리는 이에 대한 **대략적인 그림**을 수학에서의 변화에서 찾을 수 있다). (PI, §23)

그러한 변화의 한 가능성을 비트겐슈타인은 『철학적 문법』에서 다음과 같이 구체적으로 묘사하고 있다.

11. 어떤 점을 통과하는 하나의 직선은 그 뒤에 단 하나의 연장continuation만을 가질 수 있다는 것에 대한 간접 증명에서 우리는 하나의 직선이 두 연장을 가질 수 있다고 가정한다.—우리가 그렇게 가정한다면 그 가정은 말이 되어야 한다.—그러나 그러한 가정을 한다는 것은 무엇을 의미하는가? 그것은 사

자의 꼬리가 둘이라는 가정과 같이 자연사(自然史)에 반(反)하는 가정을 하는 것이 아니다.—그것은 확인된 사실에 반하는 가정을 하는 것이 아니다. 그것이 의미하는 바는 규칙을 가정하는 것이다. 그리고 그것이 다른 규칙과 모순을 일으키며 그 이유 때문에 내가 그 규칙을 받아들이지 않는다는 것을 제외한다면 그 무엇에 반하는 것도 아니다.

그 증명에 직선이 둘로 나뉨을 묘사하는 다음과 같은 그림이 있다고 가정해보자.

우리가 그 그림이 모순을 일으킨다는 어떤 규정을 만들지 않는다면 그 그림에는 어떠한 불합리한(모순된) 점도 없다. (PG, 305쪽)

직선이라는 낱말의 문법을 고정시켜놓고 본다면, 하나의 직선이 두 연장을 가질 수 있다는 명제는 직선이라는 기존의 문법과 모순을 일으키므로 직선이라는 낱말의 규칙, 혹은 문법일 수 없다. 그러나 직선이라는 낱말의 문법이 달라질 수 있는 여지를 인정한다면, 하나의 직선이 두 연장을 가질 수 있다는 명제에 대한 우리의 태도도 달라질 수 있다. 이러한 여지는 수학사에서 왕왕 새로운 이론이 탄생하게 되는 출발점이 되곤 했다.

4장에서 우리는 직선 밖의 한 점에서 그 직선에 이르는 수선(垂線)이 오직 하나만 존재함에 대한 귀류법적 증명을 살펴보았다. 이 증명에서 증명되는 정리의 부정에 대해서도 우리는 두 가지 상이한 태도를 가질 수 있다. 기하학의 문법을 유클리드의 문법 하나로 고정시켜놓고 본다면, 직선 밖의 한 점에서 그 직선에 이르는 수선이 오직 하나만 존재한다는 정리의 부정은 기존의 문법과 모순을 일으키므로 불합리한 것으로 간주된다. 그러나 기하학의 문법이 달라질 수 있는 여지를 열어준다면, 그 부정이 반드시 불합리한 것으로 간주될 필요는 없다. 예컨대 리만B. Riemann 기하학의 문법에서 직선 밖의 한 점에서 그 직선에 이르는 수선은 무수히 많을 수 있는 것이다. 위의 두 인용문〔PI, §23; PG, 305쪽(§11)〕에 나타난 비트겐슈타인의 태도는 이러한 두 가지 태도 중에서 후자에 더 가깝다는 것이 우리의 생각이다.

8.4 험한 세상의 다리

우리의 비트겐슈타인 해석에 대한 박정일 박사의 두번째 비판은 다음과 같은 문맥에서 제기된다.

> 유모순적인 계산 체계를 제대로 적용하는 것(또는, 적용했다고 간주하는 것)은 가능한가? 이때 여전히 우리는 잘못 계산하지 않았고, 다른 것이 적절하거나 정상적이며, 더구나 그것을 '계산 체계'라고(또는 그 행위가 '계산하기'라고) 불러야 한다고 말할 수 있는가? (이하 중략) 비트겐슈타인은 그것을 제대로 적용하는 것이 가능하다고 말한다. 요컨대 그러한 체계로 다리를 지은 사람들은 자신들이 제대로 적용했다고 말할 수 있으며, 그렇게 간주할 것이냐의 여부는 "정의의 문제 a matter of definition"(LFM, 215쪽)이다. (박정일, 2001, 335~36쪽)

이어서 박정일 박사는 다음과 같이 말한다.

> 이승종은 이러한 비트겐슈타인의 논점을 놓치고 있다(『비트겐슈타인이 살아 있다면』, 4장, 125~26쪽). 그는 비트겐슈타인의 "정의의 문제"를 "정의에 의한 참"으로 잘못 파악했고 결과적으로, 그의 의도와는 달리, 이 점에 관한 한 튜링의 손을 들어주고 있다. (박정일, 2001, 336쪽)

좀더 자세한 설명을 부탁한 내게 박정일 박사는 편지를 통해 다음과 같이 설명했다.

> 선생님께서는 4장, 126쪽에서 "어떻게 모순된 계산법을 그렇지 않은 계산법과 같은 방식으로 사용할 수 있다는 말인가?"라고 말하고 있습니다. 선생님께서 이 말을 통해 주장하는 것은 "같은 방식으로 사용할 수 있다"고 비트겐슈타인이 보았다는 것입니다. 그러나 127~29쪽에서의 선생님의 논의는 결국 "같은 방식으로 사용될 수 없다"에 맞춰져 있다고 생각됩니다.
>
> 사실상 저는 127~29쪽에서의 선생님의 논의가 명료하지 않다고 생각합니다. 특히, 해당 쪽의 **둘째** 논점에 관련해서 그렇습니다.

위의 인용문에서 인용된 질문에 대한 우리의 답변은 "'같은 방식으로 사용할 수 있다'고 비트겐슈타인이 보았다"는 것이 아니다. 그 이유는 앞으로의 논의를 통해 밝혀질 것이다. 그러나 만일 우리의 질문이 이러한 답변을 유도하고 있는 것처럼 읽혀진다면 그것은 우리의 책임일 것이다.

이제 박정일 박사의 편지로 다시 돌아가보자.

128쪽의 그림에 대해서 비트겐슈타인이 말했던 것은, "같은 방식으로 사용할 수 있다"고 말해야 하느냐 하는 점은 "정의의 문제"라는 것입니다. 정의에 의해서 무조건 같은 방식으로 사용될 수 없다는 것이 아닙니다. 그런데 선생님께서는 128쪽에서 그 그림과 관련된 것을 129쪽에서

모순된 계산법이 계산법으로 간주될 수도 없음을 의미한다면 그 명제는 "같은 방식"이라는 표현의 정의에 의해서 참이 된다

라고 말하고 있습니다. 그러나 그 그림과 선생님의 이 언급은 과연 부합할까요? 먼저 127쪽에서는 선생님께서는 다음과 같이 언급했습니다.

둘째, 모순된 계산법의 사용이 **모순되지 않은 계산법의 사용과 "같은 방식의 사용"**이 아님을 의미할 수도 있다.

이 두 언급은 완전히 상이한 논점을 각각 포함하고 있다고 여겨집니다. 또한 "계산법으로 간주될 수도 없음을 의미한다면"이라는 언급은 128쪽 그림에서는 두번째 그림의 것이 가령 "전극이나 단자라고도 말할 수 없다면"을 뜻하게 될 것이고 이는 비트겐슈타인의 의도와는 관계가 없습니다. 그래서 위의 첫번째 언급은 논점을 일탈하고 있다고 생각합니다. '계산법'으로 간주할 수도 없는 경우는 비트겐슈타인과 튜링의 논쟁에서는 문제가 되지 않습니다. 계산법으로 간주할 수도 없다면 왜 그 적용을 문제삼아야 할까요?

따라서 선생님께서는 128쪽의 그림과 부합해서 "모순된 계산

법이 계산법으로 간주되는 경우"를 언급해야만 할 것이고(사실상, 선생님의 글에서는 위의 두번째 인용문에 해당되는 것이 논의되고 있지 않습니다), 그렇게 되면 다시 선생님께서는 128쪽에서와 같이 "정의에 의해 참"이라고 언급할 것이라고 생각됩니다. 그래서 저는 결국 이 점에 관한 한 선생님께서 선생님의 의도와는 달리 튜링의 편에 섰다고 생각합니다.

정의의 문제와 정의에 의한 참의 구분에 근거한 박정일 박사의 비판에 대해 먼저 살펴보겠다. A의 일정한 사용 방식을 x로 기호화했을 때, A가 x의 방식으로 사용되는 모든 경우를 A가 같은 방식으로 사용되고 있는 경우라고 정의하자. 그렇다면 A가 y의 방식으로 사용되고 x ≠ y일 경우, A가 x와 같은 방식으로 사용되고 있다고 간주할 것이냐의 여부는 정의의 문제이다. 그리고 "A가 각각 x와 y의 방식으로 사용되고 x ≠ y일 경우, A가 같은 방식으로 사용되고 있다"는 명제의 진리치는 정의에 의해 거짓이다. 마찬가지로 "A가 각각 x와 y의 방식으로 사용되고 x = y일 경우, A가 같은 방식으로 사용되고 있다"는 정의에 의해 참이다. 이처럼 우리는 정의의 문제와 정의에 의한 참/거짓의 문제는 서로 밀접히 연관되어 있다고 본다.

다리를 건설하는 데 모순된 계산법을 그렇지 않은 계산법과 같은 방식으로 사용할 수 있는지의 문제를 살펴보기로 하자. 이 문제에 대한 경우의 수는 아래와 같이 둘이다.

(1) 모순된 계산법을 그렇지 않은 계산법과 같은 방식으로 사용할 수 있다.

(2) 모순된 계산법을 그렇지 않은 계산법과 같은 방식으로 사용할 수 없다.

비트겐슈타인에 의하면 이 문제 역시 정의의 문제이다. 정의 여하에 따라 (1)과 (2)의 진리치는 각각 (정의에 의해) 참일 수도 거짓일 수도 있다. 비트겐슈타인은 (2)에 초점을 맞추어 논의를 전개한다. 그에 의하면 (2)는 애매 모호하다. 그것이 다음과 같이 두 가지 다른 의미를 가질 수 있기 때문이다.

(2.1) 다리를 건설하는 데 모순된 계산법을 사용할 수 없다.
(2.2) 모순된 계산법의 사용이 모순되지 않은 계산법의 사용과 같은 방식의 사용이 아님을 의미한다.

만일 (2.1)이 튜링의 주장처럼 계산법에 의거해 건설된 다리는 무너진다는 사실을 의미한다면 그것은 정의에 의해서 참이거나 거짓인 명제가 아니라 경험적 명제이다. 다리가 무너지는지의 여부는 계산법이 아닌 물리학에 의해서 결정될 일이다. 계산법은 다리와 같은 사실적 대상에 관한 것이 아니므로 계산법 때문에 다리가 무너진다는 말은 문법적 오류에 해당한다. 계산법 자체는 참도 거짓도 아니며 단지 그것을 이러저러한 경우에 사용할 수 없을 뿐이다.
(2.2)가 참일 수 있는 경우로 우리는 다음의 두 가지를 생각해볼 수 있다.

(2.21) 모순된 계산법이 계산법으로 인정되지 않는 경우.
(2.22) 모순된 계산법이 계산법으로 인정되며 그 사용이 모순되지 않은 계산법의 사용과 같은 방식의 사용이 아닌 경우.

박정일 박사도 지적하고 있듯이 (2.21)의 경우는 적어도 튜링/비트겐슈타인의 논쟁에서는 문제가 되지 않는다. (2.22)의 경우에 대해서 우리는 다시 다음과 같은 두 가지 답변을 생각할 수 있다.

(2.221) 모순된 계산법이 계산법으로 인정되며 그 사용이 모순되지 않은 계산법의 사용과 같은 방식의 사용이 아닌 경우가 성립한다는 명제는 정의에 의해서 참이다.

(2.222) 모순된 계산법이 계산법으로 인정되며 그 사용이 모순되지 않은 계산법의 사용과 같은 방식의 사용이 아닌 경우는 이러저러한 이유로 성립한다.

박정일 박사는 우리가 (2.221)을 택할 뿐 (2.222)에 대한 논의를 빠뜨리고 있다고 비판한다. (2.221)만으로는 비트겐슈타인에 대한 튜링/치하라의 비판에 대처할 수 없고, 그래서 오히려 우리가 이 점에 관한 한 "의도와는 달리 튜링의 편에 섰다"고 평가한 것 같다. 박정일 박사가 문제삼는 부분(4장, 127~29쪽)에서는 (2.222)가 논의되고 있지 않다. 그러나 (2.222)는 이 책 4장의 전체에 걸쳐 다루어지고 있으며 특히 126~27쪽 (1)에 비교적 자세히 상술되어 있다. 거기서의 논의는 박정일 박사의 논문 336~37쪽의 내용과 거의 일치한다.

문제는 (2.221)이 비트겐슈타인의 입장에 반(反)하는 것인가 하는 점이다. (2.221)에 표현된 정의에 의한 참은, 그 자체만으로는 내용에 대한 부연과 논의가 결여된 형식적 조처이다. 그리고 비트겐슈타인의 말처럼 우리는 "아무거나 **동일한 사용**이라고 부르려 하지 않을 것이다"(LFM, 215쪽).[4] 따라서

---

4 이는 이 책의 4장, 129~30쪽 (3)에서 논의되고 있다.

(2.222)에서와 같은 부연과 논의가 필요하다. 그렇다고 해서 (2.221)이 비트겐슈타인의 입장에 반하는, 튜링의 편에 선 명제라고 보기는 어렵다. 그 이유는 다음과 같다. 첫째, 박정일 박사도 언급하고 있듯이 비트겐슈타인은 (2.221)에 언급된 경우의 성립 여부가 정의의 문제라고 보고 있다. 둘째, 앞서 보았듯이 우리는 정의의 문제에서 정의에 의한 참/거짓의 문제를 이끌어낼 수 있다. 셋째, (2.222)에서와 같은 부연과 논의는 (2.221)과 상충되지 않는다. 오히려 (2.221)에 그 바탕을 두고 있는 것으로 볼 수 있다. 앞서 보았던 비트겐슈타인의 『철학적 문법』, 14절의 §8은 (2.221)이 (2.222)의 테두리로 작용하고 있음을 말하는 것으로 읽을 수 있다.

8.5 무모순성 증명(비트겐슈타인)[5]

[303] 1. 한 체계의 공리들에서의 모순은 드러나기 전까지는 사실 어떠한 해도 끼칠 수 없다고 내게 말하는 무언가가 있다. 우리는 숨은 모순을, 명백한 방식으로 나타나지 않는 경우에조차 (그리고 아마도 바로 그 이유 때문에) 해를 미치는 숨은 질병과 같은 것으로 생각한다. 그러나 어떤 특정한 경우에 상호 모순을 일으키는 두 규칙들은 그러한 경우가 생길 때까지는 완벽한 제 질서 하에 있다. 그때 가서야 비로소 다른 어떤 규칙에 의해 둘 중 하나를 택하는 결정을 내리는 일이 불가피하게 된다.

---

[5] 박정일 박사와 우리가 그 해석을 달리하고 있는 비트겐슈타인의 『철학적 문법』, 2부 3장 14절(303~05쪽)을 우리말로 옮겨보았다. 논의의 편의를 위해 원문에는 없는 단락 번호를 매겼다. 〔 〕 안의 번호는 원문의 쪽수를 가리킨다.

2. 오늘날 수학자들은 공리들의 무모순성 증명에 관해 법석을 떨고 있다. 나는 한 체계의 공리들 내에 모순이 있다 해도 그것이 그렇게 큰 불행은 아닐 거라는 느낌을 갖고 있다. 그 모순을 제거하는 것처럼 쉬운 일도 없을 것이다.

3. "공리 체계의 무모순성이 증명되기 전에는 그 체계를 사용해서는 안 될 것이다."

"게임의 규칙들에서는 어떠한 모순도 발생하지 않을 것이다."

왜? "모순이 발생한다면 게임을 어떻게 행해야 할지 모를 테니까."

우리는 모순에 대해 어떠한 반응도 취하지 않는다. 우리는 다만 다음과 같이 말할 수 있을 뿐이다. 만일 그것이 정말이라면(모순이 존재하게끔 되어 있다면) 나는 그것을 이해할 수 없다. 혹은 이렇게 말할 것이다. 나는 그것에 대해 아는 바가 없다. 나는 그 기호(모순)를 이해하지 못한다. 그것에 대해 무엇을 어떻게 해야 하는지, 그것이 명령인지 등에 대해서 아는 바 없다.

4. 누군가 산술의 일반적 공리에다 2 × 2 = 5라는 등식을 추가하고자 한다고 가정해보자. 이는 물론 등호의 의미가 변했음을, 즉 이제 등호에 관한 상이한 규칙이 있을 것임을 의미한다.

[304] 5. "나는 그것을 대입 기호로 사용할 수 없다"고 추론한다면, 그것은 그 기호의 문법이 더 이상 "대입한다"("대입 기

호" 등등)라는 낱말의 문법에 맞지 않음을 의미할 것이다. 왜냐하면 그 명제에서 "할 수 있다"는 물리적(생리적, 심리적) 가능성을 지시하지 않기 때문이다.

6. "규칙은 서로 모순을 일으킬 수 없다"는 "이중 부정은 부정을 야기할 수 없다"와 같다. 즉 'p'가 규칙이면 'p · ~p'는 규칙이 아니라는 것이 '규칙'이라는 낱말의 문법의 일부이다.

7. 그것은 우리가 또한 이렇게 말할 수 있음을 의미한다. '규칙'이라는 낱말의 쓰임에 관한 규칙이 다를 때— '규칙'이라는 낱말이 다른 의미를 지닐 때—규칙들이 서로 모순을 일으킬 수 있다.

8. 여기서도 우리는 어떠한 근거를 댈 수 없다(생물학적, 역사적, 혹은 모종의 근거를 제외하고는 말이다). 우리가 할 수 있는 것의 전부는 어떤 낱말들에 관한 규칙들 사이의 일치나 불일치를 정하고서는 이 낱말들이 이 규칙들에 따라 쓰여지고 있다고 말하는 것이다.

9. 이 규칙들이 이 행위의 규칙들로서 사용될 수 있음을 보이거나 증명할 수 없다.
그 행위에 대한 기술(記述)의 문법이 그 규칙들과 맞음을 보이지 않고서는 말이다.

10. "규칙은 모순을 범해서는 안 된다"는 "시곗바늘이 느슨해서는 안 된다"는 명령과 유사하다. 우리는 이유를 예상한다. 왜냐하면 그렇지 않다면…… 그러나 첫번째 경우에서 그 이유

는 다음과 같아야 할 것이다. 왜냐하면 그렇지 않다면 그것은 규칙이 아닐 것이기 때문이다. 다시 한 번 우리는 논리적 근거를 댈 수 없는 문법적 구조와 마주하게 된다.

11. 어떤 점을 통과하는 하나의 직선은 그 뒤에 단 **하나의** 연장continuation만을 가질 수 있다는 것에 대한 간접 증명에서 우리는 하나의 직선이 두 연장을 가질 수 있다고 가정한다.—〔305〕우리가 그렇게 가정한다면 그 가정은 말이 되어야 한다.—그러나 그러한 가정을 한다는 것은 무엇을 의미하는가? 그것은 사자의 꼬리가 둘이라는 가정과 같이 자연사(自然史)에 반(反)하는 가정을 하는 것이 아니다.—그것은 확인된 사실에 반하는 가정을 하는 것이 아니다. 그것이 의미하는 바는 규칙을 가정하는 것이다. 그리고 그것이 다른 규칙과 모순을 일으키며 그 이유 때문에 내가 그 규칙을 받아들이지 않는다는 것을 제외한다면 그 무엇에 반하는 것도 아니다.

그 증명에 직선이 둘로 나뉨을 묘사하는 다음과 같은 그림이 있다고 가정해보자.

우리가 그 그림이 모순을 일으킨다는 어떤 규정을 만들지 않는다면 그 그림에는 어떠한 불합리한(모순된) 점도 없다.

12. 나중에 모순이 발견된다면 이는 지금까지 규칙이 불명료하고 애매했음을 의미한다. 그러므로 모순은 문제가 되지 않는다. 왜냐하면 우리는 규칙을 공표함으로써 이제 그것을 제거할 수 있기 때문이다.

13. 문법이 분명하게 정해진 체계에 숨은 모순은 존재하지 않는다. 왜냐하면 그러한 체계는 모순을 식별할 수 있는 규칙을 포함하고 있어야 하기 때문이다. 모순은 규칙들이 뒤얽힌 곳에, 문법이 조직화되지 않은 부분에 존재하는 것이라는 의미에서만 숨어 있을 수 있다. 그리고 그것은 문법을 조직함으로써 제거될 수 있는 것이기에 문제가 되지 않는다.

14. 왜 규칙들은 서로 모순을 일으킬 수 없는가? 왜냐하면 그렇지 않다면 그것들은 규칙이 아닐 터이기 때문이다.

9. 비트겐슈타인의 괴델 읽기

9.1 이끄는 말

『수학의 기초에 관한 비트겐슈타인의 1939년 케임브리지 강의』에서 가장 빛나는 부분이 모순에 관한 튜링과의 논쟁이라면 비트겐슈타인의 『수학의 기초에 관한 고찰』에서 가장 빛나는 부분은 괴델의 정리에 관한 논의이다. 그러나 이 부분들은 비트겐슈타인의 수리철학을 대변하는 위의 두 저서에서 가장 어두운 부분이기도 하다. 많은 수학자, 수리논리학자, 수리철학자들은 비트겐슈타인이 튜링과 괴델을 잘못 다루었거나, 혹은 심지어 무모순성 증명과 불완전성 정리의 내용과 의의를 이해 못 했다고 평가해왔다. 이는 비트겐슈타인에 대한 튜링과 괴델 자신들의 부정적 견해와도 무관하지 않다.

우리는 4장에서 첫번째 어두움, 즉 모순에 관한 튜링/비트겐슈타인 논쟁에 드리워진 어두움을 밝혀보려 했다. 이 장에서는 두번째 어두움, 즉 『수학의 기초에 관한 고찰』에 있는 괴델의 정리에 관한 비트겐슈타인의 논의에 드리워진 어두움을 거두어보려 한다.

9.2 과학주의

현대는 과학의 시대이다. 콰인을 위시한 자연주의자들[1]의 관점에서 보자면 철학은 도스이고 과학은 윈도우이다. 만학의 여왕이던 철학은 도스와 윈도우의 뒤바뀐 운명처럼 이제 거꾸로 과학의 한 부분으로 자연화naturalize된다.[2] 철학이 자연화된 마당에 철학의 문제는 과학에 의해, 혹은 과학의 언어학인 수학에 의해 해결될 수 있는 것처럼 보인다. 그래서 예컨대 과학철학에서 결정론과 미결정론 논쟁은 EPR 실험과 벨 J. Bell의 정리에 의해,[3] 언어철학에서 실재론과 반실재론 논쟁은 뢰벤하임 L. Löwenheim/스콜렘 T. Skolem 정리에 의해 해결되었거나 혹은 최소한 해결의 결정적 실마리가 주어진 것처럼 묘사되고 있다. 이러한 분위기는 괴델의 불완전성 정리에 이르러 최고조에 달한다. 괴델의 정리는 수리철학에서 플라톤주의와 형식주의 논쟁에 종지부를 찍은 것으로 여겨질 뿐 아니라 피카소의 그림, 스트라빈스키의 음악, 조이스의 소설이 그러했던 것처럼, 한 장르(수학)를 전복시키고 서구 지성사 전체에까지 여파를 미치는 혁명적 사건으로 간주되고 있다.

비트겐슈타인은 과학의 시대인 이 세기를 암흑기로 보았다. 과학의 시대의 어두움은 모든 것을 과학으로 귀착시키는 환원주의적 사유 방식이 초래하는 진정한 사유의 부재에 있다. 현대인들은 더 이상 사유하지 않는다. 그들은 계산할 뿐이다. 계산이 사유를 대체하는 과정은 형식언어가 자연언어를 대체하고 수리논리학이 철학을 대체하는 과정과 맞물려 있다. 대체와 환원은 차이를 말소하는 작업이다. 계산과 사유의 차이, 형식

---

1 사실 이들은 엄밀히 말해 자연과학주의자들이다.
2 철학의 자연화 작업은 사실 새로운 것이 아니라 철학의 과학화를 주장했던 논리적 경험주의의 유산이다. 그 선두 주자의 하나인 라이헨바흐(Reichenbach, 1951)의 작품 『과학적 철학의 대두 The Rise of Scientific Philosophy』라는 표제가 이를 상징적으로 말해준다.
3 이에 관한 자세한 논의를 위해서는 다음을 참조할 것. 이승종, 1993a.

언어와 자연언어의 차이, 수리논리학과 철학의 차이의 말소는 과학과 철학의 차이의 말소로 소급되며 이것이 바로 과학주의의 주된 이념인 것이다.

9.3 입장들

비트겐슈타인은 말소된 차이를 복원하는 것을 자신의 철학적 사명으로 삼았다. 그는 "나는 당신에게 차이를 가르치겠다"는 『리어 왕』의 구절을 자신의 저서의 첫머리말로 고려한 적도 있다. 우리는 그의 이러한 입장을 분리주의라고 부르고자 한다. 그는 철학을 과학, 수학, 심리학 등 여타의 학문으로부터 분리시키려 한다. 원시 종교를 현대 과학의 입장에서 설명하려는 프레이저J. G. Fraser에 대한 비판, 정신분석을 과학으로 간주하려는 프로이트에 대한 비판, 윤리를 이론에 의해 설명하려는 현대의 3인칭 윤리학에 대한 비판 등은 비트겐슈타인의 이러한 분리주의적 입장에서 비롯된 것이다. 비트겐슈타인이 보기에 위에 열거한 예들은 모두 범주 오류를 범하고 있다.

불행하게도 비트겐슈타인의 분리주의는 비트겐슈타인 학자들에게조차도 잘못 이해되어왔으며 또한 그의 가족 유사 개념과 상충되는 것처럼 폄하되어왔다. 분리주의에 대한 오해는 언어 게임 개념에 대한 오해와 맞물려 있다. 따라서 분리주의를 올바로 이해하려면 언어 게임을 올바로 이해해야 한다. "언어와 그 언어에 얽힌 행위로 구성된 전체"(PI, §7)를 언어 게임으로 정의한 비트겐슈타인은 그 예로 다음을 들고 있다.

명령을 내리고 명령에 복종하기—

대상의 현상을 기술하거나 그 대상을 측정하기―

대상을 기술(그림)에 의하여 구성하기―

사건을 보고하기―

사건에 관해서 성찰하기―

가설을 세우고 시험하기―

실험의 결과를 도표나 도식으로 나타내기―

이야기를 구성하고 그것을 읽기―

연극하기―

노래를 돌려 부르기―

수수께끼를 풀기―

농담을 만들기와 농담을 말하기―

실용 산수 문제를 풀기―

한 언어를 다른 언어로 옮기기―

묻기, 감사하기, 저주하기, 인사하기, 기도하기. (PI, §23)

그는 "여기서 '언어 게임'이라는 용어는 언어를 말하는 것이 행위의 일부, 혹은 삶의 형식의 일부라는 사실을 분명히 하기 위해서 의도된 것"(PI, §23)이라고 말하고 있다. 그리고 게임들이 서로 가족 유사성을 갖고 있듯이 이들 언어 게임들은 서로 가족 유사적으로 연결되어 있다. 우리는 언어 게임에 대한 비트겐슈타인의 이러한 입장을 연결주의라고 부르고자 한다.

비트겐슈타인에 있어서 분리주의와 연결주의는 어떻게 양립할 수 있는가? 우리는 분리주의가 학문이나 담론들 간의 분리를 지시하는데 반해 연결주의는 언어 게임들 간의 연결을 지시하고 있음을 주목할 필요가 있다. 위에 열거한 언어 게임에 수학이나 종교의 언어 게임은 등장하지 않는다. 수학이란 무엇인가? 4장에서 보았듯이 그것은 집합론, 수론, 군론 등의 각론과 계산하기, 증명하기, 규칙따르기 등과 같은 언어 게임들이 씨줄과 날줄로 얽힌 직물이다. 마찬가지로 종교는 교리와 신앙 등이 기도하기와 감사하기 같은 언어 게임과 한데 얽힌 직물이다. 아울러 이들 모두는 인간의 삶의 형식의 일부이다. 따라서 '수학의 언어 게임' '종교의 언어 게임' 혹은 '종교적 삶의 형식' 등은 부정확하거나 부적절한 표현이다.

　수학이 다양한 각론들과 언어 게임들의 얽힘이라면 그 구성 요소에는 차이성과 유사성이 함께 혼재해 있음을 인정해야 할 것이다. 때로는 각론들 사이의 차이성이 환원에 의해 말소될 수도 있다. 19세기에 이루어진 해석학의 산수화 arithmetization가 그 좋은 예이다. 그러나 수학의 모든 분야가 하나의 체계(예컨대 화이트헤드/러셀 체계나 집합론 체계)로 환원된다는 것은 수학에 관련된 모든 언어 게임이 하나의 언어 게임으로 환원되는 것만큼이나 비현실적인 이상이다. 그러한 환원이 이루어진다 해도 그것은 환원되는 내용을 보존하는 차원의 번역이 아니라 그 의미를 새로이 규정하는 재해석이 될 것이다.

　이러한 관점에서 보았을 때 수학을 하나의 통일된 담론으로 간주하고 그 담론의 토대로서 메타 수학이나 수리논리학이라는 토대 담론을 각각 상정하는 힐베르트의 형식주의와 화이트헤드/러셀, 프레게의 논리주의는 수학의 실제를 외면한 매우 인위적인 수리철학이다. 비트겐슈타인은 논리주의나 형식주의가 수학에 기여한 바를 부정하지 않는다. 그가 부정하는 것은 논리주의나 형식주의가 수학의 확고한 토대를 마련한다는 철학적 견해, 즉 수학의 근거가 수학을 떠받치는 어떠한 이론적, 철학적 하부 구조에 의해 마련된다는 견해이다. 수학의 토대는 수학 기초론이나 수리철학과 같은 이론에 의해 설명되는 것이 아니라 수학의 실제를 이루는 계산하기, 증명하기, 규칙따르기 등과 같은 언어 게임에 대한 기술(記述)에서 찾아진다.[4] 우리는 수학의 기초에 대한 비트겐슈타인의 이러한 입장을 반정초주의(反定礎主義)anti-foundationalism라고 부르고자 한다.

비트겐슈타인에 의하면 언어의 의미는 그 언어가 사용되는 문맥에 의해 주어진다. 수학에 있어서 그 문맥은 그 언어가 위치한 좌표계, 즉 체계에 해당하며 체계를 구성하는 적형식은 그 체계 안에서의 쓰임에 의해서 제 역할을 할당받는다. 이처럼 수학의 실제가 체계 내적 작업이라면 메타 수학적 담론은 수학을 구성하고 있는 체계에 대해 어떠한 위계적hierachical 권한을 행사할 수 없다. 요컨대 메타 수학의 메타 언어가 수학의 대상 언어 바깥에 위치하면서 동시에 그 대상 언어에 내재적으로 관여할 수 없다는 것이다. 이러한 연유로 힐베르트의 무모순성 증명과 같은 메타 증명은 다른 모든 증명과 마찬가지로 증명일 뿐이고, 괴델의 불완전성 정리는 다른 불가능성 증명(예컨대 "자와 컴퍼스에 의한 각의 삼등분"이 불가능하다는 반첼Wantzel의 증명)과 마찬가지인 불가능성 증명의 귀결이며, "'수리논리학의 주된 문제'는 우리에게는 다른 모든 것과 마찬가지로 수학의 문제이다"(PI, §124). 우리는 수학 체계의 내적 자율성에 대한 비트겐슈타인의 이러한 입장을 내재적 실용주의internal pragmatism라고 부르고자 한다. 이와 관련해 비트겐슈타인은 다음과 같이 말한다.

우리는 논리적 증명이 논리적인 근본 법칙들과 추론 법칙들의 무제약적인 확실성으로부터 유래된 특이하고 절대적인 증명력을 지닌다는 믿음에 기우는 경향이 있다. 반면에 그렇게 증명

---

[4] 이에 관한 자세한 논의를 위해서는 다음의 글을 참조할 것. 이승종, 1997.

된 명제들은 결국 그 추론 법칙들의 **적용**이 옳다는 것이 확실한 것보다 더 확실할 수 없다. (RFM, 174쪽)

내재적 실용주의는 앞서 살펴본 분리주의와 연결주의, 그리고 반정초주의의 논리적 귀결이다. 이를 정리해보면 다음과 같다. 수학은 다른 학문이나 담론과 분리되어 있다(분리주의). 수학을 형성하는 다양한 체계들의 규칙과 적형식은 체계 안에서 그에 연관되는 언어 게임들과 서로 연결되어 있다(연결주의). 따라서 한 체계가 다른 체계의 토대가 될 수 없으며(반정초주의), 체계 내에서의 계산, 증명, 규칙따르기와 같은 인간의 실천적 언어 사용에 의해 그 체계를 구성하는 적형식들에 의미와 역할이 부여된다(내재적 실용주의).

9.4 괴델 읽기

이러한 관점에서 보자면 괴델의 정리는 비트겐슈타인에게 결코 놀라운 것이 못 된다. 비트겐슈타인에게 괴델 정리의 핵심은 어떠한 기호 체계도 그 자체 내재적으로 자기 스스로에게 적용되거나 의미있을 수 없다는 것이다. 아무리 복잡한 체계라도 우리가 그것을 사용할 때 비로소 그 체계는 생명을 얻게 된다. 마찬가지로 수학적 진리, 수학적 명제, 증명과 같은 개념에 제 의미를 부여하는 것도 다름아닌 그 적용에 있다. 이에 대해 비트겐슈타인의 대화 상대자는 다음과 같은 질문을 던진다.

러셀의 체계에서는 참이지만, 그 체계에서 증명될 수 없는 문장들이 존재하는가? (RFM, 117쪽)

대화 상대자는 체계 독립적으로 참인 문장 개념이 존재할 뿐 아니라 이러한 개념에 아무런 문제가 없다고 상정하고 있다. 그러나 비트겐슈타인이 볼 때 이 가정은 매우 모호한 것이다. 따라서 그는 다음과 같이 되묻는다.

—그렇다면 러셀의 체계에서는 무엇이 참인 문장이라고 불리는가? (RFM, 117쪽)

비트겐슈타인은 또 다음과 같이 말한다.

그리고 러셀의 체계에서 증명될 수 없는 문장은 『수학의 원리 Principia Mathematica』의 문장과는 다른 의미에서 '참'이거나 '거짓'이다. (RFM, 118쪽)

참, 거짓뿐 아니라 수학의 모든 중요한 개념은 구체적 사용에 의해서 제 역할과 의미가 할당된다. 마찬가지로 "참이지만 증명될 수 없는 문장"의 개념도 괴델의 정리라는 특정 문맥과 연관되어 있다. 괴델의 정리에 의해 "참이지만 증명될 수 없는 문장"은 새로운 의미를 얻게 된다. 이로 말미암아 우리는 '참' '증명 가능성/불가능성' 등의 개념을 새로운 방식으로 사용하게 되는 것이다. 비트겐슈타인은 다음과 같이 말한다.

문장 "P는 증명 불가능하다"는 나중에는 상이한 의미를 갖는다.—그것이 증명되기 이전과는. (RFM, 121쪽)

증명은 어떤 (특정한) 상황에 대한 당신의 파악을 인도한다.

......
증명의 과정에서 우리가 바라보는 방식은 변화한다.……
우리가 바라보는 방식은 개조된다. (RFM, 239쪽)

이로서 우리는 괴델의 정리에 대한 비트겐슈타인의 고찰이 무지나 오해에서 비롯된 궤변이 아니라 자신의 철학과 상충되지 않는 수미일관한 것임을 알 수 있다. 비트겐슈타인에 의하면 증명은 언어와 그 쓰임의 문법에 대한 분석과 명료화이다. 이러한 분석과 명료화 과정에 의해 그 이전에 무반성적으로 당연시되었던 가능성이 사실은 성립 불가능한 것으로 드러나기도 한다. 괴델 정리의 의의도 이러한 지평에서 찾아져야 하고 따라서 거기에 더 이상의 새로운 놀라운 함축은 없다는 것이다.

괴델은 수학적 대상에 관한 플라톤주의를 옹호해왔다. 예컨대 그는 다음과 같이 말한다.

내게는 [집합, 개념 등의] 대상의 존재를 가정하는 것이 물리적 대상의 존재를 가정하는 것과 마찬가지로 타당한 것처럼 보인다. 물리적 대상들이 우리의 감각에 관한 만족스런 이론에 필요하듯이 그들[집합, 개념 등의 수학적 대상]도 같은 의미에서 수학에 관한 만족스런 체계를 정립하는 데 필요하다. (Gödel, 1944, 128쪽)

수학적 대상에 관한 이러한 견해는 다시 수학적 대상의 인식에 관한 인식론을 요청한다. 괴델은 물리적 대상의 인식에 비견되는 수학적 대상의 인식을 '수학적 직관'이란 개념으로 정립한다. 이 역시 플라톤에서 비롯된 사고방식이다. 수학적 직관의 인식론적 근거에 대해 괴델은 다음과 같이 추론한다.

> 그것이 감각 경험과는 거리가 있지만 우리는 집합론의 대상에 대해서도 분명 일종의 지각을 갖고 있다. 이러한 사실은 집합론의 공리들의 진리성이 우리에게 부과하는 강제력에서 드러난다. 나는 우리가 감각에 비해 이러한 지각, 즉 수학적 직관을 덜 신뢰해야 한다고 보지 않는다. (Gödel, 1964, 268쪽)

수학에 있어서의 플라톤주의는 바로 이러한 수학적 사고에서 잘 드러난다고 보아야 할 것이다.[5]

괴델은 자신이 거둔 불완전성 정리를 비롯한 제반 성과가 자신의 이러한 철학에서 비롯되었다고 보았다(S. Feferman, 1984, 96쪽). 그러나 작품의 해석은 그 작품을 만든 작가 고유의 것이 아니다. 양자역학의 코펜하겐 해석이 바로 양자역학의 창시자들에 의해 제시되었다는 이유만으로 양자역학에 대한 여타의 해석에 비해 특권을 갖는 것은 아니다. 괴델의 정리도 그것이 그 자체로 플라톤주의와 연관되어 있다는 해석을 강요하는 것은 아니다. 만일 괴델 자신이 그렇게 믿는다면 그것은 괴델의 정리에 대한 다른 해석과 동등하게 비판적으로 검토되어야 할 것이다. 이것이 바로 비트겐슈타인의 수리철학의 목적이기도 하다. 그는 다음과 같이 말한다.

> 나는 때때로 새로운 해석을 시도하려 하는데 그 목적은 내 해석이 옳음을 보이려는 것이 아니라 낡은 해석과 새로운 해석이 동등하게 자의적임을 밝히려는 것이다. 나의 목적은 새로운 해

---

5 플라톤주의에 관한 자세한 논의를 위해서는 다음을 참조할 것. 이승종, 1993c.

석을 낡은 해석과 함께 놓고 "자. 이제 골라봐라"라고 말하려는 것이다. (LFM, 14쪽)

괴델의 정리에 관한 비트겐슈타인의 해석은 플라톤주의를 비롯한 여타의 존재론이나 인식론을 배제한 간결한 해석이다. 그의 해석에 따르면 괴델의 정리로 말미암아 철학의 어떤 문제나 논쟁이 해결되는 것이 아니다. "어떠한 수학적 발견도 철학을 발전시킬 수 없다"(PI, §124). 이것이 수학에 힘입어 플라톤주의를 부활시키려는 수리철학자들이나 과학에 힘입어 철학의 자연화를 관철하려는 과학주의자들 모두에게 던지는 비트겐슈타인의 '철학적' 메시지이다.

10. 거짓말쟁이 역설의 분석[1]

10.1 이끄는 말

논리학자, 수학자들은 왜 모순에 주목하는가? 그것은 논리학이나 수학의 규제적 이념이 무모순성이라는 믿음에서 기인한다. 그렇다면 논리학이나 수학은 왜 무모순적이어야 하는가? 논리학이나 수학과 같은 연역 체계 내에 존재하는 모순은 임의의—심지어 불합리한—명제를 함축하기 때문이다. 즉 논리학자나 수학자들은 하나의 체계에서 모순이 '발견'될 경우 그 체계는 곧 붕괴된다는 생각을 강박 관념처럼 가지고 있다.

주지하다시피 모순은 일정한 문장의 형태이고 역설은 일정한 논증의 형태이다. 그런데 서양 철학사에서 언급되는 최초의 모순은 역설의 형태로 주어진다. 그리고 놀랍게도 그것은 어떤 이론 체계 내에서가 아니라 바로 우리가 사용하는 일상 언어에서 발견된다. 거짓말쟁이 역설로 알려진 에피메니데스 Epimenides의 역설이 바로 그것이다. 이 역설의 기원은 에피메니데스라는 크레타 사람이 말했다는 다음의 문장에서 비롯된다. "크레타 사람은 모두, 그리고 언제나 거짓말만 한다." 그렇다면 에피메니데스의 이 말은 거짓인가? 아니면 참인가? 이처럼 역설의 문제 곁에는 진리의 문제가 함께 놓여 있다.

"진리란 무엇인가?"라는 질문은 철학의 시작과 더불어 제기

---

[1] 이 장은 아주대 송하석 교수와 공동 집필하였다.

되고 논의되어온, 철학사에서 가장 기본적이며 동시에 가장 어려운 질문의 하나이다. 20세기에 타르스키 Alfred Tarski에 의해서 "의미론적 진리 개념"이 제시되면서 진리에 대한 논의는 다시 철학적 논의의 중심을 차지하게 되었다. 진리 개념과 관련된 여러 가지 문제 중에서 특별히 "의미론적 역설"을 어떻게 해결할 것인가라는 문제는 매우 논쟁적이고 어려운 문제로 남아 있다. 우리는 이 글에서 스트로슨(P. F. Strawson, 1949)에 의해서 제안된 진리 수행론 performative theory of truth이 이러한 의미론적 역설, 특히 거짓말쟁이 역설을 어떻게 해결하는지를 살펴보고자 한다.

이러한 시도는 최근 마티니치(A. P. Martinich, 1983)에 의해서 이루어진 바 있다. 마티니치에 따르면 지금까지 대부분의 철학자들은 거짓말쟁이 역설을 의미론적인 문제로 다루고 있는데, 이것은 거짓말쟁이 문장의 발언이 하나의 진술문 statement을 구성한다는 잘못된 생각에서 기인한다. 그는 거짓말쟁이 문장을 발언하는 것은 진술문을 구성하기 위한 기본적인 언어 행위 조건을 어기고 있고, 따라서 그 문장은 참이거나 거짓이라고 말할 수 있는 진술문이 아니라고 주장한다. 결국 거짓말쟁이 역설도 명령의 역설이나 내기의 역설, 혹은 약속의 역설처럼 언어 행위 조건을 어김으로써 발생하는 역설의 하나일 뿐, 특별히 진리 개념과 관련되거나 의미론적인 토대를 갖는 것은 아니라는 것이다.

이러한 마티니치의 주장은 기본적으로 오스틴 J. L. Austin, 그라이스 P. Grice, 썰 J. Searle에 의해 주창된 언어 행위론 speech act theory과, 언어 행위론적으로 진리 개념을 설명하는 스트로슨의 진리 수행론에 의존하고 있다. 그러므로 우리는 언어 행위론에 대해서 상세히 논의하고, 진리 수행론은 무엇이며 그 진리론은 의미론적 역설을 어떻게 해결할 수 있는가를 살펴볼 것이다.

우리는 마티니치의 주장에 부분적으로 설득력이 있음은 인정하지만, 거짓말쟁이 역설이 진리 개념과 상관이 없고 따라서 의미론적 토대를 갖지 않는다는 그의 주장에는 동의하지 않는다. 우리의 이러한 입장은 언어 행위론에 입각한 진리 수행론에 대한 우리의 비판적 시각과 관련되어 있다. 우리는 이 글에서 진리 수행론의 문제점이 무엇인가를 생각해봄으로써 의미론적 역설에 대한 마티니치의 시도가 성공적이지 못함을 보이고, 나아가서 거짓말쟁이 역설에 대한 적절한 진단이 어떻게 이루어질 수 있는지를 살펴보고자 한다.

10.2 의미론적 역설

역설paradox이라는 낱말의 어원은 그 낱말이 "일반적으로 받아들여진 의견에 반함"이라는 뜻을 갖고 있음을 보여준다. 그러나 "논리적 역설이 발생했다"고 말할 때 그것은 하나의 진술이 명백하게 타당한 추론에 의해서 두 개의 모순되는 결론을 낳는다는 것을 뜻한다. 이러한 역설은 크게 수학적, 논리적 역설과 의미론적 역설로 대별된다. 램지는 전자의 역설을 집합론적 역설, 후자의 역설을 인식론적 역설이라고 부르고 있는데 (Ramsey, 1925, 20~21쪽), 우리는 논리학자들이 일반적으로 부르는 대로 전자를 집합론적 역설, 후자를 의미론적 역설이라고 부르겠다(S. Haack, 1978, 135쪽 참조).

집합론적 역설의 대표적인 것으로는 자기 자신을 원소로 갖지 않는 모든 집합에 관한 역설인 러셀의 역설이 있다. 자기 자신을 원소로 갖지 않는 모든 집합을 원소로 갖는 하나의 무한 집합을 ω라고 하자. ω라는 집합도 자기 자신을 원소로 갖거나 자기 자신을 원소로 갖지 않는 집합일 것이다. 만약 ω가 자기 자신을 원소로 갖는 집합이라고 하면, ω는 애초의 정의에 의해서 자기 자신을 원소로 갖지 않는 모든 집합을 그 원소로 갖기 때문에 ω는 자기 자신의 원소일 수 없다. 즉 ω는 자기 자신을 원소로 갖지 않는 집합이 된다. 또 ω가 자기 자신을 원소로 갖지 않는 집합이라고 하면, ω는 자기 자신을 원소로 갖지 않는 모든 집합을 그 원소로 갖기 때문에 ω는 ω 자신의 원소가 되어, ω는 자기 자신을 원소로 갖는 집합이 된다. 결국 ω와 같은 집합은 명백하게 역설을 낳는다. 집합론적 역설로는 이러한 러셀의 역설 외에도 칸토르 Georg Cantor의 역설, 부랄리-포티 C. Burali-Forti의 역설 등이 있다.

의미론적 역설은 '참' '거짓'과 같은 의미론적 개념을 포함하는 역설로서 베리 G. G. Berry의 역설, 리처드 Richard의 역설, 그렐링 K. Grelling의 역설 등이 있는데, 의미론적 역설 중에서 가장 대표적인 것이 바로 거짓말쟁이 역설이다. 거짓말쟁이 역설은 흔히 거짓말쟁이 문장이라고 불리는 다음 문장 (F)와 관련된 것이다.

(F) 이 문장은 거짓이다.

(F)는 앞서 본 에피메니데스의 역설의 한 귀결로도 볼 수 있다. 이를 논증으로 구성해보면 다음과 같다.

크레타 사람은 모두, 그리고 언제나 거짓말만 한다.
이 말을 전하는 나 에피메니데스는 크레타 사람이다.

따라서 위의 문장뿐 아니라 바로 이 문장도 거짓이다.

이제 (F)가 어떻게 역설을 초래하는지를 하나의 논증으로 구성해보자. 이를 위해 우리는 논리학의 두 가지 기본적 원리를 명시할 필요가 있다.

모순율: 어떠한 문장도 동시에 참이면서 거짓일 수 없다.
배중률: 모든 문장은 참이거나 거짓이다.

배중률에 의해 (F)는 참이거나 거짓이다. (F)를 참이라고 가정하자. 그렇다면 (F)가 말하는 바, 즉 "이 문장은 거짓이다"가 참이 되어 (F)는 거짓이 된다. 그렇다면 (F)는 참인 동시에 거짓인 셈이며 이는 모순율의 위반이다. 이처럼 (F)가 참이라는 가정은 모순을 초래하므로 부정되어야 한다. 그러나 반대로 (F)를 거짓이라고 가정하면 (F)가 말하는 바, 즉 "이 문장은 거짓이다"가 거짓이 되어 결국 (F)는 참이 될 것이다. 그렇다면 (F)는 참인 동시에 거짓인 셈이며 이는 모순율의 위반이다. 이처럼 (F)가 거짓이라는 가정도 모순을 초래하므로 부정되어야 한다. 그러나 이제 우리는 모순에 봉착한다. 왜냐하면 배중률에 의하면 (F)는 참이거나 거짓인데 우리의 논증에 의하면 (F)는 참도 거짓도 아니기 때문이다.

이렇게 (F)와 같은 거짓말쟁이 문장은 역설을 낳음을 알 수 있다. 또 (F)와 같은 자기 지시적인 self-referential 문장의 성립을 수용하고, 모든 명제가 참이거나 거짓이라는 배중률을 수용한다면 거짓말쟁이 역설은 피할 길이 없는 것처럼 보인다. 그러므로 이 역설을 해결하려는 일반적인 시도는 이 두 전제 중

의 어느 하나를 포기하거나 수정하는 것이었다.[2]

그러한 시도의 첫째는 거짓말쟁이 문장이 역설을 낳는 까닭을 그 문장이 자기 지시적이라는 데서 찾는다. 즉 거짓말쟁이 문장이 말하는 바는 자신의 진리치가 거짓이라는 것이고, 이렇게 자기 자신에 대해서 무엇을 언급하는 것이 역설의 원인이므로, 자기 지시적인 문장을 금함으로써 역설을 피할 수 있다는 것이다. 그러나 이러한 주장은 두 가지 점에서 만족스럽지 않다. 우선 얼마든지 의미있고 역설이 발생하지 않는 자기 지시적인 문장을 구성할 수 있기 때문이다. 예컨대 "이 문장은 열네 글자로 이루어졌다"라든지 "이 문장은 한글로 씌어져 있다"와 같은 문장은 자기 지시적이지만, 의미있는 참인 문장이다. 뿐만 아니라 우리는 자기 지시적이지 않은 거짓말쟁이 역설을 만들 수도 있다. 다음 두 문장의 진리치를 생각해보자.

(2.1) 아래 문장은 거짓이다.
(2.2) 위 문장은 참이다.

(2.1)을 참이라고 가정하면 그 뜻하는 바에 따라 (2.2)는 거짓이고, (2.2)가 거짓이면 "(2.1)은 참"이라는 말이 거짓이 되므로 (2.1)은 거짓이 된다. 또 (2.1)을 거짓이라고 가정하면 "(2.2)는 거짓"이라는 말이 거짓이 되므로 (2.2)는 참이 되고 따라서 (2.1)은 참이 된다. 여기서 우리는 (2.1)과 (2.2)는 자기 지시적인 문장이 아님에도 불구하고 거짓말쟁이 역설과 같은 역설을 낳고 있음을 알 수 있다. 이렇게 자기 지시적인 문장

---

[2] 모순율의 전제를 포기하거나 수정하는 것도 하나의 해결책일 수 있을지 모른다. 그러나 모순율이 포기되거나 수정된다면 역설의 의미와 성립 가능성 자체가 의심스러워질 수 있을 것이다.

을 금함으로써 거짓말쟁이 역설을 해결하려는 시도는 성공적이지 못하다.

두번째 시도는 모든 명제가 참이거나 거짓이라고 생각하는 배중률이 역설의 원인이라고 보고, 제3의 진리치를 갖는 문장의 가능성을 인정하면서 거짓말쟁이 문장을 그 대표적인 예로 주장하는 것이다. 요컨대 (F)와 같은 문장은 참이거나 거짓이 아닌 제3의 진리치—'미확정'이라거나 '역설적'이라는—를 갖는다는 것이다. 그러나 이러한 주장도 만족스럽지 못하다. 거짓말쟁이 문장의 진리치를 미확정이라고 하고 다음 문장을 생각해보자.

(FF) 이 문장은 거짓이거나 미확정적이다.

(FF)의 진리치는 참이거나, 거짓이거나, 미확정적일 것이다. 만약 (FF)가 참이라고 가정하면 (FF)가 뜻하는 것—(FF)가 거짓이거나 미확정적이다—이 참이므로 (FF)는 거짓이거나 미확정적이므로 참이 아니게 된다. 또 (FF)가 거짓이라고 가정하면, (FF)는 거짓이거나 미확정적이라고 말하고 있기 때문에 (FF)는 참이 될 것이고, (FF)를 미확정적이라고 가정해도 같은 방법으로 역시 참이 될 것이다. 즉 (FF)를 참이라고 가정하면 (FF)는 참이 아니라는 결론이 나오고, (FF)를 거짓이나 미확정적이라고 가정하면 (FF)는 참이라는 결론이 나오므로 또 다른 역설이 발생함을 알 수 있다. 이러한 역설을 강화된 거짓말쟁이 역설이라고 부른다(B. van Fraassen, 1968, 147쪽).

결국 거짓말쟁이 문장이 제3의 진리치를 갖는다는 설명으로 거짓말쟁이 역설을 피하려는 시도도 성공적이지 못한 셈이다. 요컨대 거짓말쟁이 역설을 자기 지시적 문장을 금하거나 진리치에 관한 배중률을 포기하고 제3의 진리치를 부여함으로써 해결하려는 시도도 성공적이지 못한 것이다.

우리는 언어 행위론적인 입장에서 진리를 설명하는 진리 수행론이 거짓말쟁이 역설을 어떻게 해결하는가를 살펴볼 것이다. 이를 위해서는 그에 앞서 언어 행위론과 진리 수행론에 대해서 자세히 논의해볼 필요가 있다.

10.3 언어 행위론과 진리 수행론

의미에 대한 언어 행위론은 오스틴에 의해서 제기되고 그라이스와 썰에 의해서 체계화된 이론인데, 그 이론의 기초가 되는 주장은 언어가 어떠한 것을 행하기 위한 도구이며 언어의 의미는 그 언어가 무엇을 위해 사용되었는가에 의해서 설명된다는 것이다. 물론 이것은 후기 비트겐슈타인의 화용론적 의미론으로부터 영향을 받은 것이다. 위의 이론을 다음의 예를 통해 살펴보기로 하자.

철수가 "지금 밖에 눈이 오고 있다"고 말함으로써 의미하는 것은 무엇인가? 철수는 이 말을 함으로써 무엇을 행하려 하는가? 철수가 이 말로 행하려는 것으로 여겨질 수 있는 것들은 대단히, 혹은 무한히 많을 것이다(R. Martin, 1993, 83~84쪽). 예를 들어보면,

듣는 사람에게 밖에 지금 눈이 오고 있음을 알리려 함.
듣는 사람에게 외투를 입고 외출하게 하려 함.
듣는 사람에게 잠시 외출을 하지 말도록 권고함.
듣는 사람을 놀라게 하려고 함.

잠자고 있는 사람을 깨우려고 함.
자신이 사용하고 있는 마이크 상태를 점검하고자 함.

분명히 철수는 상황에 따라 얼마든지 다른 목적을 수행하기 위해서 이 문장을 언급할 수 있다. 문장의 의미가 화자가 그 문장을 통해서 수행하고자 하는 의도라면, 위 문장은 상황에 따라 다양한 의미를 갖게 될 것이다. 그러나 사실 그것은 기껏해야 그 문장에 대한 화자의 주관적 의도일 뿐, 그 문장의 의미라고 할 수는 없을 것이다.

그라이스는 이러한 문제점을 인식하고 우리가 하나의 문장을 언급할 때 그 언급의 의미를 설명할 수 있는 행위는 어떤 것인가를 구체화하려고 시도한다(Grice, 1969). 그는 첫째, 어떤 사람이 어떤 문장을 언급할 때 우리는 그 사람이 비의도적으로 행할 수도 있었던 모든 것을 그 행위 목록에서 제거해야 한다고 주장한다. 즉 하나의 언급을 통해서 의도하지 않았지만 우연히 발생할 수도 있는 효과와 관련된 행위는 제거되어야 한다는 것이다. 둘째, 그라이스는 어떤 사람이 하나의 문장을 언급함으로써 어떤 것을 의미하는 것은 본질적으로 그 사람이 듣는 사람에게 어떤 식으로든지 영향을 주려고 의도한 것과 관련되기 때문에, 언급된 하나의 문장의 의미를 설명할 수 있는 행위는 듣는 이에 대해서 어떤 효과나 결과를 갖는 것으로 제한해야 한다고 주장한다. 마지막으로 그라이스는 그 행위를 듣는 사람에게 의도적으로 행해지는 행위로 제한되어야 한다고 주장한다. 결국 어떤 행위를 하기 위해서 말하는 사람이 듣는 사람에게 드러내 보이는 의도가 언급된 문장의 의미라는 것이다.

그라이스의 입장을 요약해보면, S라는 사람에 의해서 언급된 한 문장의 의미는, S가 어떤 의도를 가지고 있음을 그 문장을 듣는 다른 사람 H에게 드러냄으로써 H에게 그와 관련된 어떤 것을 하도록 하는 S의 바람을 전하기 위해서 의도적으로 그 문장을 사용함에 있다. 즉 S가 어떤 상황에서 하나의 문장을 통해서 의미하는 것은 S가 H에게 자신의 바람을 알리고, H로 하여금 그렇게 행위하도록 하는 것이다. 철수의 예에서 철수가 H에게 "지금 밖에 눈이 오고 있다"고 말함으로써 H가 지금 밖에 눈이 오고 있다는 것을 알아차리게 하고, 또한 지금 밖에 눈이 오고 있다는 것을 H로 하여금 믿게 하려고 의도하고 있다면 철수의 문장의 의미는 바로 그러한 철수의 의도에 의해서 설명된다는 것이다.

그러나 그라이스의 설명은 언어의 의미를 언급된 문장을 통해서 발언자가 행하고자 하는 행위로 보는 언어 행위론의 출발점에 새로운 제한을 함으로써 많은 난점을 피하는 것처럼 보이지만 여전히 많은 문제를 남기고 있다. 철수가 영희에게 위의 문장을 언급할 때 그가 (i) 영희가 외투를 입고 외출하기를 바란다는 사실을 영희로 하여금 깨닫게 하고 싶다는 의도와 (ii) 영희로 하여금 외투를 입고 외출하게 하고 싶다는 의도를 가지고 있다고 해보자. 철수가 언급한 문장의 의미는 이러한 철수의 의도에 의해서 설명되는가? 물론 철수가 영희에게 그렇게 말함으로써 영희가 외투를 입고 나가도록 하는 것을 '의미'했다고 말할 수 있다. 그러나 여기서 '의미함'은 "철수는 그 전선을 연결함으로써 자신의 텔레비전을 고치려고 의미했다 meant to fix"라고 말할 때의 의미함이고 그것은 단순히 '의도함intend'을 뜻할 뿐이다. 즉 (i)과 (ii)라는 의도는 우리에게 철수가 그 말을 한 동기를 알려주기는 하지만 그 의도들이 철수가 언급한 문장이 의미하는 것을 알려주지는 않는다.

또한 이와 비슷한 다음의 반론도 있다.

어떤 미친 사람이…… "그리그, 그리그, 그리그!"라고 외쳤다. 그는 자신의 말을 듣는 사람이 티베트에 눈이 오고 있다고 믿기를 바랐다. ……그라이스에 따르면 그 사람은 "그리그, 그리그, 그리그!"에 의해서 무엇인가를 의미하고, ……따라서 그 사람의 외침은 어떤 것을, 아마도 티베트에 눈이 오고 있다는 것을 의미해야 한다. 그러나 그 사람의 외침은 아무것도 의미하지 않았다. 틀림없이 그것은 티베트에 눈이 오고 있다는 것을 의미하지는 않는다. (P. Ziff, 1967, 51쪽)

언어 행위론자들이 어떻게 위와 같은 반론에 대답하면서 언급된 문장의 의미를 설명하는지 살펴보기 위해서 우리가 위에서 철수의 의도라고 가정했던 것을 다시 검토해보자. 사실 철수는 (i)과 (ii)의 의도를 가지고 그 의도가 영희에게 수행되도록 하기 위해서 먼저 다음의 의도를 가졌음에 분명하다.

(3.1) 철수는 영희로 하여금 자기가 그녀에게 밖에 지금 눈이 오고 있다는 것을 알리려 하고 있다는 것을 깨닫게 하고 싶어한다.

즉 철수는 영희에게 위의 문장을 언급함으로써 (i)과 (ii)를 의도했다고 할지라도, 그러한 의도를 수행하기 위해서 그는 먼저 (3.1)을 의도해야만 한다. 이러한 (3.1)의 의도를 수행하는 '알림 informing'의 행위는 영희로 하여금 철수가 언급한 것을 믿게 하는 것과는 다르다. 비록 철수가 알려주는 것을 영희가 믿지 않는다고 할지라도, 철수는 영희에게 그 사실을 성공적으로 알릴 수는 있다. 즉 철수가 언급한 문장을 영희가 이해하고,

그 문장이 밖에 지금 눈이 오고 있다는 것을 알리려는 기호라는 사실을 인식하기만 하면 철수의 (3.1)의 의도는 달성된다. 철수의 그러한 의도가 성공적으로 달성되는가 아닌가의 여부는 전적으로 철수의 의도를 영희가 인식하는 데 달려 있다. 요컨대 그 행위의 성공 여부는 그렇게 하려는 발언자의 의도를 듣는 사람이 인식하는 것 이외의 다른 상황과는 아무런 관련이 없다. 듣는 사람에 대하여 발언자가 구두로 하는 이러한 의도적 행위를 발화 수반 행위 illocutionary acts라고 하고 이러한 행위를 하는 의도를 발화 수반 의도 illocutionary intention이라고 한다.

발화 수반 행위와 발화 수반 의도를 다른 종류의 행위 및 의도와 구별하여 설명하기 위해서 다음의 예를 생각해보자. 갑돌이가 을돌이에게 "차려 자세로 서 있어"라고 명령했다고 가정하자. 이 경우 갑돌이가 이 문장을 통해서 행한 발화 수반 행위는 을돌이가 그 명령을 듣고 그 말대로 행하는가 행하지 않는가와는 상관없이 그 말을 들은 을돌이가 그 말을 차려 자세로 서 있으라는 명령으로 이해할 때 달성되고 그의 발화 수반 의도 역시 성공한다. 한편 을돌이가 갑돌이의 명령이 일정한 내용을 갖고 있다고 인식하고 그 명령에 따라 행위를 하도록 하는 것을 발화 효과 행위 perlocutionary act라고 하고 그러한 행위를 하도록 하는 의도를 발화 효과 의도 perlocutionary intention이라고 한다.

언어 행위론자들은 언급된 문장의 의미를 언어 행위 배후에 있는 발화 효과 의도가 아닌 발화 수반 의도에 의해서 설명한다. 즉 철수의 예에서 발화 수반 의도는 영희에게 "밖에 지금 눈이 오고 있음"을 알리는 것이고, 갑돌이의 경우는 을돌이에게 차려 자세로 서 있도록 명령하고 있음을 알리는 것인데, 각 경우에서 발언자가 갖는 발화 수반 의도의 내용이 그 진술의 의미라는 것이다.

그러나 썰은 이와 같은 언어 행위론자들의 의미에 관한 설명이 반론에 부딪칠 수 있음을 인식하고 그 의미론을 수정하려 한다. 그는 다음과 같은 반례를 제시한다(Searle, 1965). 제2차 세계대전 중에 한 미군 병사가 이탈리아 군의 포로가 되었는데, 그 병사는 이탈리아 군인들로 하여금 자신을 독일군 장교라고 믿게 하여 자신을 석방시키게끔 하고 싶었다. 그러나 그 미군 병사는 이탈리아어를 한마디도 할 수 없었고 그가 기억하는 독일어 문장은 고교 시절에 암송했던 다음과 같은 시 한 행 뿐이었다.

Kennst du das Land, wo die Zitronen blühen?

비록 이 시행은 "당신은 레몬꽃 피는 나라를 아십니까?"라는 뜻이지만, 그 미군 병사는 독일어를 모르는 이탈리아 군인들이 자신을 독일군 장교라고 믿게 할 의도를 가지고 이 시행을 언급했다고 가정하자. 여기서 이 시행을 언급하는 미군 병사의 발화 수반 의도는 "자신이 독일군 장교임"을 이탈리아 군인들에게 알리는 것이다. 그러면 그 미군 병사가 그 구절을 언급할 때 의미하는 것은 그 병사의 발화 수반 의도 내용인 "나는 독일군 장교다"인가? 썰은 그 미군 병사가 그 시행이 "나는 독일군 장교다"를 의미하지 않는다는 것을 분명하게 알고 있기 때문에 자신이 말한 것에 의해서 "나는 독일군 장교다"를 의미한다고 주장하는 것은 잘못이라고 말한다.

이러한 반례를 제시한 뒤 썰은 "의미는 의도 이상의 문제"이고 "의미는 의도의 문제일 뿐만 아니라 또한 규약의 문제"라고 주장하면서 수정된 언어 행위론적 의미론을 제시한다(Searle, 1965, 130쪽). 즉 언어의 규약은 그 언어의 각 문장에 하나의, 혹은 문맥에 따라 몇 가지의 발화 수반 행위를 제공하는데 그러한 언어의 규약에 따라 제공된 발화 수반 행위를 수행하려고 할 때에만 우리는 그 문장의 의미를 발화 수반 의도의 내용에 의해서 설명할 수 있다. 결국 어떤 발언자 S가 한 문장 P를 언급할 때 S가 하나의 발화 수반 의도를 가지고 P가 그 의도를 표현하기 위한 문장으로 언어의 규약에 의해서 인정될 경우에 그 의미는 S의 발화 수반 의도의 내용이라고 할 수 있다는 것이다.

이제 이러한 언어 행위론의 입장에서 진리 개념을 설명하는 스트로슨의 진리 수행론에 대해서 살펴보자. 우리가 "~은 참이다"라고 말할 때 우리가 갖는 발화 수반 의도는 무엇인가? 스트로슨에 따르면 하나의 문장이 참이라고 말하는 것은 단순히 원래의 문장을 말하는 것 이상이 아니다(Strawson, 1949). 우리가 언어를 사용할 때 우리는 단순히 정보의 전달만을 목적으로 하는 것은 아니기 때문에, 이렇게 하나의 문장이 참이리고 말하는 것은 원래의 문장을 말하는 것이지만 다른 효과 force를 갖는다.

스트로슨은 우리가 하나의 문장에 "참이다"라는 진리 술어를 부가함으로써 우리는 하나의 진술문을 만드는 기능을 하는 것이 아니라 수행적 기능performative function을 하고 있다고 주장한다. 즉 "P는 참이다"라고 말할 때 우리는 P라는 문장에 대한 진술문을 구성하고 있는 것이 아니라, P라는 문장에 대한 동의를 표현하는 수행적 기능을 행하고 있다는 것이다. 요컨대 "P는 참이다"라고 말하는 것은 P에 관해 어떤 것을 말하고 있는 것이 아니라 P에 대해 동의하고 있는 것이다.

스트로슨의 진리 수행론은 램지(Ramsey, 1927)에 의해서 제안된 진리 잉여론redundancy theory of truth과 비교해볼 때 진리 술어가 원래의 문장에 무엇인가를 덧붙인다고 믿는 일반적인 직관에 더 부합하는 것처럼 보인다. 램지의 진리 잉여론에 따르면, 다음 두 문장의 의미는 아무런 차이가 없고 따라서 진리 술어는 문장에 부가되어도 아무런 기능을 하지 못한다.

(3.2) 갑돌이는 갑순이를 사랑한다.
(3.3) 갑돌이가 갑순이를 사랑한다는 것은 참이다.

반면에 스트로슨은 (3.2)와 (3.3)은 같은 정보를 제공해주는 동일한 의미를 갖는 문장이라는 점에서 진리 술어는 잉여적이지만, (3.3)은 (3.2)라는 문장에 대한 동의를 표현하는 수행적 발언performative utterance이라는 점에서 다르다고 주장한다.
그러나 하나의 문장이 참이라고 말하는 것이 그 문장에 대한 하나의 진술을 구성하고 있는 것이라고 말할 수는 없는가? 우리는 그것이 두 가지 기능, 즉 동의하는 기능과 원래의 문장에 대한 진술을 구성하는 기능을 동시에 수행하고 있다고 보아야 할 것이다. 분명히 (3.3)은 갑돌이와 갑순이에 대해서 (3.2) 이상 아무것도 말하고 있지 않다. 그렇다고 할지라도 하나의 문장이 참이라고 말하는 것은 그 문장에 대하여 동의를 표현하면서 동시에 그 문장에 대한 하나의 진술을 행하는 것으로 볼 수 있을 것이다.
스트로슨의 진리 수행론에 대한 이러한 반론은 다음과 같은 문장을 통해서도 보여진다.

(3.4) 돌이가 말하는 것은 참이다.

스트로슨에 따르면 (3.4)를 발언하는 철이는 동의라는 행위를 수행하고 있는 것으로 이해되어야 하는데, 철이가 만약 돌이가 무슨 말을 하였는지 구체적으로 모른다면 어떻게 되는가? 철이는 돌이의 진술을 다시 표현하지 못할 것이다. 물론 이 경우에도 철이가 돌이의 어떤 진술에 대해서 동의하는 것은 가능할 것이다. 그러나 그 동의를 하게 하는 것이 무엇인지, 즉 동의의 내용을 알지 못하고 동의한다는 것은 분명 이상하다. 그러므로 진리 술어를 사용할 때 우리는 동의를 표현할 뿐만 아니라 무엇에 대해서 동의하는가에 대한 제안을 하고 있는 것이기도 하다고 말해야 할 것이다. 이러한 의미에서 우리가 진리 술어를 사용하는 것은 하나의 진술에 대한 진술을 하는 것이라고 말할 수 있을 것이다. 즉 (3.4)를 말하는 철이는 "돌이가 그러그러하다고 말한 것처럼 사실도 항상 그러그러하다"고 말하고 있는 셈이다(Strawson, 1964, 79쪽).

후에 스트로슨도 진리 술어가 하나의 진술에 대한 진술을 구성함을 인정한다(Strawson, 1971). 그는 "'X는 유능하다'는 S의 진술은 참이다"라는 문장은 단지 "X는 유능하다"로 해석되기보다는 "S가 진술한 것처럼 X는 유능하다"로 해석하는 것이 옳다고 말함으로써 진리 술어가 진술과 관련됨을 인정한다. 이로 말미암아 그는 자신의 초기의 주장을 부분적으로 수정하고 있는 것이다.

그러나 이러한 수정에도 불구하고 진리 술어에 대한 그의 설명은 만족스럽지 않은 것 같다. 우리는 하나의 진술에 대해 적절한 근거 하에서 동의하거나 부인한다. "X는 유능하다"는 진술에 동의하거나 부인하는 근거는 일반적으로 받아들여지는 유능함의 기준에 근거한다. 그런데 돌이가 말한 것이 무엇인지

정확히 모르는 상황에서 철이가 그의 말에 동의나 부인을 수행할 수 있는 근거는 무엇인가? 이러한 문제는 진리 수행론이 대답해야 할 중요한 문제임에 분명하다. 그러나 잠시 진리 수행론과 언어 행위론에 대한 비판을 보류해두고 이제 진리 수행론에 입각하여 거짓말쟁이 역설이 해결될 수 있는가를 살펴보자.

10.4 역설에 해법은 있는가

마티니치에 따르면 거짓말쟁이 역설은 그 역설을 일으키는 거짓말쟁이 문장이 언급될 때 하나의 진술을 하고 있는 것으로 생각하기 때문에 발생한다(Martinich, 1983). 그는 우리가 거짓말쟁이 문장을 말함으로써 "진술을 함"이라는 행위를 하고 있는 것이 아니라고 주장한다. 즉 거짓말쟁이 문장은 진술이라는 언어 행위를 구성하기 위한 기본적인 조건을 만족시키지 못하고 있다는 것이다.

앞 절에서 설명한 썰의 언어 행위론의 입장을 수용하면서 마티니치는 하나의 진술을 말하는 화자가 청자로 하여금 그 진술이 어떠한 상황을 표상하는 것으로 인식하도록 의도하는 것이 진술을 위한 기본적인 언어 행위 조건이라고 말한다. 즉 한 진술의 의미는 화자가 그 진술을 듣는 청자로 하여금 화자가 어떤 사실을 믿고 있다고 생각하게 하려는 의도인 것이다. 그런데 화자가 거짓말쟁이 문장을 말할 때는 그러한 의도를 가질 수 없다. 우리는 진리 개념을 포함하지 않고, 언어 행위 조건을 어김으로써 발생할 수 있는 많은 역설을 생각할 수 있는데, 거짓말쟁이 역설도 그러한 역설과 같은 배(胚)에서 태어난 같은 종류의 역설이라는 것이다. 다음 명령을 생각해보자.

(G) 나의 명령은 어느 것도 따르지 마시오.
　　Do not obey any of my orders.

　이 명령문은 분명히 우리를 당황하게 하는데, 그것은 그 명령이 명령이라는 언어 행위의 기본적인 조건을 만족시키지 못하기 때문이다. 마찬가지로 "P는 참이다"라고 말할 때 우리는 P라는 문장에 대한 동의를 수행하고 있는데, 거짓말쟁이 문장의 경우에는 P가 그 문장 자신에 대한 부정을 포함함으로써 수행적 기능을 하지 못하고 진술문을 구성하는 언어 행위 조건을 어기고 있다는 것이다.
　결국 마티니치는 "거짓말쟁이 역설을 다루는 적절한 방법은 그 역설을 의미론적인 문제가 아니라 화용론적인 문제 pragmatic problem로 보는 것이고, 역설적 진술을 주장하기 위한 필수적인 조건이 만족될 수 없음을 설명해내는 것이다. 따라서 설명되어야 할 역설적인 언어 행위는 없다"고 결론 내린다(Martinich, 1983, 64쪽).
　그러나 마티니치의 이러한 제안에 대해 다음과 같은 반론이 제기될 수 있다. (G)와 같은 명령문이 명령이라는 언어 행위의 기본 조건을 어긴 것처럼 (F)와 같은 거짓말쟁이 문장도 진술이라는 언어 행위를 위한 기본 조건을 충족시키지 못하는 것인지 모른다. 그러나 우리는 진술이라는 언어 행위의 조건을 만족시킬 수 있는 역설적인 문장들을 구성할 수 있다. 예를 들어 크립키(Kripke, 1975, 691쪽)는 타르스키의 언어의 계층 이론을 비판하기 위하여 다음의 상황을 제시한다.
　존스가 다음과 같이 말했다.

(4.1) 워터게이트에 관한 닉슨의 진술들은 언제나 거짓이다.

그리고 닉슨은 다음과 같이 말했다.

(4.2) 워터게이트에 관한 존스의 말은 모두 참이다.

존스가 말한 (4.1)이나 닉슨이 말한 (4.2)는 모두 진술이라는 언어 행위의 조건을 충족시키는 것처럼 보임에도 불구하고, 분명히 이 두 문장은 역설을 낳는다.

(4.1)과 (4.2)는 각각 진술의 언어 행위 조건을 만족시키는 것처럼 보이지만, 매우 불리한unfavorable 경험적 사실 때문에 그것들은 실제로 언어 행위 조건을 만족시키지 못한다. 이와 관련해 마티니치는 본질적으로 (또는 내재적으로) 역설적인 언어 행위도 있지만, 우연적으로contingently 역설적인 언어 행위도 있는 것으로 본다(Martinich, 1983). 본질적으로 역설적인 언어 행위는 (G)와 같은 명령, (F)와 같은 진술, 그리고 그 외에도 다음과 같은 약속 등이다.

(H) 나는 당신에게 내가 어떤 약속도 지키지 않을 것이라고 약속한다.

이 문장을 발언하는 언어 행위도 명백하게 약속이라는 언어 행위 조건을 만족시키지 못하고, 그 자체로 역설을 낳는다.

한편 그 자체로 언어 행위 조건을 어기는 것은 아니지만 경험적 사실이 매우 불리하기 때문에 발생하는 우연적으로 역설적인 언어 행위로는 (4.1)과 (4.2), 그리고 다음과 같은 경우들이 있다. 존스가 어떤 사람(X)에게 다음과 같이 명령한다.

(4.3) 닉슨이 당신에게 명령하는 것은 무엇이든지 따르시오.

그리고 닉슨은 그 X에게 다음을 명령한다.

(4.4) 존스의 명령은 어떤 것도 따르지 마시오.

이 경우에 존스의 명령은 X로 하여금 곤란한 상황에 부딪히게 하는데, 그것은 매우 불리한 경험적 사실인 (4.4)와 같은 닉슨의 명령이 있어서 (4.3)은 실제로 명령이라는 언어 행위의 조건을 만족시키지 못하기 때문이다.

마티니치가 제시하는 또 하나의 우연적으로 역설적인 예를 생각해보자.

(4.5) 왕자: 나는 마키아벨리가 말하는 것은 모두 따를 것을 약속한다.
(4.6) 마키아벨리: 왕자님, 당신의 어떠한 약속도 지키지 마십시오.

이 경우 왕자의 약속은 역설을 낳는다. 만약 왕자가 자신의 약속을 지킨다면 그는 마키아벨리가 한 말을 모두 지켜야 하고, 그것은 곧 어떠한 약속도 지키지 않는 것이 되고, 또 만약 왕자가 자신의 약속을 지키지 않는다면 왕자는 마키아벨리가 말하는 대로 하게 되어 자신의 약속을 지키는 것이 된다. 그리고 이러한 역설도 마키아벨리의 (4.6)과 같은 언급이 매우 불리한 경험적 사실로 주어져서 (4.5)와 같은 약속이 언어 행위의 조건을 만족시키지 못하기 때문에 발생한다는 것이다.

마티니치는 경험적 사실이 극도로 불리할 때 진술이 역설적일 수 있는 위험성이 있다는 크립키의 주장을 진리 술어에만 국한되는 위험성을 경고하는 것으로 생각해서는 안 된다고 주장한다. 마티니치는 "진리 개념을 포함하는 진술의 〔역설을 초래하는〕 위험성은 하나의 진술이 관련된다는 사실 때문이지 진리 개념이 관련되기 때문이 아니"라고 주장한다(Martinich, 1983, 66쪽). 그는 거짓말쟁이 역설이 발생하는 것은 진리 개념 때문이 아니라 진술의 속성 때문이라고 주장한다.

거짓말쟁이 역설과 크립키의 문장들〔(4.1)과 (4.2)와 같은〕에 관한 혼란의 근원은 우리의 진리 개념에 있는 것이 아니라, 그 역설이 의미론적으로가 아니라 화용론적으로 근거지어져 있음을 보지 못하기 때문이고, 진리의 속성이 아니라 진술의 속성 때문에 문제가 일어난다는 것을 보지 못하기 때문이다. (Martinich, 1983, 67쪽)

결국 거짓말쟁이 역설은 거짓말쟁이 문장이 언급될 때 그 언급이 진술을 위한 언어 행위 조건을 만족시키지 못하여 하나의 진술문을 구성하지 못하기 때문에 발생한다는 것이다. 그러므로 거짓말쟁이 역설은 명령의 역설이나 약속의 역설 등과 같이 언어 행위와 관련된 역설의 한 종류일 뿐, 의미론적 토대를 갖는 것은 아니라는 것이다.

10.5 해법의 해체

언어 행위론과 진리 수행론에 의한 역설의 해법이 타당한 것인지를 살펴보기 위해 먼저 진리 수행론을 다시 한 번 점검해 보기로 하자. 우리는 이미 10.3에서 스트로슨의 진리 수행론이 갖는 난점을 몇 가지 지적한 바 있다. 언어 행위론을 주장한 썰도 스트로슨의 진리 수행론을 언어 행위의 오류 speech act fallacy 중의 하나라고 주장한다(Searle, 1969, 137쪽). 썰이 언어 행위의 오류라고 부르는 것은 일반적으로 "어떤 낱말 W가 T라는 언어 행위를 하기 위해서 사용된다"고 말함으로써 그 낱말의 의미를 설명한다고 생각하는 오류이다. 즉 '좋다good'라는 낱말은 칭찬하기 위해서 사용되는데 그것이 바로 그 낱말의 의미이고, 마찬가지로 '참이다true'는 어떤 진술에 동의하거나 인정하기 위해서 사용되는데 그것이 바로 그 낱말의 의미라는 것이다. 이미 스트로슨의 진리 수행론에서 살펴본 것처럼, 이러한 주장은 '약속하다'나 '내기에 걸다'와 같은 수행적 동사 performative verb가 실제로 약속을 하고 내기를 하기 위해서 사용되는 것처럼 '참이다'라는 진리 술어도 어떤 진술을 주장하고 동의하기 위해서 사용되는 수행적 기능을 갖는다는 생각에서 비롯된다.

  썰은 한 낱말의 의미가 그 낱말이 나타나는 문법적으로 다른 모든 문장에서 같은 의미를 지녀야 한다는 것이 의미론이 지켜야 할 최소한의 조건이라고 주장한다. 따라서 '참이다'라는 낱말은 서술문에서나 의문문, 조건문, 부정문, 그리고 기원문 등에서 모두 같은 것을 의미해야 한다. 그렇지 않다면 "이것은 참인가?"라는 질문에 대해 "그것은 참이다"라고 대답하는 것과 같은 대화는 불가능할 것이다. 그러므로 이러한 조건은 낱말의 의미를 설명하는 모든 이론이 명백하게 만족시켜야 할 의미에 관한 적절성 조건 condition of adequacy이다. 그런데 진리 수행론의 진리 개념에 대한 설명은 이러한 조건을 충족시키지 못하고 있다. 우선 진리 수행론은 "'참이다'라는 낱말이 동의함이라는 행위를 수행하기 위해서 사용된다"고 말하는데 그것을 강하게 해석하면 "'참이다'라는 낱말을 언급하는 모든 경우에서 우리는 동의함이라는 행위를 수행한다"는 것을 뜻한다. 진리 수행론을 이렇게 강하게 해석하면 우리는 어렵지 않게 반례를 생각할 수 있다. 예를 들어 '너의 우정을 참되게 하라Make your friendship true'와 같은 문장에서 '참true'이라는 낱말은 동의함이라는 수행적 기능을 하고 있는 것이 아니다.

보다 약하게 진리 수행론을 해석하는 하나의 방법은 '참이다'라는 낱말의 일차적인 사용은 동의를 수행하는 것이지만, 그 낱말이 언급되는 모든 문장에서 항상 동의함이라는 수행적 기능을 행하고 있는 것은 아니라고 보는 것이다. 그러나 그 낱말이 동의를 수행하지 않는 경우, 즉 일차적으로 사용되지 않은 경우에도 그 낱말은 수행적 기능과 관련해서 설명되어야 한다. 그렇다면 진리 수행론을 주장하기 위해서는 '참이다'라는 낱말이 동의함이라는 행위를 수행하지 않는 경우에도 그 낱말이 어떻게 수행적 기능을 하는 표준적인 서술문의 경우와 관련되어 설명될 수 있는가를 보여주어야 한다.

다음 문장을 생각해보자.

(5.1) 만약 이것이 참이라면 이것이 정답이다.
(5.2) 나는 이것이 참인지 아닌지 모르겠다.

내가 위의 두 문장을 발언할 때 나는 동의함이라는 행위를 행하고 있는 것이 아니다. 그렇다면 (5.1)과 (5.2)는 진리 술어가 수행적 기능을 하는 표준적인 서술문과 관련되어 그 의미가 설명되어야 하는데, 그것은 과연 어떻게 가능한가? 내가 (5.1)

을 발언함으로써 나는 "내가 이것에 동의한다면 그것은 정답이다"를 의미하게 되는가? 또 (5.2)를 발언하는 것은 "나는 이것에 동의해야 할지 말아야 할지 모르겠다"와 같은 의미를 갖는다고 해석할 수 있는가? 그러한 해석이 옳지 않다면 진리 술어를 동의함이라는 수행적 기능을 하는 것으로 해석하려는 시도는 성공적이지 못할 것이다. 따라서 "어떤 낱말 W가 T라는 행위를 수행하기 위해서 사용된다"는 말로 W의 의미를 설명하려는 것은 W가 나타나는 모든 경우에서 그 의미를 설명하지 못한다. 진리 수행론도 진리 개념에 대한 어떤 한 부분을 설명하고 있기는 하지만 진리 개념에 대한 모든 것을 설명하지는 못한다.[3]

이제 언어 행위론에 입각하여 전개된 진리 수행론과 관련하여 거짓말쟁이 역설을 설명하는 마티니치의 제안에 대해서 검토해보자. 그의 주장은 일견 매우 설득력 있어 보인다. 그러나 거짓말쟁이 역설의 근원은 진리 개념 때문이 아니라 진술의 속성 때문이고, 따라서 그 역설은 의미론적인 문제가 아니라 화용론적인 문제라는 그의 결론은 오해의 여지가 있고 또한 옳은 진단도 아닌 것처럼 보인다.

우리는 먼저 역설을 일으키는 문장들이 왜 언어 행위 조건을 만족시키지 못하는지 살펴볼 필요가 있다. 우리는 10.4에서 예로 든 (G)와 (H)를 비롯한 역설을 낳는 문장들에서 발화 수반 행위의 명제적 내용들이 언어 행위를 나타내는 용어를 포함하고 있음을 볼 수 있다. 즉 (G)에서 명령이라는 발화 수반 행위

---

[3] 데이빗슨은 진리 개념을 원초적 개념으로 본다. 즉 진리 개념은 다른 어떤 의미론적 개념에 의해서 설명될 수 있는 개념이 아니고 오히려 진리 개념을 통해서 다른 의미론적 개념이 설명되어야 한다는 것이다. 이러한 관점에 선다면 진리 개념을 설명하려는 모든 시도가 근본적으로 실패할 수밖에 없을 것으로 보아야 할 것이다. D. Davidson, 1967; 1969 참조.

의 명제 내용은 "나의 명령은 어느 것도 따르지 말 것"이고, (H)에서 약속함이라는 발화 수반 행위의 명제 내용은 "내가 어떤 약속도 지키지 않음"이다. 우리는 바로 이러한 사실이 위의 문장들이 언어 행위 조건을 만족시키지 못하는 원인이라고 생각한다. 즉 위의 역설들은 언어 행위가 자신의 명령을 스스로 철회하는 명령을 하고, 자신의 약속을 스스로 어기는 약속을 하기 때문에 발생하는 것이다. (4.3)과 (4.4)에서 명제 내용도 발화 수반 행위를 나타내는 '명령'이라는 낱말을 포함하고 있다. 그 경우에 화자들은 청자를 모순에 빠뜨리는 명령을 하는데 그것은 명령의 개념이 일상적으로 사용되고 있지 않음을 의미한다. 이것은 약속의 경우에도 마찬가지이고, 마티니치가 제시한 또 다른 우연적으로 역설적인 경우에도 적용된다.

다음의 '내기의 역설'의 예를 보자.

(5.3) 아담: 나는 브렌트가 그의 내기에서 이기리라는 것에 걸겠다.

(5.4) 브렌트: 나는 아담이 그의 내기에서 지리라는 것에 걸겠다.

이 경우에도 역설이 발생한다. 즉 아담이 내기에서 이긴다면 브렌트가 이겨야 할 것이고, 그것은 아담이 내기에서 진다는 것을 의미한다. 그리고 아담이 내기에서 진다면 브렌트가 그의 내기에서 이기지 않는다는 것이고 따라서 아담이 내기에서 이긴다는 것을 의미한다. 마티니치는 (5.3)과 (5.4)는 내기라는 언어 행위의 조건을 만족시키지 못하기 때문에 역설이 발생한다고 설명한다. 이 점에 대해서는 우리도 동의한다. 그러나 왜 (5.3)과 (5.4)는 언어 행위 조건을 만족시키지 못하는가?

물론 크립키와 마티니치는 "극도로 불리한 경험적 사실" 때문이라고 대답하겠지만 이것은 또 다른 질문, 즉 "왜 그 경험적 사실은 극도로 불리한가?" 또는 "어떤 경험적 사실을 극도로 불리하다고 간주해야 하는가?"라는 질문을 피할 길이 없다. 만약 이에 대한 마티니치의 대답이 언어 행위 조건을 어긴다든지, 역설을 낳기 때문이라는 것이라면 그것은 순환 논증의 오류를 범하고 있는 것이다. 우리는 이 경우에 아담의 내기라는 발화 수반 행위의 명제 내용이 아무도 온전한 의미에서 이기거나 질 수 없는 '내기'라는 용어를 포함하고, 따라서 그것이 일상적으로 사용되는 내기의 개념이 아니라고 생각한다. 바로 이러한 이유 때문에 이러한 경험적 사실은 극도로 불리하게 되고 언어 행위 조건을 만족시키지 못하여 역설이 발생하는 것이다.

그러면 이제 거짓말쟁이 역설의 경우를 생각해보자. (F)와 같은 거짓말쟁이 문장, 그리고 (4.1)과 (4.2)는 왜 진술이라는 언어 행위 조건을 만족시키지 못하는가? 그 문장들의 명제적 내용이 진술이라는 개념을 포함하는가? 그렇지 않다. 오히려 주목해야 할 것은 그 문장들이 명제적 내용에 진리 개념을 포함하고 있다는 점이다. 즉 거짓말쟁이 문장에서 일상적으로 사용되지 않은 것은 진술의 개념이 아니라 진리의 개념이다. 따라서 거짓말쟁이 역설의 발생은 진술의 속성 때문이 아니라 진리의 개념 때문이라고 보아야 한다.

거짓말쟁이 역설은 거짓말쟁이 문장이 진술이라는 언어 행위의 조건을 만족시키지 못한다는 점에서 마티니치가 제안한 것처럼 그 역설을 "진술(혹은 주장)의 역설 paradox of statement or assertion"이라고 부를 수도 있을 것이다. 그러나 그것은 거짓말쟁이 역설이 진리 개념 때문이 아니라 진술의 속성 때문에 발생한다거나 의미론적인 문제가 아니라 화용론적인 문제라는 것을 의미해서는 안 된다. 그러므로 비록 거짓말쟁이 역설이 언어 행위와 관련하여 설명될 수 있다고 할지라도 그 역설은 여전히 진리 개념과 관련된 의미론적인 문제인 것이다. 보다 정확히 말해서 거짓말쟁이 역설은 진리 개념이 일상적이지 않게 사용되어 발생한 것임에 분명하다. 그런 의미에서 다음과 같은 굽타A. Gupta와 벨납N. Belnap의 비유적인 설명은 매우 시사적이다.

천문학이 발달되기 전에 어떤 원시종족이 일식 현상을 관찰했다고 상상해보자. 그들은 당연히 이러한 기이한 현상에 당황해하면서 그에 대한 설명을 구할 것이다. 그들의 첫번째 경향은 그 사건의 원인을 숙고하는 것일 수 있다. 자연스러운 것처럼 보이는 종류의 가설들, 예를 들어 신의 분노나 악령에 의해서 해가 삼켜짐 등과 같은 가설을 상상할 수 있다. 그러나 그러한 숙고가 일식에 대한 이해를 줄 수는 없을 것이다. 이 현상을 이해하기 위한 적절한 방법은 태양과 달과 행성들의 일상적이고 익숙한 행태를 참을성 있고 체계적으로 연구하는 것이다. (Gupta and Belnap, 1993, 17쪽)

이 비유에서 알 수 있는 것처럼, 우리는 거짓말쟁이 역설이라는 당혹스런 현상의 원인을 규명하기 위해서 일상적인 진리 개념을 면밀히 살펴보고 이해하는 것이 선행되어야 한다. 우리는 일상적인 진리 개념을 올바로 이해함으로써 진리 개념이 비일상적으로 사용된 거짓말쟁이 문장을 올바로 이해하고 또 거짓말쟁이 역설의 원인을 파악할 수 있을 것이다.[4]

---

[4] 송하석은 이를 그의 「진리, 일관적 개념인가?」와 「굽타의 진리 수정론」에서 상세하게 논의하고 있다. 그는 이들 논문에서 거짓말쟁이 역설은 진리 개념이 일관적이지

요컨대 진리 개념을 언어 행위론적 입장에서 설명하는 진리 수행론에 입각하여 거짓말쟁이 역설을 해결하려는 시도는 거짓말쟁이 역설도 언어 행위론의 역설 중의 하나이며 의미론적인 문제가 아니라고 주장하지만, 이것은 (1) 진리 수행론의 결함과, (2) 진술문의 발화 조건을 어기는 이유가 무엇인가라는 보다 근본적인 문제를 파악하지 못한 결함 때문에 그 역설에 대한 옳은 진단과 처방일 수 없다.

10.6 중첩 구조론

다시 문제의 진원지인 거짓말쟁이 문장 (F)로 돌아가 이 문장이 역설을 초래하는 까닭이 무엇인지를 되새김질해보기로 하자. 문제의 관건은 (F)에 나타나는 참/거짓 개념 및 지시사 '이this'의 기능이다. 이를 논의하기 위해 다음의 여섯 쌍의 문장들을 각각 살펴보자.

A.
(A1) "현재 비가 내리고 있다."

(A2) "이 문장은 참이다."

(A2)에서 '이'는 문장 (A1)을 지시한다. (A1)이 참이면 (A2)는 참이고, (A1)이 거짓이면 (A2)도 거짓이다. 즉 문장 (A2)의

않기 때문에 발생함을 보이고, 따라서 거짓말쟁이 역설에 대한 적절한 진단과 처방은 일상적으로 사용되는 진리 개념, 역설이 발생하지 않는 경우에서의 진리 개념의 사용을 살펴봄으로써 가능하다고 주장하고 있다. 송하석, 1996; 1997 참조.

진리치는 문장 (A1)의 진리치에 의존되어 있다. 다시 말하면 문장 (A2)는 문장 (A1)의 진리 함수이다.

B.
(B1) "현재 비가 내리고 있다."
    ↗
(B2) "이 문장은 거짓이다."

(B2)에서 '이'는 문장 (B1)을 지시한다. (B1)이 참이면 (B2)는 거짓이고, (B1)이 거짓이면 (B2)는 참이다. 즉 문장 (B2)의 진리치는 문장 (B1)의 진리치에 의존되어 있다. 다시 말하면 문장 (B2)는 문장 (B1)의 진리 함수이다.

C.
(C) "이 문장은 열세 글자로 되어 있다."

여기서 '이'는 문장 (C) 자체를 지시한다. 그렇다면 우리는 이 문장을 다음의 두 문장이 중첩된 경우로 볼 수 있다.

(C1) "이 문장은 열세 글자로 되어 있다."
    ↗
(C2) "이 문장은 열세 글자로 되어 있다."

(C1)이 참이므로 (C2)도 참이다.

D.
(D) "이 문장은 열 글자로 되어 있다."

여기서 '이'는 문장 (D) 자체를 지시한다. 그렇다면 우리는 이 문장을 다음의 두 문장이 중첩된 경우로 볼 수 있다.

 (D1) "이 문장은 열 글자로 되어 있다."
   ↗
 (D2) "이 문장은 열 글자로 되어 있다."

 (D1)이 거짓이므로 (D2)도 거짓이다.

 E.
 (E) "이 문장은 참이다."

여기서 '이'는 문장 (E) 자체를 지시한다. 그렇다면 우리는 이 문장을 다음의 두 문장이 중첩된 경우로 볼 수 있다.

 (E1) "이 문장은 참이다."
   ↗
 (E2) "이 문장은 참이다."

 (E1)이 참이면 (E2)는 참이고, (E1)이 거짓이면 (E2)도 거짓이다.

 F.
 (F) "이 문장은 거짓이다."

여기서 '이'는 문장 (F) 자체를 지시한다. 그렇다면 우리는 이 문장을 다음의 두 문장이 중첩된 경우로 볼 수 있다.

(F1) "이 문장은 거짓이다."

(F2) "이 문장은 거짓이다."

(F1)이 참이면 (F2)는 거짓이고, (F1)이 거짓이면 (F2)는 참이다.

지금까지의 고찰을 하나의 도표로 정리해보면 다음과 같다.

	문장 1	진리치	문장 2	진리치
A	현재 비가 내리고 있다. 현재 비가 내리고 있다.	T F	이 문장은 참이다. 이 문장은 참이다.	T F
B	현재 비가 내리고 있다. 현재 비가 내리고 있다.	T F	이 문장은 거짓이다. 이 문장은 거짓이다.	F T
C	이 문장은 열세 글자로 되어 있다.	T	이 문장은 열세 글자로 되어 있다.	T
D	이 문장은 열 글자로 되어 있다.	F	이 문장은 열 글자로 되어 있다.	F
E	이 문장은 참이다. 이 문장은 참이다.	T F	이 문장은 참이다. 이 문장은 참이다.	T F
F	이 문장은 거짓이다. 이 문장은 거짓이다.	T F	이 문장은 거짓이다. 이 문장은 거짓이다.	F T

A와 B에서 문장 (A2)와 (B2)는 각각 다른 어떤 문장을 지시하고 있다. 그리고 (A2)와 (B2)의 진리치는 그들이 지시하고 있는 문장의 진리치에 의존되어 있다.

C와 D에서 문장 (C)와 (D)는 그 자신을 지시하고 있다. 따라서 이들은 A와 B에서의 문장 (A2), (B2)와는 다른 범주에 속한 문장들이다.

E와 F에서 문장 (E)와 (F)는 A와 B에서의 문장 (A2), (B2)와 외형상 동일하다. 또한 E와 F에서 문장 (E)와 (F)는 C와 D에서의 문장 (C), (D)와 자기 지시적이라는 점에서 같다. 그러나 (E), (F)와 (A2), (B2), 그리고 (E), (F)와 (C), (D) 사이에는 다음과 같은 두 가지 차이가 있음을 주목할 필요가 있다.

첫째, A와 B의 경우와는 달리 E와 F의 경우에는 (E)와 (F)의 진리치가 (E)와 (F)가 지시하는 바의 진리치에 의존하고 있는지가 묘연하다. (E)와 (F)는 바로 자신을 지시하고 있기 때문이다. (E)와 (F)는 자기 지시적이라는 점에서는 C와 D의 경우와 같지만, C와 D의 경우와는 달리 E와 F의 경우에는 한 문장의 진리치가 바로 자신의 진리치에 의존되어 있다는 표현은 매우 이상하게 들린다. 요컨대 우리가 (E)와 (F)를 그 자신을 지시하는 것으로서 사용할 때, 우리는 (E)와 (F)의 쓰임을 단순히 확장하고 있는 것이 아니라 그것의 정상적인 쓰임을 왜곡하고 있는 것이다. 그러므로 우리가 어려움에 봉착하는 것은 놀라운 일이 아니다. 그 어려움을 논리학자들은 다음과 같이 표현한다. (F)가 참이라면 (F)는 거짓이고, (F)가 거짓이라면 (F)는 참이다. 따라서 우리는 역설에 직면한다. 그러나 우리가 역설에 직면하는 이유는 (F) 자체에서가 아니라 (F)에 대한 논리학자들의 사용에서 발견된다. 그들은 (F)를 자기 지시적으로 사용하면서도 여전히 그 진리치가 그것이 지시하는 문장의 진리치에 의존되어 있다고 보기 때문에 당연히 역설에 빠지게 되는 것이다.

둘째, (F)가 참이면 (F)는 거짓이고, (F)가 거짓이면 (F)는 참이라는 주장에서 (F)가 참이라는 전제, 그리고 (F)가 거짓이라는 전제는 각각 무엇을 의미하는가? 우리는 (F)가 참인 상황, (F)가 거짓인 상황을 과연 구체적으로 상상할 수 있을까? A와 B의 경우, 그리고 C와 D의 경우에서처럼 일반적으로 우리는 한 문장이 참, 혹은 거짓임을 알 경우에 우리는 그 문장이 무엇을 의미하는지를 안다. 그러나 문제되는 (F)의 경우 그것이 참, 혹은 거짓인 경우에 그 문장이 구체적으로 무엇을 의미하는지 명확하지 않다.

이 두 가지 차이점을 간과할 경우 (F)로부터 거짓말쟁이 역설이 발생한다는 것은 놀라운 일이 아니다. 역설의 발생은 문장 (F)에 대한 논리학자들의 그릇된 태도에서 이미 예견될 수 있는 것이다.

이 글에서 우리는 자기 지시적 문장이 동일한 두 문장의 중첩 구조로 이루어져 있다는 분석을 통해 거짓말쟁이 역설을 해소하려 했다. 이는 역설이나 모순이 증명에 의해서 제거되는 것이 아니라 분석에 의해서 해소된다고 보는 비트겐슈타인 (WVC. 121~22쪽)의 견해와 가깝다. (F)와 같은 자기 지시적 문장이 동일한 두 문장, 즉 (F1)과 (F2)의 중첩 구조로 이루어져 있다는 우리의 분석은 역설의 발생을 논증하는 과정에도 전제되어 있다. (F)가 참이면 (F)는 거짓이고, (F)가 거짓이면 (F)는 참이라는 명제는 결국 (F1)이 참이면 (F2)는 거짓이고, (F1)이 거짓이면 (F2)는 참이라는 명제로 바꾸어 쓸 수 있기 때문이다. 그렇다면 앞서 살펴본 다음의 역설은 결국 거짓말쟁이 역설과 같은 구조를 지니고 있음을 알게 된다.

(2.1) 아래 문장은 거짓이다.
(2.2) 위 문장은 참이다.

(2.1)이 참이면 (2.2)는 거짓이고, (2.2)가 거짓이면 (2.1)은 거짓이다. 요컨대 (2.1)이 참이면 (2.1)은 거짓이다. 그리고 이는 앞서의 (F)의 경우의 변형이다. 여기서 우리는 (2.1)과 (2.2)가 자기 지시적인 문장이 아님에도 불구하고 거짓말쟁이 역설과 같은 역설을 초래하는 근원적인 이유를 알게 된다. 그 이유는 이들이 변형된 중첩 구조를 지니고 있다는 데서 찾아진다.

11. 투사적 존재로서의 타자

11.1 이끄는 말

남기창 교수는 「크루소의 언어는 사적 언어인가?」(1995)라는 논문에서 비트겐슈타인의 사적 언어와 규칙의 문제에 관한 크립키의 논증에 대해 중요한 비판을 전개했다. 이 글에서 우리는 남교수의 논문을 비판적인 시각에서 읽어보려 한다.

그런데 남교수의 논문에 관해 논의하기 위해서는 그 논문의 모태가 되는 남교수의 박사학위 논문인 "A Defense of Wittgenstein's Private Language Argument"(1993)와 역시 그로부터 발췌 구성된 논문 「비트겐슈타인은 데카르트적 의미로서의 사적 감각의 존재를 인정하는가?」(1994)를 먼저 읽어야 한다. 「크루소의 언어는 사적 언어인가?」는 하나의 독립된 논문으로 보기에는 구성상 여러모로 아쉬운 점이 있다. 가령 그 논문은 분명 비트겐슈타인과 사적 언어에 관한 글이면서도 정작 사적 언어에 관한 비트겐슈타인 자신의 논증과 그에 대한 남교수의 해석은 누락되어 있다. 그 대신 에이어 A. J. Ayer의 반론과 크립키의 해석만이 비판되고 있을 뿐이다. 사적 언어의 불가능성을 주장하는 비트겐슈타인의 논증이 누락된 채 사적 언어가 불가능하다는 비트겐슈타인의 결론만이 그 논문에서 전제되어 있다는 사실은 적지 않은 혼란을 초래한다. 예컨대 그로 말미암아 그 논문의 주제, 즉 크루소의 언어가 사적 언어인가라는 물음에 대한 답변이 너무 쉽게 나버릴 수 있다. 사적 언어가 불가능하다면 크루소의 언어는 당연히 사적 언어일 수 없다고 말이다. 이러한 구성상의 아쉬움은 그 논문을 남교수의 박사학위 논문과 함께 읽을 때에야 어느 정도 제거된다.

11.2 데카르트주의자들

남기창 교수의 박사학위 논문은 비트겐슈타인의 사적 언어 논증을 데카르트주의에 대한 비판으로 해석하고 있다. 「크루소의 언어는 사적 언어인가?」에서도 남교수는 크립키의 비트겐슈타인 해석을 비트겐슈타인에 대한 올바른 해석으로 볼 수 없는 이유의 하나로 크립키가 바로 이 점을 간과하고 있음을 지적하고 있다. 그러나 아쉽게도 비트겐슈타인이 비판하려는 데카르트주의에 대한 유형별 구분이 「크루소의 언어는 사적 언어인가?」에는 누락되어 있다. 우리는 남교수가 박사학위 논문에서 제시한 데카르트주의에 대한 유형별 구분이 「크루소의 언어는 사적 언어인가?」를 논의하기 위해서 필요하다고 생각한다. 이제 남교수의 구분을 간추려 정리해보자.

남기창 교수는 데카르트주의자를 "한 사람의 정신 상태는—감각들을 포함하여—오로지 그에게만 알려질 수 있고 그 외엔 어느 누구에게도 알려질 수 없다고 주장하는 철학자"(남기창, 1994, 224~25쪽)로 정의한다. 남교수에 의하면 데카르트주의자는 인식론적 데카르트주의자와 의미론적 데카르트주의자로 구분된다. 인식론적 데카르트주의자는 "감각들은 오로지 그것들의 소유자만이 직접적으로 알 수 있고 가질 수 있다고 주장하는 사람"(남기창, 1994, 225쪽)이다. 의미론적 데카르트주의자는 다음과 같은 주장을 하는 사람이다. "'고통'과 같은 감각 단어의 의미는 그것이 지칭하는 감각이며, 공적으로 관찰이 가능한 감각 행동들은 감각 단어를 배우고 이해하는 데 아무런 역할을 하지 않는다. 왜냐하면 한 감각 단어의 의미를 배우기 위하여 우리는 단어와 감각 사이에 있는 관계를 사적 실물 지시적 방식 private ostensive definition에 의해 포착해야 하기 때문이다. 만약 어떤 사람이 어느 감각을 전혀 경험해보지 못했으면, 그는 그 감각을 의미하는 단어를 이해했다고 말할 수 없다"(남기창, 1994, 225쪽).

남기창 교수는 인식론적 데카르트주의자를 다시 인식론적 회의주의적 데카르트주의자와 인식론적 비회의주의적 데카르트주의자로 구분한다. 인식론적 회의주의적 데카르트주의자는 "내가 오직 나 자신의 감각만을 직접 알 수 있는 한 나는 다른 사람이 감각을 가지고 있음을 알 수 없다고 주장하는 사람"(남기창, 1993, 7쪽)이다. 인식론적 비회의주의적 데카르트주의자는 "그러한 유아론 solipsism을 거부하고 우리가 다른 사람이 감각을 가지고 있음을 알 수 있다고 주장"(남기창, 1993, 7쪽)하는 사람이다.

남기창 교수는 의미론적 데카르트주의자를 다시 의미론적 회의주의적 데카르트주의자와 의미론적 비회의주의적 데카르트주의자로 구분한다. 의미론적 회의주의적 데카르트주의자는 "만일 고통이 사적이고 '고통'이라는 단어의 의미가 바로 사적 감각이라면 오직 나만이 '아픔'의 의미를 이해할 수 있으며 다른 사람이 내가 사용하는 방식으로 '고통'이라는 단어를 사용하는지 확신할 수 없다고 주장할 것이다. 따라서 의미론적 회의주의적 데카르트주의자는 '고통'의 상호 이해의 가능성을 부정한다. 그들은 '의미-유아론자'라고 불리어질 수 있을 것이다"(남기창, 1993, 7~8쪽). 한편 의미론적 비회의주의적 데카르트주의자는 "비록 '고통'의 의미가 바로 사적 감각이라 해도 내가 다른 사람이 사용하는 '고통'이라는 단어를 여전히 이해할 수 있다고 주장"(남기창, 1993, 8쪽)하는 사람이다.

이와 아울러 남기창 교수는 인식론적 비회의주의적 데카르트주의와 의미론적 비회의주의적 데카르트주의가 각각 인식론적 회의주의적 데카르트주의와 의미론적 회의주의적 데카르트주의로 화하지 않을 수 없음을 보이는 것이 "사적 언어 논증의 중요한 일부"(남기창, 1993, 8쪽)라고 주장한다. 그러나 우리가 보기에 비트겐슈타인의 입장은 위에 열거한 어떠한 형태의 데카르트주의도 불가능하다는 것이다. 비트겐슈타인은 "한 사람의 정신 상태는—감각들을 포함하여—오로지 그에게만 알려질 수 있고 그 외엔 어느 누구에게도 알려질 수 없다"는 데카르트주의가 "한편으로는 틀렸으며 다른 한편으로는 난센스"(PI, §246)라고 말한다. 비트겐슈타인도 예컨대 감각이 사적임은 인정하지만(PI, §§246, 248), 그 사실은 그 감각의 소유자가 안다고 말할 수 있는 것이 아니라는 것이다(PI, §246).[1] 사적 언어와 데카르트주의가 불가능하다는 비트겐슈타인의 주장과 논증을 수용한다면 우리는 사적 언어와 데카르트주의가 성립하는 것처럼 말해서는 안 될 것이다. 만일 데카르트주의자가 존재한다면 그는 그릇된 신념에 사로잡힌 사람에 불과하다.

11.3 에이어

이제 남기창 교수의 논문 「크루소의 언어는 사적 언어인가?」

---

[1] 이에 관한 자세한 논의를 위해서는 다음을 참조할 것. Garver, 1984.

를 살펴보자. 논문은 "태어나면서부터 주위에는 아무 사람도 없이 혼자 살아온 가상의 사람"(남기창, 1995, 213쪽) 크루소에 관한 이야기로 시작한다. "여기서 '크루소'는 소설의 주인공을 가리키는 것이 아니다. 소설의 주인공으로서의 크루소는 무인도에 떨어지기 전에 다른 사람과 살고 있었고 물론 이미 언어를 사용하고 있었다"(남기창, 1995, 213쪽). 우리는 페어스(D. Pears, 1988)와 바-온(D. Bar-On, 1992)의 제안을 좇아 "태어나면서부터 주위에는 아무 사람도 없이 혼자 살아온 가상의 사람"을 소설 속의 크루소와 구별하기 위해 '슈퍼 크루소Super-Crusoe'라 부르겠다. 슈퍼 크루소의 언어는 사적인가?

남기창 교수는 이 문제를 논의하기에 앞서 비트겐슈타인의 사적 언어 논증에 대한 에이어(Ayer, 1954)의 반론을 소개한다. "에이어에 의하면 비트겐슈타인의 사적 언어 논증은 다음의 두 가지 잘못된 가정에 근거하고 있다. 첫번째 가정은 이것이다. 한 단어를 이해하는 것은, 만약 그것이 의미하는 대상을 관찰할 수 없거나 또는 최소한 그 대상에 자연적으로 연합되어 있는 것을 관찰할 수 없다면, 논리적으로 불가능하다. 두번째 가정은 이것이다. 한 사람이 하나의 기호에 의미를 부여할 수 있기 위해서는 다른 사람들이 그 기호의 의미를 이해할 수 있어야 한다는 것이 필수적이다. ……결국 거짓인 가정에 근거하고 있는 비트겐슈타인의 사적 언어 논증은 거부되어야 한다"(남기창, 1995, 213~14쪽).

남기창 교수는 에이어의 반론이 사적 언어와 슈퍼 크루소의 언어의 차이를 간과하고 있다고 비판한다. 그러나 우리는 다른 각도에서 에이어의 반론의 문제점을 지적하고자 한다. 에이어가 보기에 비트겐슈타인이 사적 언어 논증에서 하고 있다는 첫번째 가정은 비트겐슈타인이 그의 『탐구』, §§27~64에서 비판하고 있는 지시적 의미론 referential theory of meaning이다. 그러나 비트겐슈타인은 사적 언어 논증에서 이러한 가정을 수용한 바 없다. 그는 사적 언어 논증을 시작하기 앞서 이미 이러한 의미론을 논파했다. 에이어가 보기에 비트겐슈타인이 사적 언어 논증에서 하고 있다는 두번째 가정은 그 가정의 진위 여부는 차치하고라도 사적 언어 논증의 가정이 아니다. 사적 언어 논증과 이러한 가정이 아무런 관련이 없다는 것은 남기창 교수의 입장이기도 하다. 우리는 또한 "결국 거짓인 가정에 근거하고 있는 비트겐슈타인의 사적 언어 논증은 거부되어야 한다"는 에이어의 결론에도 문제가 있다고 본다. 논증의 전제가 거짓이라는 사실에서 그 논증이 부당하다는 결론은 연역되지 않는다. 전제가 참이고 결론이 거짓인 논증이 언제나 부당하다는 사실을 제외하고는 논증의 타당성 여부와 논증의 전제 및 결론의 진위 여부 간에는 아무런 관련이 없기 때문이다.

11.4 인류학자

에이어는 고독한 슈퍼 크루소가 인류학자에 의해 발견되는 시나리오를 상상한다(Ayer, 1954). 에이어는 인류학자가 슈퍼 크루소가 감각 언어를 사용하고 있다고 보고한다는 것이 상상 가능하다고 주장한다. 그리고 에이어는 이로 말미암아 사적인 감각을 지칭하기 위한 사적 언어가 가능하다는 것을 입증했다고 주장한다. 남기창 교수는 이에 대해 다음과 같은 반론을 제기한다.

감각이 비트겐슈타인이 정의한 식으로 사적이라고 믿는 철학자들은—이들을 데카르트주의자들이라고 하자. 에이어도 그 중의 하나이다—크루소가 언어를 사용한다는 발견을 사적 언어가 가능하다는 주장을 지지하기 위하여 사용할 수 없다. 만약에 그들이 그 발견을 이용한다면, 스스로를 논박하는 것이 된다. 왜냐하면 데카르트주의자들이 주장하는 것은, 나는 다른 사람들이 나와 같은 방식으로 감각 단어를 사용하고 있는지 또는 다른 사람들이 나와 같은 감각을 가지고 있는지를 확신할 수 없다는 것이기 때문이다. 따라서 그들은 다른 사람들이 감각 단어를 정말로 사용하는지를 의심하는 것과 똑같이 크루소가 감각 단어를 사용하고 있다는 것을 의심해야 한다. (남기창, 1995, 218쪽)

그러나 남기창 교수는 이러한 주장을 할 수 없다. 남교수 자신의 구분에 따르면 데카르트주의자들 중에서도 가령 인식론적 비회의주의적 데카르트주의자는 "우리가 다른 사람이 감각을 가지고 있음을 알 수 있다고 주장"(남기창, 1993, 7쪽)하며, 의미론적 비회의주의적 데카르트주의자는 "내가 다른 사람이 사용하는 '고통'이라는 단어를 여전히 이해할 수 있다고 주장"(남기창, 1993, 8쪽)하기 때문이다. 남교수가 제시하는 위의 반론이 성립할 수 있으려면 데카르트주의자들은 모두 인식론적으로나 의미론적으로나 회의주의자여야 한다는 전제가 먼저 논증되어야 한다.

11.5 슈퍼 크루소

남기창 교수는 비트겐슈타인이 슈퍼 크루소의 언어의 가능성을 배제하지 않았다는 근거로 힌티카(Hintikka, 1986)와 베이커/해커(Baker and Hacker, 1984)가 인용한 비트겐슈타인의 미발간 원고를 제시하고 있다.

우리는 실제로 로빈슨 [크루소]와 같은 사람이 그 자신만을 위해 언어를 사용하고 있다는 것을 상상할 수 있다. 그러나, 그렇다면, 그는 일정한 방식으로 **행동해야** 하며, 그렇지 않으면 우리는 그가 그 자신과 언어 게임을 하고 있다고 말해서는 안 된다. (MS, 148, 24쪽)[2]

원고 165에서 비트겐슈타인은 그가 사는 동굴 안에 있는 벽에 그림-언어를 사용하는 혼자 사는 동굴-인간을 상상하고 있다. 그는 이러한 언어는 쉽게 이해될 수 있다고 말한다. 나중에 그는 자신에게만 말하고, 자신에게 명령을 내리는 혼자 사는 동굴-인간을 상상한다. 그가 우리가 해석할 수 있는 간단한 기호들을 사용한다면, 우리는 그를 이해하게 될 수 있을 것이다. 몇 쪽 뒤에서 비트겐슈타인은 누군가가 자신에게만 말하는 언어를 묘사하는 것은 그의 행동의 규칙성을 묘사하는 것이지, 단지 한 번 일어날 수 있는 것을 묘사하는 것이 아니라고 결론을 내리고 있다. (MS 129, 89쪽 참조)[3]

위의 두 인용문에서의 언어는 사적 언어가 아니다. 첫째 인용문에서 우리는 "로빈슨 [크루소]와 같은 사람이 그 자신만을 위해 언어를 사용하고 있는 것을 상상할 수 있"으며 둘째 인용

---

[2] Hintikka and Hintikka, 1986, 253쪽에서 재인용.
[3] Baker and Hacker, 1984, 21쪽.

문에서 "그가 우리가 해석할 수 있는 간단한 기호들을 사용한다면, 우리는 그를 이해하게 될 수 있을 것"이기 때문이다. 그러나 힌티카, 베이커/해커, 남교수의 주장과는 달리 우리는 이들 인용문에서의 언어가 정말 슈퍼 크루소의 언어인지 의심한다. 첫째 인용문에서의 로빈슨〔크루소〕와 둘째 인용문에서의 동굴-인간이 슈퍼 크루소처럼 "태어나면서부터 주위에는 아무 사람도 없이 혼자 살아온" 사람인지가 명시되어 있지 않기 때문이다. 만일 이들이 소설의 로빈슨 크루소와 같이 인간과 격리되기 전에 "다른 사람들과 살고 있었고 물론 이미 언어를 사용하고 있었다"면 위의 두 인용문은 슈퍼 크루소의 언어의 가능성과는 무관한 구절로 간주해야 할 것이다. 위의 두 인용문에서 비트겐슈타인은 힌티카, 베이커/해커, 남교수의 주장과는 달리 슈퍼 크루소의 언어의 가능성에 대해 침묵하고 있다.

11.6 타자

슈퍼 크루소의 언어는 가능한가? 비트겐슈타인이 이 문제를 생각해보았는지의 여부는 적어도 문헌상으로는 확실하지 않다. 남기창 교수가 그 가능성을 인정하는 논증을 펼 때 그 논증은 비트겐슈타인의 것이 아니라 남교수 자신의 것이다. 남교수의 논증은 매우 간략히 서술되어 있다. 그 전부를 인용해보자.

그는, 비록 그가 혼자서 살아온 크루소와 같은 사람일지라도, 그가 관찰하고 있는 공적인 대상을 그의 규칙따르기를 점검하기 위하여 사용할 수 있다. 실제로 이것이 크루소가, 만약 그가 규칙을 따르고 있다면, 규칙을 따르는 방식일 것이다. (남기창,

1995, 226쪽)

 이 논증 속의 크루소가 과연 슈퍼 크루소일까? "태어나면서 부터 주위에는 아무 사람도 없이 혼자 살아온" 사람은 대체 어떤 사람일까? 이러한 사람을 온전히 상상하는 것은 둥근 삼각형을 상상하는 것만큼이나 어렵다. 우리 자신을 태어나면서부터 우리 주위의 다른 사람으로부터 완전히 격리시켜 이해하는 것이 과연 가능할까? 현실적으로 그러한 격리가 이루어질 경우엔 우리 자신의 개체성마저 소멸될 것이다. 우리는 태어나면서부터 홀로 생존할 수 없기 때문이다. 그렇다면 슈퍼 크루소는 어떻게 생존의 문제를 극복하고 더 나아가 "그가 관찰하고 있는 공적 대상을 그의 규칙따르기를 점검하기 위하여 사용할 수 있"는 경지에 이르렀을까? 신생아의 생존은 누군가에 의한 양육에 의해서만 가능하고 이 양육의 방식이 신생아의 현재와 미래의 생활 양식 전반을 좌우한다는 것은 잘 알려진 사실이다.[4]

 그렇다면 슈퍼 크루소는 데포 Daniel Defoe의 소설 『로빈슨 크루소』에서의 크루소라기보다는 키플링 Rudyard Kipling의 소설 『정글북』에서의 모글리에 더 가까운지 모른다. 모글리는 "태어나면서부터 주위에는 아무 사람도 없이 살아온" 소년이다. 그러나 그러한 모글리도 혼자 살아오지는 않았다. 그의 주위에는 그를 양육해준 늑대들과 정글이 있었다. 그도 주위 모든 것으로부터 완전히 격리된 유아독존적 존재는 아니었다. 데포도 키플링도 그러한 완전한 타자에 대해서는 소설을 쓸 수

---

[4] 이에 관한 자세한 논의를 위해서는 다음을 참조할 것. W. Caudill and H. Weinstein, 1972; P. Bourdieu, 1977.

없었을 것이다.

남기창 교수는 그러한 존재가 "그가 관찰하고 있는 공적 대상을 그의 규칙따르기를 점검하기 위하여 사용할 수 있다"고 말한다. 이는 슈퍼 크루소 주위에 관찰 가능한 공적 대상이 존재함을, 즉 슈퍼 크루소도 주위의 모든 것으로부터 완전히 격리된 완전한 타자는 아님을 의미한다. 그렇다면 슈퍼 크루소 주위에는 무엇이 존재하는가?

남기창 교수의 슈퍼 크루소 가설은 여기서 딜레마에 봉착한다. 만일 슈퍼 크루소의 세계가 오직 슈퍼 크루소 이외의 인간만이 배제된 세계라면 슈퍼 크루소는 분명 인간이 아닌 누군가 (가령 늑대들)에 의해 양육되었고 그로 말미암아 "그가 관찰하고 있는 공적 대상을 그의 규칙따르기를 점검하기 위하여 사용할 수 있"게 된 존재이다. 그러나 이러한 해석은 슈퍼 크루소를 혼자 살아온 사람으로 규정하는 남교수의 정의에 위배되는 것처럼 보인다. 슈퍼 크루소는 (적어도 일정 기간 동안) 양육자와 함께 살아왔기 때문이다. 만일 슈퍼 크루소의 세계가 슈퍼 크루소 이외의 모든 것이 배제된 세계라면 슈퍼 크루소는 분명 혼자 살아온 사람일 것이다. 그러나 이러한 해석은 슈퍼 크루소가 "그가 관찰하고 있는 공적 대상을 그의 규칙따르기를 점검하기 위하여 사용할 수 있다"는 남교수의 주장에 위배된다. 관찰할 공적 대상이 이미 모두 배제되었기 때문이다. 만일 남교수가 슈퍼 크루소의 세계를 오직 슈퍼 크루소 이외의 인간만이 배제된 세계로 가정하면서도 슈퍼 크루소가 그 누구에 의해서도 양육되지 않고 혼자 살아왔다고 주장한다면 그는 이러한 주장이 어떻게 성립할 수 있는지를 논증해야 할 것이다.

11.7 투사적 존재

　혹자는 우리의 이러한 비판에 다음과 같은 이의를 제기할지 모른다. "슈퍼 크루소의 세계는 사유 실험의 세계이다. 사유 실험을 논의하기 위해서 그 실험이 현실적으로 가능한지의 여부를 반드시 먼저 논증해야 할 필요는 없다. 예컨대 아인슈타인이 상대성 이론을 설명하기 위해 제시한 일련의 사유 실험들의 가치와 의미는 그 실험이 현실적으로 가능한지의 여부를 떠나서 만일 가능하다면 우리가 그로부터 어떠한 결과를 연역할 수 있는지를 생각하게 한다는 데 있다." 그러나 아인슈타인의 사유 실험과 슈퍼 크루소의 경우에는 한 가지 중요한 차이점이 있다. 아인슈타인의 사유 실험, 예컨대 시계의 역설(D. Sciama, 1986 참조)은 그것을 상상하는 데 아무런 어려움이 없다. 그것이 우리의 상상력의 연장선상에 있는, 우리의 상상력의 테두리에서 일어나는 상상적 사건을 다루고 있기 때문이다.

　반면 슈퍼 크루소는 그 존재 자체가 우리의 상상력을 넘어서는, 우리와는 그 태생부터 전혀 다른 타자라는 데 문제가 있다. 우리는 어떻게 슈퍼 크루소가 존재할 수 있는지 알지 못한다. 그러나 여하튼 그는 "태어나면서부터 주위에는 아무 사람도 없이 혼자 살아" 왔고 "그가 관찰하고 있는 공적 대상을 그의 규칙따르기를 점검하기 위하여 사용할 수 있"는 사람이다.

　우리는 남기창 교수가 묘사한 이러한 슈퍼 크루소가 우리와 이질적인 타자라기보다는 우리와 친숙한 고독한 사람의 이미지를 투사projection시킨 투사적 존재가 아닌가 생각한다. 즉 남교수의 슈퍼 크루소는 "태어나면서부터 주위에는 아무 사람도 없이 혼자 살아온" 사람이지만 동시에 "그가 관찰하고 있는 공적 대상을 그의 규칙따르기를 점검하기 위하여 사용할 수 있"는 우리와 같은 사람이다.

그렇다면 이러한 투사적 존재에 관한 사유 실험에서 우리는 어떠한 가치 있는 결론을 얻을 수 있는가? 아인슈타인의 사유 실험의 경우와는 달리 슈퍼 크루소의 경우에는 얻을 게 없다. 슈퍼 크루소가 우리 자신의 투사에 불과하다면 슈퍼 크루소가 우리와 같은 언어를 사용할 수 있다는 것은 너무도 자명하다. 그것을 '논증'하려는 것은 선결 문제 요구의 오류 the fallacy of begging the question를 자초하려는 것에 다름아니다.

이와 관련하여 남기창 교수는 슈퍼 크루소의 문제에 관한 크립키의 견해를 인용하고 있다.

> 이것이 섬에 격리되어 있는 로빈슨 크루소가 어떤 일을 하던 간에 어떤 규칙을 따르고 있다고 말해질 수 없다는 것을 뜻하는가? 나는 이것이 도출되는 것을 보지 못한다. 도출되는 것은 만약 우리가 크루소가 규칙을 따르는 것으로 생각한다면, 우리는 그를 우리의 공동체 안으로 데려와서 규칙따르기를 위한 우리의 규준들을 그에게 적용시키고 있다는 것이다. 사적인 모델의 거짓됨은 육체적으로 고립된 사람이 규칙을 따른다고 말해질 수 없다는 것을 뜻하지 않는다. 그것은 오히려 고립된 것으로 간주되는 사람이 (그가 육체적으로 고립되어 있든지 아니든지 간에) 규칙을 따르는 것으로 말해질 수 없다는 것이다. (Kripke, 1982, 110쪽)

남교수는 이 구절에 대해 "크립키는 사적 언어가 불가능하다는 것이 크루소의 언어가 불가능하다는 것을 함축하는 것은 아니라"(남기창, 1995, 230쪽)고 보고 있으며 "이렇게 말함으로써 그의 이론의 일관성을 잃게 하고 있다"(남기창, 1995. 249쪽)고 비판한다. 그러나 우리는 크립키의 위 구절에 대해 다음과 같은 점에서 남교수의 비판적 태도와 견해를 달리한다. 첫째, 여기서의 로빈슨 크루소가 슈퍼 크루소인지의 여부는 확실치 않다. 만일 크립키의 로빈슨 크루소가 슈퍼 크루소가 아니라면 남교수의 비판은 초점을 잃게 된다. 둘째, 크립키는 여기서 크루소의 언어가 가능한지의 문제에 대해 확답을 피하고 있다(그는 **만약**이라는 단서를 강조하고 나서 자신의 논의를 전개하고 있다). 우리는 그의 이러한 미온적 태도가 크루소가 완전한 타자가 아니라 우리 자신의 모습이 투사된 투사적 존재라는 사실의 인식에서 기인한다고 추정한다. 이러한 추정의 근거로 우리는 앞서의 인용문에서 특히 다음의 문장을 들고 싶다.

 도출되는 것은 **만약** 우리가 크루소가 규칙을 따르는 것으로 생각한다면, 우리는 그를 우리의 공동체 안으로 데려와서 규칙 따르기를 위한 우리의 규준들을 그에게 적용시키고 있다는 것이다. (Kripke, 1982, 110쪽)

크립키는 투사적 존재로서의 타자(크루소)가 우리와 같이 규칙을 따르고 언어를 사용할 수 있는지에 관한 물음이 사이비 물음pseudo-question이라고 생각했을지 모른다. 적어도 그는 위의 인용문에 나타난 태도 이외의 다른 어떠한 태도, 예컨대 크루소가 우리와 같은 언어를 사용할 수 있음을 '논증'하려는 태도가 선결 문제 요구의 오류에 빠짐을 잘 알고 있었을 것이다.

11.8 크립키

남기창 교수는 크립키의 비트겐슈타인 해석이 전반적으로 보아 비트겐슈타인에 대한 올바른 해석이 아님을 지적하고 있다. 5장에서 자세히 보았듯이 우리도 이 문제에 대해서는 남교수와 대체로 동의한다. 그러나 우리는 남교수가 크립키의 해석을 비판하는 과정에 대해 의견을 달리한다. 남교수는 크립키가 "사적 언어 논증에서 진정으로 논의되는 주제는 데카르트적 의미로서의 사밀성(私密性)privacy이 아니라 규칙따르기의 본성이라고 주장"(남기창, 1995, 231~32쪽)하고 있다고 말한다. 이를 바탕으로 남교수는 크립키가 이러한 주장을 정당화하려면 "사적인 규칙따르기 모델이 어떤 것인지 그 예를 우리에게 보여줄 수 있어야 하고, 이 예는 또 사적 언어 사용자의 규칙따르기와 달라야 한다"(남기창, 1995, 232쪽)고 말한다. 그리고 남교수는 크립키가 "이러한 조건을 만족시키는 예를 보여줄 수 없다는 것을 입증"(남기창, 1995, 232쪽)하려 한다.

남기창 교수는 다음과 같이 계속한다.

크립키가 찾아야 될 사적인 규칙따르기 모델의 예는 다음의 조건을 만족시켜야 한다. 첫째, 그것은 사적 언어 사용자의 경우와 비슷해야 된다. 왜냐하면 둘은 사적인 규칙따르기 모델이라는 점에서 같은 종류에 속하기 때문이다. 둘째, 그러나 그것은 또 사적 언어 사용자의 경우와 달라야 한다. 왜냐하면 크립키가 찾아야 하는 것은 사적 언어 사용자가 따르는 사적인 규칙따르기 모델과 다른 사적인 규칙따르기 모델의 예이기 때문이다. (남기창, 1995, 232쪽)

남기창 교수는 "크립키는 딜레마에 빠져 있다"(남기창, 1995, 233쪽)고 말한다. 그러나 크립키는 자신에 대한 남교수의 이러한 비판이 공정한 것이라고 생각할까?

우리는 우선 크립키가 남기창 교수의 해석과는 달리 "사적 언어 논증에서 진정으로 논의되는 주제는 데카르트적 의미로서의 사밀성이 아니"라고 주장하지 않았음을 지적하고 싶다. 크립키의 말을 직접 들어보자.

'사적 언어'는 통상 다른 사람은 이해하기가 논리적으로 불가능한 언어로 정의된다. 사적 언어 논증은 이러한 의미의 사적 언어가 불가능하다는 논증으로 간주된다. 이러한 이해는 **잘못된 것이 아니다**. 그러나 내게는 강조점이 잘못 놓여진 것처럼 보인다. (Kripke, 1982, 109쪽, 강조는 필자)

크립키는 비트겐슈타인의 사적 언어 논증을 데카르트적 의미의 사적 성격을 갖는 언어가 불가능하다는 논증으로 이해하는 것에 반대하지 않는다. 다만 그는 사적 언어 논증을 그 강조점을 달리하여 해석하고자 할 뿐이다.

남기창 교수가 크립키를 위하여 준비한 딜레마는 크립키가 말하는 사적인 규칙따르기 모델과 사적 언어 사용자가 따르는 사적인 규칙따르기 모델이 그 외연 extension에 있어서 다르다는 전제에 기초해 있다. 그러나 위의 인용문에서 보듯이 이는 남교수가 구성한 전제이지 크립키 자신의 전제가 아니다. 크립키는 단지 사적 언어 논증의 강조점을 비트겐슈타인의 주석가들과는 다른 곳에 놓고 싶어할 뿐이다. 하나의 논증에 대한 해석상의 강조점이 달라진다고 해서 그 논증의 외연이 둘로 갈라지는 것은 아니다. 단지 그 논증에 대한 시각 전환이 이루어질 뿐이다. 따라서 남교수의 딜레마 함정에 크립키는 결코 걸려들지 않는다.

11.9 크립켄슈타인

남기창 교수는 사적인 규칙따르기 모델이 거짓이라는 것을 보여주는 것이 비트겐슈타인에게는 사적 언어의 불가능성을 보여주는 것보다 "더 기본적인" 문제라는 크립키의 주장(Kripke, 1982, 110쪽)이 비트겐슈타인에 대한 올바른 해석이 아님을 지적하고 있다. 크립키의 이러한 주장이 비트겐슈타인에 대한 해석으로서의 설득력을 가지려면 문헌적 고증이 뒷받침되어야 할 것이다. 그러나 흥미로운 것은 크립키 스스로가 애초부터 자신의 비트겐슈타인 해석이 올바른 해석임을 주장하고 있지 않다는 점이다. 그는 자신의 의도가 "구체적인 구절에 대한 주석에 초점을 두기보다는 내게 떠오른, 내게 문제를 제기한 논증을 상술하려는 것"(Kripke, 1982, viii)이라고 말한다.

  이 논문은 '비트겐슈타인'의 논증이나 '크립키'의 논증을 상술하는 것으로 생각되어서는 안 된다. 오히려 크립키에게 떠오른, 크립키에게 문제를 제기한 비트겐슈타인의 논증을 상술하는 것으로 생각되어져야 한다. (Kripke, 1982, 5쪽)

이러한 연유로 크립키의 비트겐슈타인 해석은 비트겐슈타인 자신의 논증도, 크립키 자신의 논증도 아닌 '크립켄슈타인

Kripkenstein'의 논증이라 불리어지기도 한다(E. LePore and B. Loewer, 1988, 465~67쪽 참조).

크립키의 이러한 변명을 양해했을 때 사적 규칙따르기 모델의 비정확성이 "더 기본적"이라는 크립키의 주장은 정당화될 수 있을까? 이에 대해 남기창 교수는 다음과 같이 말한다.

> 전자(사적 모델의 비정확성)가 후자(사적 언어의 불가능성) 보다 더 기본적이라고 말하는 것은 이상하다. 왜냐하면 그 둘은 실제로 같은 것이기 때문이다. 만약 '기본적'이라는 말을 사용해야 한다면, 사적 언어 논증의 불가능성이 사적인 규칙따르기 모델의 비정확성보다 더 기본적이라고 말할 수 있을 것 같다. 왜냐하면 사적 언어가 지칭하는 것으로 상정되는 데카르트적 의미로서의 사적인 것을 언급하지 않고는 사적인 규칙따르기 모델로부터—그것이 크립키에 의해 생각되는 식으로서의—철학적으로 중요한 점을 이끌어낼 수 없기 때문이다. (남기창, 1995, 234쪽)

사적 규칙따르기 모델의 비정확성과 사적 언어의 불가능성이 "실제로 같은 것"이라는 남교수의 지적은 옳다. 그러나 크립키는 이로부터 "모든 규칙들에의 적용"(Kripke, 1982, 110쪽)으로 나아간다. 그것이 규칙따르기가 "더 기본적인" 문제라는 그의 견해의 핵심이다. 반면 남교수는 "데카르트적 의미로서의 사적인 것을 언급하지 않고는 사적인 규칙따르기 모델로부터 철학적으로 중요한 점을 이끌어낼 수 없기 때문"에 사적 언어 논증의 불가능성이 더 기본적이라고 주장한다. 남교수의 이러한 주장은 규칙따르기의 문제를 데카르트적 의미의 사밀성의 문제로 묶어두려는 의도가 포함되어 있다. 그러나 크립키와 그로부터 파생된 크립켄슈타인들, 예컨대 라이트(Wright, 1980; 1993), 밀리칸(R. G. Millikan, 1990), 보고시안(P. Boghossian, 1989) 등의 규칙따르기 논의는 이로부터 벗어나 있다. 그들은 이미 남교수, 혹은 비트겐슈타인의 의도에 괘념치 않는지 모른다. 그 대신 그들은 규칙따르기 문제가 비트겐슈타인에 의해 훌륭히 완수된 데카르트주의 비판을 넘어 더 많은 "철학적으로 중요한 점을 이끌어낼 수" 있는, "더 기본적인" 문제라고 생각하는 것 같다.

III. 토론

비트겐슈타인의 논리철학: 버팔로에서의 토론

비트겐슈타인의 모순론: 한국분석철학회에서의 토론

12. 비트겐슈타인의 논리철학: 버팔로에서의 토론[1]

12.1 『논고』의 논리학

니콜라스 굿만(Nicolas Goodman, 뉴욕 주립대/버팔로 수학과 교수): 비트겐슈타인은 『논고』에서 요소명제를 논리적 상항 logical constant이 아닌 이름들만의 직접적 결합으로 이루어진 명제라 했습니다(TLP, 4.221). 러셀은 그의 논리적 원자론에 관한 강의에서 비트겐슈타인의 이러한 입장을 발전시켰습니다 (Russell, 1918). 러셀의 이론을 토대로 "이것은 초록색이다" "고양이가 탁자 위에 있다" 등의 원자명제를 살펴봅시다. 비트겐슈타인에 대해 다음의 두 가지 의문을 제기하고 싶습니다. (1) 이 두 명제에 내재한 이름들 사이의 관계가 두 명제의 피상적 유사성과는 대조적으로 상당히 다르다는 것입니다. 첫번째 명제는 '이것'(논리적 고유명사)의 색채를 서술하는 관계로 구성되어 있고, 두번째 명제는 고양이와 탁자의 공간적 배치를 기술하는 관계로 구성되어 있습니다. 이 두 원자명제에서 보여지는 이름들의 조합구조의 상이성은 요소명제가 이름들만의 조합이라는 비트겐슈타인의 이론으로는 전혀 드러나지 않게 됩니다. 이러한 사실은 비트겐슈타인의 요소명제론을 결과적으로 약화시키는 요소로 작용합니다. (2) 명제는 결코 이름만

---

[1] 이 장은 비트겐슈타인의 수리철학에 관해 버팔로의 수학자 및 철학자들과의 토론의 일부를 이 책의 체제에 맞게 손질해 옮긴 것이다. 토론은 1991년 7월 12일과 17일에 이루어졌다.

으로 이루어지지 않습니다. 위의 두번째 명제만 해도 크게는 주어와 술어로, 보다 구체적으로 말하자면 명사, 동사, 전치사, 정관사 등으로 이루어져 있는 것으로 분석됩니다. 이름은 술어보다는 주어에 가까운 것일 터인데 과연 주어로만 이루어진 명제가 가능하겠습니까?

이승종: 비트겐슈타인의 『논고』체계를 러셀의 논리적 원자론과 동일한 것으로 보는 해석은 문제가 있다고 봅니다. 그 두 체계는 표면적 유사성에도 불구하고 여러 점에서 확연히 다르기 때문입니다. 무엇보다도 비트겐슈타인은 요소명제, 그것을 구성하는 이름, 그리고 이름의 지시체인 대상의 실례를 말한 적이 없습니다. 그는 그러한 예를 찾는 것이 철학이나 논리학의 영역이 아니라고 보았습니다. 교수님께서 방금 예로 드신 "이것은 초록색이다" "고양이가 탁자 위에 있다" 등이 요소명제의 예인지에 대해 저로서는 회의적입니다. 그 이유 중의 하나는 위의 명제들을 구성하고 있는 '초록색' '고양이' '탁자' 등이 논리적으로 더 분석될 수 없는 대상들의 이름이라고 보기 어렵다는 점입니다. 초록색은 노란색과 파란색의 융합으로 볼 수 있고, 고양이, 탁자 등은 얼마든지 그 부분들, 혹은 더 나아가 물리·화학적 성분으로 분석될 수 있습니다. 대상이 구체적으로 어떠한 것인지 예를 들 수 없다면, 그 대상을 지칭하는 이름의 예를 들 수 없을 것이고, 이름의 예를 들 수 없다면 이름들로 이루어진 요소명제의 예를 들 수 없게 됩니다.

굿만: 비트겐슈타인의 '이름' '대상' 등의 개념의 의미가 우리가 일상 언어에서 이해하는 의미와 다르다는 이야기인데 상당히 선험적인 묘사로 들리는군요. 『논고』에서의 비트겐슈타인의 언어 이론, 혹은 논리학이 우리의 일상 언어에 관한 것이 아니라는 말입니까? 그렇다면 그러한 이론은 대체 무엇에 관

한 것입니까?

이승종: 『논고』의 언어 이론, 혹은 논리학은 분명 우리의 일상 언어를 분석하기 위해 제안된 것입니다. 비트겐슈타인은 그것이 어떤 이상 언어나 인공 언어에 대한 것이 아니라 우리 일상 언어의 참다운 구조를 반영하는 것이라고 생각했습니다. 하지만 『논고』에서 비트겐슈타인은 자신의 논리학이 영어, 독어, 불어 등등의 구체적이고 개별적인 일상 언어 구조에 직접적으로 관여되어 있다기보다는 어떠한 언어이건 그것이 세계에 관해 진술하는 데 쓰여질 때 그것이 어떠한 보편적 틀에 의해 분석될 수 있는지의 문제에 관여된다고 보았습니다. 『논고』에서 비트겐슈타인이 실제의 명제를 예로 들지 않고 p, q, r 등의 기호를 명제의 예로 사용하고 있다는 사실은 이러한 정신을 반영하는 것으로 볼 수 있습니다. 요컨대 『논고』에서 비트겐슈타인의 주된 관심은 실제의 일상 언어에 있다기보다는 그 언어를 분석하는 논리적 패러다임(진리 함수 논리)에 있다고 하는 게 보다 올바른 해석이라 생각합니다. 그는 자신의 논리적 문법이 프레게(Frege, 1879), 러셀 등의 개념 표기법의 발전된 형태라고 보았고(TLP, 3.325), 러셀의 기술 이론을 언어 분석의 탁월한 모델로 높이 평가하기도 했습니다.

굿만: 그러나 러셀의 기술 이론이 일상 언어에 대한 실제적 분석인데 반해 비트겐슈타인의 『논고』는 일상 언어에서 벗어난 추상적 분석이 아닌가 싶습니다.

이승종: 저는 『논고』가 일상 언어에 관한 분석이라고 생각합니다. 다만 칸트I. Kant의 『순수 이성 비판』이 그러하듯이 구체적 예와 세목이 생략되어 있을 뿐입니다.

굿만: 『논고』에서 비트겐슈타인이 명제 논리 체계나 양화술어 논리 체계 등의 표준적 논리 체계에 대해서 어떠한 입장을

취했는지 궁금합니다.

이승종: 그는 그러한 표준적 논리에 대해 긍정적인 편이었습니다. 그런데 요소명제를 이름들의 결합으로 보는 비트겐슈타인의 분석은 명제 논리의 수준을 넘고 있습니다. 명제와 명제 사이의 외연 논리가 아닌, 한 명제 내에서의 이름들의 결합에서 그 명제의 의미를 찾고 있기 때문입니다. 그러나 그는 명제가 그 속에 보유된 이름들의 함수라 했을 때 그 함수의 본질이 어떤 것인지에 대해 구체적으로 언급하지 않았습니다.

굿만: 그 함수는 명제와 명제 사이의 외연적 관계를 설명하는 진리 함수는 아니겠지요?

이승종: 그렇습니다. 어떻게 이름들의 내재적 관계가 명제의 의미를 결정하는지에 대해, 그리고 그 관계를 설명하는 함수가 어떤 것인지에 대한 대답은 『논고』에서는 찾아볼 수 없습니다. 사실 비트겐슈타인은 이 문제가 프레게, 러셀 등에 의해 발전된 개념 표기법, 혹은 『논고』에 나타난 기호 논리 체계로는 설명될 수 없다는 방향으로 기울어집니다. 저의 대답이 너무 늦었긴 하지만 토론의 벽두에서 교수님께서 지적하신 문제, 즉 "이것은 초록색이다" "고양이가 탁자 위에 있다" 등의 명제에서 '이것'과 '초록색'의 관계와 '고양이'와 '탁자'의 관계의 다름이 『논고』의 논리 체계 안에서 어떻게 드러날 수 있는지에 대해서 저 자신 회의적인 입장입니다. 제가 보기엔 『논고』의 비트겐슈타인은 이 난제의 해결책을 제시하지 못했습니다. 대신 그는 『논고』 이후의 작품들에서 자신의 진리 함수 논리의 한계를 시인했고 언어를 인간의 생활 양식과 결부시켜 인류학적 시각에서 고찰하는 일대 방향 전환을 갖게 됩니다.

12.2 『논고』의 명제론

굿만: 『논고』에서 동어반복과 모순에 대한 비트겐슈타인의 견해는 많은 문제점을 안고 있다고 봅니다. 그러나 이 문제를 토론하기 위해서는 『논고』의 의미론에 대한 명확한 이해가 필요할 것입니다. 그러므로 우선 『논고』의 의미론을 논의하기로 하죠.

이승종: 『논고』의 의미론은 아래의 두 명제로 정식화된다고 봅니다. 첫째, 한 문장은 그것이 참이거나 거짓인 경우가 논리적으로 모두 가능할 때, 그리고 오직 그때에만 의미를 가진다. 둘째, 한 문장은 그것이 참이거나 거짓인 경우 중 어느 한 경우가 논리적으로 불가능할 때, 그리고 오직 그때에만 의미를 결여한다.

굿만: 동어반복은 그것이 거짓인 경우가 논리적으로 불가능하므로, 그리고 모순은 그것이 참인 경우가 논리적으로 불가능하므로 이 둘은 모두 의미를 결여하게 된다. 맞지요?

이승종: 그렇습니다.

굿만: "오늘은 날이 맑거나 맑지 않다." 이것은 동어반복의 예입니다. 그러므로 『논고』에 따르면 이 문장은 아무런 의미도 없습니다. 그렇죠?

이승종: 옳습니다.

굿만: 그러나 제가 예로 든 문장은 비트겐슈타인의 진리표의 분석에 의하면 언제나 참입니다. 따라서 참인 의미를 지닙니다. 어떻게 한 문장이 참이면서 동시에 의미를 결여할 수 있습니까? 상식에 맞지 않습니다.

이승종: 좋은 지적입니다. 교수님의 지적이 『논고』에 나타난

두 가지 다른 명제 이론 사이의 갈등을 그대로 표현하고 있기 때문입니다. 이 두 가지 다른 명제 이론을 저는 각각 형식적 명제론, 의미론적 명제론이라 부르겠습니다. 형식적 명제론은 동시 부정joint negation에 의해 모든 명제가 유도된다는 이론입니다. 의미론적 명제론은 명제의 진리와 의미가 세계를 그리는 기능에서 찾아진다는 이론입니다. 형식적 명제론에서 보면 동어반복과 모순은 모두 동시 부정에 의해 구성된 명제 조합이기에 분명 명제의 일종입니다. 형식적 명제론에 의하면 명제는 모두 진리치와 의미를 갖습니다. 따라서 동어반복과 모순도 그것이 명제인 이상 진리치와 의미를 갖게 됩니다. 한편 의미론적 명제론의 입장에서 보면 동어반복과 모순은 세계의 어떤 사태와도 그림 관계를 가질 수 없기 때문에 명제로 간주될 수 없고 따라서 진리치와 의미를 결하게 됩니다. 이 두 이론은 이처럼 동어반복과 모순에 대해 서로 상충되는 결론을 초래합니다. 비트겐슈타인이 『논고』에서 이러한 문제점을 알고 있었는지 저는 모르겠습니다. 그러나 그 자신도 후에 『논고』에서 동어반복과 모순의 설명이 자의적이고 편협한 것이었음을 시인하고 있는 것 같습니다. 비트겐슈타인의 후기 저술에 나타나는 변모, 즉 모순 개념의 확장과 그 의미의 철학적 고찰, 동어반복 개념이 문법적 명제로 전환되는 모습 등등은 이러한 제 추측을 뒷받침하는 예들입니다.

12.3 수학적 명제의 의미

굿만: 저를 비롯한 많은 수학자, 논리학자들은 수학 기초론과 수리철학에 관한 비트겐슈타인의 중기 저작들을 실패작으

로 보고 있습니다. 가령 비트겐슈타인은 수학적 명제의 의미를 설명하는 데 실패하고 있다고 봅니다. 그런데 비트겐슈타인의 수학에 대한 논의는 수학을 게임에 비유하는 데서 출발하므로 우선 이 대목을 살펴보고 그 다음에 수학적 명제의 의미 규명의 문제를 다루는 것이 올바른 순서일 것입니다.

이승종: 비트겐슈타인에 의하면 수학의 명제들은 무엇을 기술하는 명제들로 볼 수 없습니다. 수학은 사실 그 어떤 무엇에 대한 학문이 아니기 때문입니다(PG, 290쪽). 수학은 기호의 게임이고 수학적 명제들은 우리가 수학이라는 게임을 할 때 쓰이는 규칙들입니다. 장기가 그 어떤 사실에 관한 기술이 아닌 것처럼 수학도 어떤 사실적 대상에 관한 학문이 아닙니다. 수학적 기호들은 장기에서의 졸처럼 수학이라는 기호의 게임에 쓰이는 놀이 말로 볼 수 있습니다. 장기의 졸들이 장기라는 게임 밖에서는 별 의미를 갖지 않는 것처럼 수학의 기호들도 수학이라는 게임 밖에서 보았을 때는 의미없는 낙서에 불과합니다. 오직 그 기호들이 게임의 규칙에 의해서 운용될 때 기호들은 그 게임 안에서 의미를 갖게 됩니다.

굿만: 제가 비판하고 싶은 표적을 잘 정리해주었습니다. 수학의 명제란 무엇입니까? 그것은 수학의 기호들의 조합입니다. 그런데 방금 또 한편으로는 수학의 명제가 수학이라는 게임의 규칙이라고도 말했습니다. 어떻게 이 두 견해가 양립할 수 있습니까? 수학의 명제가 수학적 기호들의 조합이라 했을 때 이는 수학의 명제가 수학이라는 게임의 놀이 말임을 뜻합니다. 그런데 또 한편으로 수학의 명제가 수학이라는 게임의 규칙이라고 했을 때 이 견해는 앞의 견해와는 분명 다른 것입니다. 이러한 혼란은 수학에 관한 비트겐슈타인의 중기 저작 곳곳에서 발견됩니다.

이승종: 게임의 비유를 살펴보는 데서 이 문제를 풀어 나갈 수 있을 것입니다. 가령 우리가 장기를 둘 때 우리는 졸, 포, 차 등등의 놀이 말들을 일정한 규칙 하에 운용합니다. 마찬가지로 우리가 수학이라는 게임을 할 때 우리는 수학적 기호들을 일정한 규칙 하에 운용합니다. 놀이 말과 규칙은 분명히 다른 범주에 속합니다. 하지만 이 둘은 모두 게임에 필요할뿐더러 불가불 연관되어 있습니다. 놀이 말 없는 게임, 규칙 없는 게임을 상상하기 어려운 것처럼 기호 없는 수학, 규칙 없는 수학도 상상하기 어렵지 않습니까? 따라서 수학의 명제가 기호인지 규칙인지의 문제는 이런 측면에서 보았을 때 어느 한쪽이라고 잘라 단정할 수 없다고 봅니다.

뉴턴 가버(Newton Garver, 뉴욕 주립대/버팔로 철학과 석좌교수): 『논고』에서 비트겐슈타인은 명제를 구성하는 이름이 뜻meaning과 지시체를 갖지 않으면 그 명제는 의미sense를 갖지 않는다고 보았습니다. 그러나 후에 그는 이러한 견해를 수정했습니다. 명제가 의미를 갖기 위해 명제를 구성하는 이름이 뜻과 지시체를 가질 필요는 없다는 것입니다. 이러한 맥락에서 보자면 수학적 명제가 의미를 갖기 위해 수학적 명제의 구성요소가 뜻과 지시체를 가질 필요는 없는 것입니다. 따라서 수학의 기호가 뜻과 지시체를 갖지 않는다는 것은 옳지만 그 기호에 관한 규칙으로서의 수학적 명제, 그 기호로 이루어진 수학적 명제가 의미를 갖지 않는다는 것은 옳지 않습니다.

굿만: 수학의 명제가 기호의 조합이라고 답한다면 그 기호들은 무엇에 관한 것인가라는 질문을 던지겠습니다. 비트겐슈타인은 그 기호들은 그 어떤 것에 관한 것도 아니라고 했습니다. 그러면 그 기호의 의미는 무엇인가? 비트겐슈타인은 기호가 규칙에 의해 운용될 때 의미를 갖게 된다고 보았습니다. 좋습

니다. 그럼 대상을 바꾸어, 수학의 규칙은 무엇에 관한 규칙입니까? 수학의 기호들에 관한 규칙이라고 답하겠지요. 그러나 방금 그 기호들은 그 어떤 무엇에 관한 것도 아니라고 했습니다. 이 논의 과정에서 비트겐슈타인은 수학적 명제의 의미를 설명하는 데 분명 실패하고 있습니다.

이승종: 교수님께서는 명제가 무엇에 관해 이야기할 때에만 의미를 갖는다고 전제하시는군요.

굿만: 그렇습니다. 그리고 그 전제는 너무도 타당합니다. 그러나 비트겐슈타인은 형식주의 수학 기초론에 비판적임에도 불구하고, 수학을 게임에 너무 밀착시켜 이해하는 과정에서 스스로 형식주의의 오류에 빠져들고 있습니다. 형식주의의 오류는 수학의 의미론적 지평을 간과하는 데서 비롯됩니다. 수학의 명제, 혹은 수학 전체가 우리에게 어떤 의미를 가지려면 그것이 지향하고 있는 어떤 모델이 필요합니다. 그것이 구체적인 것이든 관념적인 것이든 간에 말이죠.

이승종: 그렇다면 교수님은 수학이 무엇에 관한 학문이라고 생각하십니까?

굿만: 사실 무엇에 관한 것이든 좋습니다. 수학은 밀J. S. Mill이나 콰인Quine처럼 경험주의적으로 해석할 수도, 프레게나 초기의 러셀처럼 플라톤주의적으로 해석할 수도 있습니다. 그러나 제가 주장하고자 하는 핵심은 수학이 의미를 갖기 위해서는 어떤 무엇에 관한 학문이어야 한다는 것입니다.

이승종: 비트겐슈타인은 수학의 명제가 수학적 기호에 관한 규칙이라고 말했습니다. 그리고 그 기호 역시 수학의 명제에 속한다고 보았습니다. 교수님께서 이 대목에 불만을 표하신다면 사실 저는 수학은 수학적 기호에 관한 학문이라고밖에는 말씀드릴 수 없습니다. 위의 대답에서 비트겐슈타인이 수학에 관

한 어떤 새로운 사실을 말하고 있다고는 보지 않습니다. 그러나 위의 대답이 틀렸다고도 보지 않습니다. 비유클리드 기하학이 그것이 참일 수 있는 모델을 갖기 전까지 많은 수학자들에게 의구심의 대상이었다는 것은 역사적 사실입니다. 그렇다고 해서 비유클리드 기하학이 그것이 참인 모델을 갖기 전까지 한낱 무의미한 기호들의 뭉치에 불과했다는 견해는 좀 이상합니다. 저는 교수님께서 수학을 그것의 해석과 동일시하고 있지 않나 싶습니다. 이에 연관되는 예를 비트겐슈타인의 작품에서 하나 들어보겠습니다. 어떤 혹성에서는 전쟁을 할 때 장기의 규칙대로 실제의 전쟁을 진행한다고 가정해보겠습니다. 즉, 이 전쟁에서는 장기의 규칙이 곧 전술, 전략에 응용되는 것입니다 (WVC, 104쪽). 이러한 사실에 근거해서 장기가 전쟁에 관련된 것이라고 결론지을 수 있을까요? 위의 예에서 장기의 규칙이 전쟁에 응용된 것은 사실입니다. 그러나 이 사실이 장기가 곧 전쟁에 관한 것이라는 결론을 함의하지는 않습니다. 마찬가지로 수학이 무엇에 적용된다고 해서 바로 그 무엇에 관한 학문이라는 결론을 유도할 수는 없지 않을까요? 요컨대 장기 게임을 이해하는 데 의미론이 필요하지 않은 것처럼 비트겐슈타인은 수학의 이해에 의미론이 필요하지 않다는 견해입니다. 그리고 이것이 비트겐슈타인의 수리철학이 지닌 맹점이라고 할 수는 없습니다.

굿만: 하지만 수학에 의미론을 연관시키지 않으려는 비트겐슈타인의 입장은 곧 엄청난 결과를 초래합니다. 수학에서 의미론을 제거하면 우리는 수학적 명제의 참과 거짓을 말할 수 없게 됩니다. 참과 거짓은 타르스키 Tarski가 지적한 바와 같이 의미론적 개념이기 때문이죠. 수학에서 참과 거짓을 논할 수 없을 때 우리는 수학을 자의적 변덕과 구분할 수 없게 됩니다. 수

학이 발명이지 발견이 아니라는 비트겐슈타인의 주장(RFM, 99쪽)은 이러한 위험을 내포하고 있습니다. 가령 지금 제가 어떤 정리theorem를 증명하려 한다고 가정해봅시다. 비트겐슈타인은 이 증명의 매 단계가 수학자의 발명에 의해서 이루어진다고 본다는 말입니까? 그렇다면 이는 수학을 크게 잘못 보고 하는 말임에 틀림없습니다.

이승종: 더밋도 교수님과 유사한 비판을 한 적이 있습니다 (Dummett, 1959). 비트겐슈타인이 수학을 발견 아닌 발명으로 보는 이유는 수학을 발견으로 보는 프레게(Frege, 1918)의 플라톤주의를 논박하려는 데서 찾아집니다. 비트겐슈타인은 수학이 플라톤주의적 존재론을 필요로 하지 않는다는 사실을 강조하기 위해, 수학의 독자성을 보존하려는 견지에서 수학을 발견으로 보지 않은 것입니다. 더밋은 이러한 비트겐슈타인의 입장을 확대 과장해서 마치 비트겐슈타인이 교수님께서 우려하신 대로 수학의 증명의 매 단계를 수학자의 임의적인 창조의 과정으로 보는 것처럼 왜곡시켰습니다. 더밋은 수학적 활동의 본질이 규칙을 따르는 행위라는 비트겐슈타인의 주장을 간과하고 있습니다. 더밋의 해석대로 우리가 수학을 할 때, 매번 규칙을 마음대로 따르거나 창조한다면 그런 규칙은 있으나마나이고 수학은 성립할 수 없게 됩니다.

굿만: 비트겐슈타인은 한편으로는 증명이 논리적 강제력을 행사한다고 하면서 다른 한편으로는 증명에 사용되는 규칙이 자의적임을 역설하는 듯이 보입니다. 그러나 분명 이 둘은 양립하기 어렵습니다.

이승종: 제가 이해하기로는 비트겐슈타인은 논리적 강제력이 우리에게 부과된다고 보지 않았습니다. 우리는 규칙을 바꿀 수 있으니까요. 그러나 그렇다고 해서 더밋의 해석처럼 규칙의

적용의 매 단계가 자의적으로 선택된다는 것은 아닙니다.

굿만: 그렇다면 수학이 발명이라는 비트겐슈타인의 주장의 의미는 무엇입니까? 어떻게 이 주장이 수학적 활동의 본질이 규칙을 따르는 행위라는 주장과 어우러질 수 있습니까?

이승종: 다시 게임의 비유에서 이야기를 풀어 나가보겠습니다. 장기 게임은 분명 인간의 발명입니다. 그 규칙도 마찬가지이고요. 장기 게임과 그 규칙을 우리는 결코 발견했다고 말하지 않습니다. 우리가 장기를 둘 때 우리는 장기의 규칙을 준수해야 합니다. 그렇지 않으면 장기 게임은 성립되지 않으니까요. 그러나 그렇다고 장기 게임이 기계적인 규칙의 준수로만 진행되는 것은 아닙니다. 규칙을 준수하는 한에서도 놀이 말들의 운용의 폭과 가능성은 무궁무진하니까요. 장기를 잘 두는 사람이란 게임에서 이 폭과 가능성을 능률적으로 다스리는 사람이겠지요. 마찬가지로 수학이 기호의 게임이라고 했을 때, 그리고 그것이 규칙을 따르는 행위에 의해 진행된다고 했을 때 여전히 그 게임을 어떻게 풀어 나가느냐는 수학자 개개인의 역량과 창의성에 의존한다고 볼 수 있습니다. 수학은 이러한 점에서 분명 인간의 작품이고 인간의 작업입니다. 이 점에서 비트겐슈타인은 수학을 인간의 요소가 배제된 기호의 메커니즘으로 보는 형식주의나 논리주의, 혹은 수학을 발견으로 보는 플라톤주의에 반대합니다.

굿만: 그러나 여전히 비트겐슈타인은 수학적 명제의 참과 거짓에 대한 판단 기준을 마련하지 못하고 있습니다.

이승종: 교수님께서는 아까 참과 거짓이 의미론적 개념이라고 하셨습니다. 저는 교수님의 입장이 전적으로 틀렸다고 보지는 않습니다. 다만 참과 거짓은 다양한 문맥에서 다양하게 사용되고 있다는 평범한 사실을 환기하고 싶습니다. 수학과 게임

에서의 이들의 쓰임이 그러합니다. 우리는 "2 + 2 = 4"가 참이라고 말합니다. "2 + 2 = 5"는 거짓이라고 말합니다. 그러나 우리는 참과 거짓이라는 말 대신 "2 + 2 = 4"가 옳고 "2 + 2 = 5"는 잘못되었다고도 말할 수 있습니다. 마치 장기 게임에서 장기말이 장기판을 벗어날 수 없다고 하면 옳고 그렇지 않으면 잘못된 것이라고 말하는 것처럼 말입니다. 장기 게임에서 위의 규칙은 게임의 운용에 관한 규칙에 불과합니다. 그 외의 어떠한 의미론적 내용도 함축하고 있지 않습니다. 그리고 우리는 이들 규칙에 대해 참이다, 거짓이다라고 말하지 않습니다. 마찬가지로 "2 + 2 = 4"라는 명제는 대수의 규칙을 반영하고 있을 뿐 그 이외의 어떠한 다른 무엇을 기술하고 있지도, 기술되는 그 무엇에 의해 참으로 정당화되는 것도 아닙니다. 이처럼 수학적 명제의 참/거짓은 "지금 비가 온다"와 같이 경험적 사실에 관해 진술하는 명제의 참/거짓의 성격과 비교해볼 때 현격한 차이가 있습니다. 그렇다고 우리는 수학의 명제에 대해서는 참/거짓 대신 옳음/그름의 개념을 도입해야 할 것인가요? 저는 아무래도 상관이 없다고 봅니다. 사실 그럴 필요는 없겠지요. 교수님께서 말씀하신 대로 이미 많은 수학자들이 수학적 명제에 대해 참/거짓을 말하고 있고, 앞으로도 그럴 것이니까요. 수학자들의 언어의 용법을 탓하거나 정정하기보다는 수학에서의 참과 거짓의 문제가 여타의 문맥에서의 그것과 많이 다르다는 사실을 인식하고 있는 것이 훨씬 경제적인 일이겠지요.

12.4 모순과 무모순

굿만: 수학적 명제의 의미나 그 진리치의 문제에 대해 혼란된 생각을 가지고 있는 비트겐슈타인의 수학에 대한 오해는 그의 모순에 대한 태도에서도 그대로 드러나고 있습니다. 요컨대 비트겐슈타인은 수학, 혹은 논리학에서 모순을 두려워할 아무런 이유도 없다고 했죠?

이승종: 아무런 이론적 이유가 없다고 했습니다(RFM, 214쪽).

굿만: 저는 비트겐슈타인이 왜 이런 무책임한 주장을 했을까 생각해보았습니다. 제 결론은 이렇습니다. 수학에서 모순을 허용하는 비트겐슈타인의 태도는 수학에서의 참/거짓, 의미/무의미의 문제를 해명하지 못하는 데서 비롯됩니다. 비트겐슈타인은 참인 수학 이론과 거짓인 수학 이론을 구분할 수 없었습니다. 수학에서의 참과 거짓을 운위할 수 있는 의미론적 지평을 간과했기 때문이죠. 그래서 비트겐슈타인은 거짓인 수학 이론에 대해서까지 이렇게 관대하게 된 것입니다.

이승종: 거짓인 수학 이론이란 무엇입니까?

굿만: 모순이 존재하는 이론은 언제나 거짓인 이론입니다. 하나의 이론이 'p'와 '~p'라는 모순된 명제를 동시에 함의할 때, 이 이론이 참일 수 있는 모델의 존재 가능성은 사라집니다.

이승종: 수학에서 모순이 발견되었을 때 모순에 대한 수학자들의 태도는 어떠했습니까?

굿만: 칸토르의 집합론을 예로 들어보겠습니다. 많은 사람들이 이 집합론을 수학의 기초를 형성하는 중요한 이론으로 믿어 왔지요. 그런데 이 이론에 모순이 존재한다는 사실이 러셀에 의해 발견되었지요. 물론 칸토르 자신도 이미 이 사실을 알고

있었지만. 그때 사람들의 반응은 어떠했냐고요? 어느 누구도 비트겐슈타인처럼 집합론의 역설을 태평한 태도로 지나치지 않았습니다. 모순의 발견으로 말미암아 수학자들은 한편으로는 칸토르의 집합론에서 모순을 제거하기 위해 이론의 개정 작업에 주력하거나 혹은 그와는 별도의 무모순적인 집합론의 개발에 착수했습니다. 다른 한편으로는 집합론의 모순이 무엇을 의미하는지에 대해 천착했고, 그래서 집합론의 핵심 개념들의 재점검이 이루어지게 됩니다. 이로 말미암아 수학의 기초에 대한 새로운 인식의 지평이 열리게 된 것도 사실이고요.

이승종: 교수님께서는 칸토르의 집합론이나 프레게의 논리학처럼 체계 내에서 모순이 발견된 이론들은 거짓이라고 보십니까?

굿만: 물론이죠. 2 + 2가 4이면서 5인 대수 이론이 거짓인 이론인 것처럼.

이승종: 어째서 그런 이론이 거짓입니까?

굿만: 사실과 맞지 않기 때문에 거짓이죠. 어떻게 2 + 2가 4이면서 5인 사실이 있을 수 있겠습니까? 더 나아가 어떻게 2 + 2의 결과가 제멋대로일 수 있는 세계가 있겠습니까? 어느 방송국의 일기예보가 "오늘은 비가 올 것이다. 그리고 오늘은 비가 오지 않을 것이다"라고 나온다면 그에 대한 우리의 반응은 무엇이겠습니까? 그 방송국의 일기예보는 믿을 수 없고, 전혀 틀렸고, 따라서 아무런 쓸모도 없다는 것이겠죠.

이승종: 제가 아까 말씀드린 것처럼 교수님께서는 수학 이론과 그 수학 이론의 해석을 계속 동일한 것으로 보고 계신 것 같습니다. 저는 그 이유가 교수님께서 의미론적 진리 개념 하에서의 수학적 진리의 문제를 강조하고 있기 때문이라고 봅니다. 그러나 우리는 동일한 수학 이론과 그 이론 내의 명제들이 그

해석 여하에 따라 참으로도, 혹은 거짓으로도 간주될 수 있다는 사실은 잘 알고 있습니다. 가령 기하학에서 "삼각형의 내각의 합은 180도이다"라는 명제는 그 해석 여하에 따라 참으로도, 거짓으로도 볼 수 있습니다. 역으로 우리는 그 명제의 진리치는 해석을 떠나서는 별도로 논의될 수 없다고 말합니다. 그러나 교수님께서는 한 걸음 더 나아가 해석을 떠나서는 수학이론이 이론으로 성립할 수 없다고 보시는 모양입니다.

굿만: 그러나 유클리드 기하학이나 비유클리드 기하학은 모순이 발견된 이론이 아닙니다. 따라서 이들이 어떤 특정한 해석 하에서 거짓인 경우는 프레게의 논리 체계가 모순을 안고 있는 이유로 항상 거짓인 경우와는 구분되어야 합니다. 그리고 위의 기하학의 명제가 거짓인 해석은 쉽게 참인 해석으로 고쳐질 수 있습니다. 가령 "삼각형의 내각의 합은 180도이다"는 명제가 비유클리드 공간에서는 거짓이지만 유클리드 공간에서는 참이라는 방식으로 말이죠.

이승종: 저는 수학에서건 다른 여타 학문에서건 그 학문에서 다루어지는 기호, 혹은 언어를 언제나 존재에로 지향시켜 그 의미를 이해하고, 참/거짓을 가려내는 태도가 서양의 오랜 형이상학의 전통에서 연원한다고 봅니다. 수학이 오랫동안 철학자들에 의해 모범적 학문으로 대접받아왔고 또한 많은 철학자들이 수학의 토대 문제에 실제로 깊이 관여해왔기에 그들의 형이상학이 수학자들의 수학관에서도 드러난다는 사실은 어쩌면 당연한 귀결일 수 있습니다. 모순을 합리성의 이름으로 수학에서 배제하려는 경향 역시 서양 철학의 치우친 합리주의가 집요하게 관철되는 과정으로 봅니다.

수학, 혹은 논리학이 그 무엇에 관한 학문이라는 견해에도 여러 가지가 있습니다. 가령 세계의 형식적 구조에 관한 학문

(전기 비트겐슈타인), 경험적 대상 세계에 관한 학문(밀, 콰인), 인간의 사고의 법칙에 관한 학문(불 George Boole), 논리·수학적 존재에 관한 학문(러셀, 프레게), 혹은 제반 학문들이 공유하는 형식에 관한 학문이라는 현상학자의 견해(B. Smith, 1989) 등등 말이죠. 그러나 저는 수학, 혹은 논리학이 그 어느 것에 관한 학문일 수도 있고, 혹은 반대로 그 어느 것에 관한 학문도 아닐 수도 있다고 생각합니다. 물론 언제나 중요한 기준의 하나는 우리 인간이 그 다양한 수학, 논리학을 어떻게 우리의 삶에, 주어진 문제에 연관시키느냐 하는 것입니다. 그러나 이를 바탕으로 우리의 삶에, 주어진 문제의 해결에 적합한 수학과 논리학만이 참된 수학이요, 논리학이라고 간주한다면 이는 근시안적인 견해가 아닐 수 없습니다. 가령 우리의 사고에, 혹은 경험된 세계의 어떠한 질서와도 상반된 규칙들로 구성된 논리학이 있다고 할 때, 그것이 경험된 세계와 어떠한 연관성도 없고, 그렇다고 우리의 사고와 추론에 아무런 쓸모가 없다고 해서 그것을 논리학이 아니라고 간주할 이론적 혹은 논리적 근거는 없다고 봅니다. 아울러 실용주의적 근거는 위의 이론적, 논리적 근거와는 구별되어져야 합니다.

굿만: 저는 이 구별의 확실성에 대해 매우 회의적입니다. 앞서 말한 소위 근시안적 견해는 인간에게 주어진 가장 원초적이고 불가피한 견해라는 입장입니다. 이 견해가 우리의 삶을 이해하는 데, 학문을 이해하는 데, 수학 혹은 논리학을 이해하는 데 언제나 척도로 기능한다고 봅니다. 다음과 같은 경우를 생각해봅시다. 법정에서 피고의 진술이 며칠간 계속되고 있습니다. 검사는 피고의 진술을 다 경청한 뒤에 그의 진술 사이에 모순이 있음을 발견하고 이를 폭로합니다. 이는 다음을 함축합니다. 첫째, 이러한 모순의 발견은 피고의 진술이 거짓임을 확증

합니다. 둘째, 피고의 진술에 모순이 내재해 있으므로 우리는 피고의 진술로부터 올바른 추론을 통해 상이한 결론에 도달할 수 있습니다. 요컨대 우리는 일상적 문맥에서도 모순으로부터 올바른 추론을 합니다. 그런데 비트겐슈타인은 이를 부정하고 있습니다. 그는 다만 이 모든 것을 문법적 오류 정도로 얼버무리고 있습니다. 그러나 그는 틀렸습니다. 모순이 발견된 체계나 담론은 거짓입니다. 그 이유는 모순으로부터는 모든 것을 이끌어낼 수 있으니까요. 따라서 모순은 피해야 합니다.

이승종: 앞서도 말씀드렸지만 비트겐슈타인은 모순을 피해야 할 사실적 이유는 인정하지만 이론적 이유, 논리적 이유는 부정합니다.

굿만: 바로 그것이 문제입니다. 왜냐하면 모순을 피해야 할 근본적 이유는 논리적인 데 있으니까요.

이승종: 무슨 뜻이죠? 왜 그렇습니까?

굿만: 모순된 논리 체계, 모순된 계산 체계는 거짓이기 때문이죠.

이승종: 그것이 왜 거짓이라고 보십니까? 체계에 대한 해석만이 참/거짓이라는 술어를 받을 뿐 해석되지 않은 체계 자체에 대해서 참/거짓을 논한다는 것은 온당하지 않다고 보는데요.

케넷 바버(Kenneth Barber, 뉴욕 주립대/버팔로 철학과 교수): 두 명제의 연접이 'p · ~p'의 형식을 갖는다는 사실은 연접되는 두 명제가 모순의 관계에 있기 위한 충분조건입니까?

이승종: 그렇게 보지 않습니다. "이것은 빨간색이고 이것은 빨간색이 아니다"라는 명제는 분명 'p · ~p'의 형식을 갖지만 그 명제에 두 번 나타난 '이것'이 각각 다른 색깔의 사물을 지칭하는 경우에는 그 명제는 모순이 아니기 때문입니다.

바버: 지금 예로 든 경우는 대입 규칙 substitution rule을 위반하고 있습니다. 따라서 그것은 두 명제의 연접이 'p · ~p'의 형식을 갖는다는 사실이 연접되는 두 명제가 모순의 관계에 있기 위한 충분조건이라는 주장에 대한 반례 counterexample로 볼 수 없습니다.

이승종: 형식논리의 영역에서는 그렇게 말할 수도 있겠지요. 그러나 우리는 위의 명제가 사용되는 일상 언어의 영역을 고려할 필요가 있습니다. 즉 그 명제가 사용되는 문맥을 말입니다. 일상 언어의 영역에서 형식논리학의 규칙들이 언제나 준수되는 것만은 아닙니다. 모순에 대해 형식논리적 접근법이라는 단 하나의 접근법만을 고집해서는 안 될 것입니다.

바버: 형식논리 체계에 연관시켜 보지만 말고 일상 언어의 문맥에서 모순을 고찰하자는 말인데 그렇다면 모순과 연관되는 수수께끼는 어떻게 되는 것입니까?

이승종: 수수께끼는 해소됩니다. 사실 애초부터 모순과 연관되는 수수께끼란 없었으니까요. 다만 모순에 대한 그릇된 시각에서 그러한 것이 있는 것처럼 여겨진 것뿐이죠.

바버: 그렇다면 결국 비트겐슈타인은 모순에 대한 형식적 개념에 대해서는 의심하지 않은 셈이군요.

가버: 비트겐슈타인이 모순에 대한 일반적 언명의 부적합성을 지적하고 있다는 것은 모순에 대한 형식적 개념이 두 명제가 모순의 관계에 있기 위한 충분조건이 되지 못한다는 사실의 지적과 아울러 모순에 대한 형식적 개념, 더 나아가서는 형식논리에 대한 비판으로 이해될 수 있지 않겠습니까? 비트겐슈타인은 모순의 일상적 용법을 모순에 대한 형식논리보다 우선시하고 있습니다.

피터 헤어(Peter Hare, 뉴욕 주립대/버팔로 철학과 석좌교수):

모순이 문법적 언명이라는 비트겐슈타인의 주장은 납득하기 어렵습니다. 예컨대 "이 펜은 빨갛고 빨갛지 않다"가 어떻게 문법적 언명일 수 있습니까?

이승종: 모순 중에는 분명 우리로 하여금 언어와 철학의 문법에 대해 고찰하도록 하는 것들이 있습니다. "화살은 움직이고 움직이지 않는다"는 제논Zeno의 명제와 그에 관한 논증이 하나의 고전적 예겠지요. 모순과 마주 대했을 때 우리는 당혹하게 됩니다. 이것이 무슨 말인가? 하고 말이죠. 철학은 종종 그러한 당혹감에서 시작됩니다.

헤어: 비트겐슈타인에 있어서 모순이란 도대체 무엇입니까?

이승종: 문법적 충돌 내지는 그로 인해 생겨난 혹이라고 할 수 있겠습니다.

헤어: 그것은 모순에 대한 정의나 설명이라고 볼 수 없습니다. 아마 비트겐슈타인은 언제나처럼 모순에 대한 이론적 일반화를 추구하지 말고 구체적 모순 하나하나에 대해 살펴보라고 하겠죠. 그러나 이러한 충고는 그럴싸하게 들릴 뿐 사실 매우 실망스러운 것입니다. 명백한 정의와 설명이 없는 곳에는 비트겐슈타인의 철학에서와 같이 혼란만이 범람하게 될 뿐입니다.

이승종: 비트겐슈타인은 이렇게 말한 적이 있습니다.

우리 시대에 통용되고 있는 과학적 사유 방식에 있어서 치명적인 것은, 그 사유 방식이 각각의 불안에 대한 답변으로 설명을 제시하고자 한다는 데 있다. (MS, 220, 92)

철학이 할 수 있는 모든 것은 우상을 파괴하는 것이다. 그리고 이는 가령 '우상의 부재'에서 새로운 우상을 창조하지 않는 것을 의미한다. (MS, 213, 413)

이러한 태도가 실망스러울 수도 있습니다. 그러나 그것은 철학함의 스타일에 있어서의 차이에서 비롯된 것이 아닐까 생각합니다.

13. 비트겐슈타인의 모순론: 한국분석철학회에서의 토론

13.1 비트겐슈타인과 모순(김영건)¹

1. 이승종 박사의 『비트겐슈타인이 살아 있다면』의 I부는 『논고』에서 『탐구』로 이행하는 전환기의 비트겐슈타인이 지니고 있는 모순에 대한 철학적 견해를 명료하게 소개해주고 있다. 우리가 만날 수 있었던 비트겐슈타인의 모습이 주로 『논고』나 『탐구』, 또는 『확실성에 관하여』를 중심으로 이루어졌기 때문에 I부의 내용은 특히 수리, 논리철학적인 배경과 관련해서 비트겐슈타인에 대한 우리의 이해를 확장시켜주고 있다. 더 나아가 수학적이고 논리적인 모순에 대한 비트겐슈타인의 견해뿐만 아니라, 비트겐슈타인의 변모된 이러한 견해가 『탐구』의 철학과 관련해서 어떤 철학적 의의를 지니는지를 이승종 박사는 분명하게 보여주고 있다.

I부의 핵심은 (1) 수학적 모순에 대한 비트겐슈타인의 견해를 튜링이나 치하라 등의 비판 논변으로부터 재구성하여 해명하는 부분과 (2) 이러한 비트겐슈타인의 모순관이 보여주는 철학적 함축 및 그 근거를 탐색하는 부분이다. 이 논평은 우선적으로 (2)의 부분만을 고찰함으로써 논평의 범위를 제한하겠다.

---

1 이 절은 『비트겐슈타인이 살아 있다면』 초고의 일부에 대한 김영건 박사(서강대 철학과 강사)의 논평으로서 1993년 5월 6일 한국분석철학회에서 발표된 것을 이 책의 체제에 맞게 손질했다.

2. 모순에 대한 비트겐슈타인과 튜링의 논쟁을 통하여 이승종 박사가 우리에게 제시하려는 주장은 다음과 같다.

일상 생활에서 우리의 다양한 견해를 모두 모아 그들 사이의 연관 관계를 분석해보면 모순이 발견될지 모른다. 그러나 그렇다고 모순이 곧 파국을 초래하지는 않는다. 모순된 견해들이라도 그것을 적재적소에 구사할 줄만 알면 우리는 아무 문제에도 봉착하지 않고 생활을 합리적이고 일관되게 끌어갈 수 있는 것이다. 모순의 체험과 모순된 견해가 우리의 삶을 항상 황폐하게 하지만은 않는다는 사실, 오히려 그것이 때로 우리의 생각을 자극하고 그 폭을 넓힌다는 사실의 의미를 우리는 다시 한 번 생각해보아야 할 것이다. (4장, 141~42쪽)

이러한 주장은 6장에서 다음처럼 표현되어 주장되고 있다.

우리가 철학에서 모순의 의의를 발견하는 곳이 바로 여기이다. 왜냐하면 많은 경우에 우리는 모순의 형태 속에서 철학적 문제를 발견하기 때문이다. 철학적 난제들의 중심에 놓여 있는 모순들을 명백하게 밝힘으로써 우리는 그 난제들을 올바로 볼 수 있고, 따라서 그 난제들이 보여주는 의미의 한계의 본성을 좀더 명확하게 이해하게 된다. (6장, 183쪽)

3. 이승종 박사의 이러한 주장이 모순 자체의 의의성을 주장하는 것인지, 아니면 모순의 해소에 더 큰 의의를 두는 것인지는 분명하지 않다.[2] 후기 비트겐슈타인의 『탐구』에 의하면 모

---

[2] 그는 모순이나 모순에 대한 비트겐슈타인의 태도에 대해서 다음처럼 말하고 있다.

든 철학의 문제란 일상 언어의 논리, 즉 일상 언어 안에 내재해 자리 잡고 있는 모순에 대한 오해에서 비롯된다.[3] 따라서 논리적이고 수학적인 모순이 아니라, 서로 모순된 철학적 견해들은 우리 일상 언어의 사용 규칙과 그 문법에 대한 혼동 때문에 야기되는 것이다. 이 점과 관련해서 지적할 수 있는 것은 적어도 모순이 무가치(무의미)하지 않다는 것이다. 왜냐하면 우리는 서로 모순되는 철학적 주장들이나 철학적 난제들을 해소하기

모순에 대한 후기 비트겐슈타인의 태도는 그의 철학관과 근본적으로 분리될 수 없다. 그는 모순의 궁극적 기준이나 의미를 찾아내려 하기보다는 각각의 모순이 어떻게, 그리고 왜 나타나는지를 이해하려는 것이다. (중략) 철학에서 모순은 종종 그 모순의 배경이 되는 언어 게임의 문법에 복잡하게 얽혀 있다. 비트겐슈타인은 이와 아울러 철학적 문제 자체가 이미 모순에 대한 깊은 관심을 요구하고 있다고 본다. 결국 모순을 통해서 우리는 철학적 문제의 핵심을 관통할 수 있다. (6장, 181~82쪽)

비트겐슈타인의 모순론에 대한 이해는 또한 철학이라는 과제 자체의 본성에 대한 이해를 요구한다. 왜냐하면 비트겐슈타인은 철학이라는 과제를 모순이 어떻게 그리고 왜 발생하는가 하는 문제를 밝혀주는 것으로 자리매김하고 있기 때문이다. (1장, 21쪽)

모순에 대한 탐구는 철학 하는 한 방법으로서 정당한 의의를 인정받을 수 있다. (1장, 24쪽)

이러한 그의 언급은 모순의 해소보다는 철학과 관련해서 모순 자체의 의의성을 주장하는 것처럼 보인다. 이 점은 "(사적 감각은) **어떤 것도 아니지만 그렇다고 아무것도 아닌 것도 아니다**"(PI, §304)라는 비트겐슈타인의 주장을 철학적 모순의 예로 들면서, 모순이기 때문에 무의미한 것이 아니라 그 문법과 문맥을 이해한다면 유의미한 주장으로 변환될 수 있다고 주장하는 데에서도 어느 정도 나타난다(5장, 176~77쪽).

3 "(철학적 문제는) 물론 경험적 문제가 아니다. 오히려 철학적 문제들은 우리 언어의 작동 방식을 고찰함으로써 해소된다. 비록 언어의 작동 방식을 오해하려는 충동에도 불구하고 우리로 하여금 언어의 작동 방식을 인지하게 하는 그런 방식으로 철학적 문제는 해소된다. 철학적 문제들은 새로운 정보를 제공함으로써 해결되는 것이 아니라, 이미 우리가 알고 있는 것을 재배열함으로써 해결된다. 철학이란 언어에 의해서 야기된 지성적 마력에 대한 싸움이다"(PI, §109). 즉 "우리를 사로잡는 (철학적) 혼동은 언어가 작동하고 있을 때가 아니라 전혀 작동하지 않을 때 일어난다"(PI, §132). 이때 "우리가 목표로 하고 있는 명료성은 완전한 명료성이다. 그러나 이것은 철학적 문제들이 완벽하게 사라져버린다는 것을 의미한다"(PI, §133).

위하여 언어의 정당한 사용 방식을 고찰해야 하고, 이런 한에 있어서 언어에 대한 분명한 이해에 도달할 수 있기 때문이다. 따라서 철학적 (견해에서 나타나는) 모순은 부정적이고 소극적인 의의성을 지닌다고 할 수 있다. 이승종 박사의 주장이 이것만을 의미한다면, 비트겐슈타인의 모순관에 대한 그의 주장은 충분히 인정될 수 있다.

4. 그러나 이승종 박사는 이러한 소극적인 기능 이상의 적극적 기능을 모순에게 부여하고 있는 것처럼 보인다. 모순에 대한 이러한 적극적 기능이 어디로부터 근거하는가? 이승종 박사의 논변을 다음처럼 재정리할 수 있다.

(가) 모순이 모든 명제를 논리적으로 함축하기 때문에 모순은 허용될 수 없다.
(나) 모순이 모든 명제를 논리적으로 함축하지 않기 때문에 모순은 허용될 수 있다.

이승종 박사는 이러한 비트겐슈타인의 주장에 각각 영역 제한을 가하고 있다. (가)는 '논리학에서의 증명'에 해당되는 것이며, (나)는 '의미있는 명제의 논리적 증명'의 경우이다.

그는 (가)에서 규약주의자로서의 비트겐슈타인의 모습을 이끌어내고 있다. 여기에서 (가)는 인정될 수도 있고 그렇지 않을 수도 있다. 왜냐하면 그것은 순전히 규약의 문제이기 때문이다. 따라서,

모순을 계산법의 범위를 설정하는 것으로 간주하는 것은 분명 하나의 규약을 채택하는 것이다. 기존의 규약이 갖는 효율성

이나 다른 규약에 대한 불만 등의 요소 말고는 수학자로 하여금 그 규약을 받아들이도록 강요하는 것은 없다. (4장, 131~32쪽)

오히려 논리학이나 수학의 기초는 인간의 일상 행위이다. 이런 측면에서 볼 때,

우리는 게임의 규칙을 고쳐서 게임을 계속 진행한다. 비트겐슈타인은 이처럼 모순의 발견과 그 해소의 작업이 과거와 현재의 게임을 다치지 않고 그대로 보존한다는 사실이 모순에 대한 수학자들의 전통적 견해를 재고할 계기를 마련한다고 본다. (4장, 141쪽)

5. 반면 (나)에서 그는 모순의 의의성을 발견하고 있다. 이 의의성의 논변은 어떻게 전개되는가?

(1) 모순으로부터 그 어떠한 명제도 추론된다는 것은 옳지 않다. 이 경우가 '의미있는 명제의 논리적 증명'이다. 따라서,

우리는 모순으로부터 어떠한 명제도 추론될 수 있다는 규칙이 모순 그 자체의 내재적 특성이 아니라 '논리학'이라 불리는 게임의 일부라는 사실에 의존되어 있음을 분명히 알게 된다. (4장, 135~36쪽)

(2) 이 논제는 우리의 일상 생활에서 그 정당성을 얻을 수 있다. 또한 후기 비트겐슈타인은 '논리학에서의 증명'이라는 의미에서 나타나는 논리적 절대성과 이상성을 부정하고 있다. 따라서,

비트겐슈타인은 동어반복이 참이라는 논리학의 진리가 우리가 일상 언어의 쓰임에 익숙해지면 자연스레 인정하게 되는 자명한 진리가 아니라 오직 논리학을 배우는 과정에서 인위적 훈련에 의해서만 받아들이게 되는 견해라고 본다. (4장, 138쪽)

(3) 후기 비트겐슈타인에게서

논리학은 생활의 문맥과 얽혀 있는 언어 게임의 문법으로 대체되며 언어 게임이 규칙을 따르는 인간 행위라는 사실이 강조된다. (4장, 139쪽)

(4) 따라서 후기 철학에서 논리학이나 수학의 기초는 인간의 일상 행위이다. 이런 측면에서 볼 때,

일상 생활에서는 논리학에서와는 달리 모순으로부터 더 이상의 추론을 하지 않는다. 그러나 일상 생활에서의 추론을 논리학에서의 추론과 다르다는 이유로 비논리적인 것으로 보아도 안 되고 논리학에서의 추론을 절대적인 것으로 신성시해서도 안 된다는 것이 비트겐슈타인의 견해이다. (4장, 136쪽)

바로 이런 문맥과 이유에서 모순은 우리 사유 안에 존재할 수 있고, 따라서 모순은 허용될 수 있다.[4]

---

4 반면에 이러한 주장과 대조되는 주장은 다음처럼 표현될 수 있다.

논리학이나 수학뿐 아니라 우리의 생각 일반에도 모순이 있을 수 없다고 본다. 설령 있다 해도 그것은 혼동에서 비롯되는 잘못이므로 즉각 거부되거나 혹은 기껏해야 적절한 방식으로 수정되어야 한다는 것이다. (6장, 180쪽)

6. 과연 이승종 박사가 전개하는 이 논변이 설득적인가? 우선 지적할 수 있는 것은 모순의 철학적 의의성에 대한 주장과 모순의 의미성에 대한 주장은 서로 다른 주장이라는 것이다. 따라서 우리는 모순 때문에 야기되는 철학적 난제들을 해소하는 데서 모순이 담당하는 기능을 이해할 수 있다고 하더라도, 그것이 지니고 있는 규범력을 발휘하는지 여전히 물어볼 수 있다.

비트겐슈타인의 후기 철학에 의하면 언어 표현의 의미는 그 표현이 사용되는 문맥에 의하여 결정된다. 그러나 모순된 철학적 주장이 무엇을 주장하는 철학적 언어 게임 속에서 사용되기 때문에 그 의미성을 지닌다고 말할 수 있는가? 비트겐슈타인의 주장에 의하면 모순된 철학적 주장은 여전히 난센스이다. 이때 비트겐슈타인이 주장하는 난센스는 그가 『논고』에서 주장하는 난센스Unsinn(비의미성)이다. 이 철학적 모순의 비의미성은 모순이 지닌 어떤 특정한 성격에서 기인되는 것이 아니라, 언어의 한계를 넘으려고 하는 철학의 특성 때문에 그렇다. 내 생각에는 『논고』와 『탐구』의 비트겐슈타인에게서 우리가 공통적으로 지적할 수 있는 측면이 바로 이것이다. 적어도 이런 한에 있어서 모든 철학의 문제는 비의미Unsinn한 문제이다.

따라서 우리가 논리학이나 수학의 기초가 우리의 일상 생활이라는 것을 인정한다고 해도, 이것으로부터 마치 철학적 모순이 허용될 수 있고 더 나아가 모순을 통해서만 의미의 한계의 본성을 알 수 있다는 주장은 도출되지 않는다. 왜냐하면 논리학이나 수학의 근거가 되는 우리의 일상 생활이나 우리 일상 언어는 비록 좁은 의미의 형식적이고 계산적이며 규약적인 논리를 용인하지 않는다고 해도, 여전히 다른 의미에서 논리적으로 완전한 제 질서 하에 있기 때문이다.⁵ 이 점과 관련해서 비트겐슈타인의 『논고』와 『탐구』 사이에는 어떤 큰 차이도 존재하지 않는다.

7. 이승종 박사는 모순과 관련된 『논고』와 『탐구』의 차이를 다음처럼 보다 분명하게 정형화하고 있다. (6장, 178~79쪽)

(가) 모순에 대한 『논고』의 주장은 모순적이다. 왜냐하면 형식적 이론에 의하면 모순은 의미가 있지만, 의미론적 이론에 의하면 모순은 무의미하기 때문이다. 이러한 모순적인 철학적 주장이 『논고』의 문맥 속에서는 해결되거나 해소될 수 있는 방법이 없다.

(나) 비트겐슈타인의 후기 철학, 『탐구』의 철학에서는 형식 이론과 의미 이론이 분리된다. 이 점에서 비트겐슈타인은 "자신이 언어를 그 실제 쓰임을 보지 않고 대신 어떤 선입견을 가지고 이해하려 하는 오류를 범했음을 깨닫게 된다"(6장, 179쪽). 이러한 깨달음 아래에서 모순에 대한 비트겐슈타인의 난제는 사라진다.

---

5 『논고』는 다음처럼 말하고 있다.

> 우리의 일상 언어의 모든 명제들은 사실상, 있는 그대로, 논리적으로 완벽하게 정돈되어 있다.—우리가 여기에서 말해야 할 가장 단순한 그것은, 진리의 초상(肖像)이 아니라 온전한 진리 자체이다. (TLP, 5.5563)

또한 『탐구』는 다음처럼 말하고 있다.

> 한편 우리 언어의 모든 문장이 그 있는 바대로 제 질서 하에 있다는 것은 분명하다. 즉 우리는 마치 우리의 일상적으로 모호한 문장이 아직 평범한 의미조차 얻지 못했고, 따라서 우리의 구성을 통해 완벽한 언어가 가능한 것처럼 어떤 이상적인 것을 추구하는 것은 아니다. 오히려 의미가 있는 곳에 완벽한 질서가 있어야 한다는 것은 분명한 일이다. 따라서 가장 모호한 문장에서조차 완전한 질서가 있어야 한다. (PI, §98)

논리학의 본성이나 위상에 대한 비트겐슈타인의 견해는 전기와 후기가 차이를 보여주고 있다고 말해진다. 그러나 이러한 차이가 보여주는 철학적 함축은 무엇인가?

이승종 박사는 비트겐슈타인의 후기 철학에서 모순에 대한 형식 이론적 측면과 의미 이론의 측면을 분리시키고 있다. 그는 비트겐슈타인의 후기 철학을 언어의 기초로서 형식적 명제론이 언어를 이해하는 데 적합하지 못하다는 주장으로 파악하고 있다. 논리적 이상성이 아니라, 우리 인간의 일상적 활동에 근거한 다양한 언어 사용으로부터 언어를 이해할 수 있다는 것이다. 물론 『탐구』의 철학이 『논고』에 비하여 이러한 측면을 지니고 있는 것은 사실이지만, 따라서 『논고』가 "추상적인 논리 이론으로부터 언어의 구조와 한계를 연역해"냈지만, 그러나 이러한 변모가 모순과 관련해서 보여주는 바가 무엇인가?

이 형식 이론의 측면에서 나타나는 논리의 위상 변화가 모순에 대한 비트겐슈타인의 난제를 해소시키는가?[6] 내 생각에는

---

[6] 이승종 박사는 이 책의 12장에서 『논고』에서 『탐구』로의 이행에 대해서 다음처럼 말하고 있다.

> 대신 그는 『논고』 이후의 작품들에서 자신의 진리 함수 논리의 한계를 시인했고 언어를 인간의 생활 양식과 결부시켜 인류학적 시각에서 고찰하는 일대 방향 전환을 갖게 됩니다. (12장, 292쪽)

> 이처럼 동어반복과 모순에 대해 서로 상충되는 결론을 초래합니다. 비트겐슈타인이 『논고』에서 이러한 문제점을 알고 있었는지 저는 모르겠습니다. 그러나 그 자신도 후에 『논고』에서 동어반복과 모순의 설명이 자의적이고 편협한 것이었음을 시인하고 있는 것 같습니다. 비트겐슈타인의 후기 저술에 나타나는 변모, 즉 모순 개념의 확장과 그 의미의 철학적 고찰, 동어반복 개념이 문법적 명제로 전환되는 모습 등등은 이러한 제 추측을 뒷받침하는 예들입니다. (12장, 294쪽)

이러한 이승종 박사의 언급을 통해서 그의 생각을 다음처럼 정리할 수 있다. 그는 『논고』에서 단순히 무의미했던 모순의 개념이 후기 철학에서 모순 개념이 확장됨에 따라 그 철학적 의의를 얻게 된다고 주장하면서 그 근거를 언어를 바라보는 인류학적 시각에로의 전환에서 찾고 있다. 그러나 이러한 주장이 간과하기 쉬운 것이 무의

『논고』에서 나타나는 모순에 대한 비트겐슈타인의 난제를 해소시키는 것은 의미론적 명제론에 대한 비판에서 비롯되는 것 같다. 더 이상 의미의 그림 이론이 포괄적인 언어에 대한 모형으로 작용하지 않고, 본질적인 언어의 기능이 부정되는 한에 있어서 그림 이론의 근거로서 모순은 무의미하다는 주장은 지탱되기 어렵다. 『논고』에서 모순이나 항진명제는 사태를 그림 그리지 못하기 때문에 무의미 sinnlos했지만, 그러나 사태와의 대응 가능성이 더 이상 언어와 비언어의 구분 규준이 아니라면, 모순이나 항진명제는 무의미한 비언어적인 것이 아니다. 그러나 모순이 무의미하지 않지만 우리는 그것을 피해야 한다. 왜냐하면 모순은 기껏해야 언어의 작동 방식과 그 문법에 대한 우리의 오해를 보여주기 때문이다.

바로 이런 의미에서 『탐구』에서는 『논고』에서처럼 모순에 대한 모순된 주장은 나타나지 않는다. 아울러 『논고』의 이러한 주장이 우리 언어를 논리적 관점에서 해명한 것이라고 해도, 즉 그것이 탐구의 결과가 아니라 요청이었다고 해도, 여전히 논리적 진리가 가지고 있는 일종의 규범성을 해명하는 문제는 남아 있다. 이 문제는 아마 『탐구』에서 우리 일상 언어가 지니고 있는 규칙적인 문법의 규범성을 해명하는 것과 동일한 문제일 것이다.

미성 Sinnlosigkeit과 비의미성 Unsinn의 구분이다. 모순이나 동어반복의 항진명제의 무의미성은 그도 올바르게 지적하고 있는 것처럼 언어의 한계와 밀접하게 연관되어 있다. 이 언어의 한계는 비트겐슈타인의 후기 철학에서도 비록 모순 개념이 확장되고 그 개념이 철학적 의의를 얻는다고 해도 없어지지 않는다. 이 점에 있어서 페어스는 비트겐슈타인에게서 철학의 목적이 언어의 한계와 구조를 탐색함으로써 사고의 한계와 구조를 이해하는 것이라고 주장한다(Pears, 1970, 2~3쪽). 이때 언어의 한계와 구조는 동일한 기원을 가지고 있기 때문에, 언어의 본질은 말할 수 없는 것과 말할 수 있는 것 모두를 보여준다. 따라서 이승종 박사가 주장하듯이 비록 모순 개념이 확장된다고 해도(5장, 143~46쪽), 이것이 우리 사유 안에서 모순이 허용되어 비의미한 것들에 대하여 말할 수 있게 됨을 함축하는 것은 아니다.

8. 이승종 박사는 모순에 대한 『논고』와 『탐구』의 태도를 대조시키면서 전자는 논리적인 것으로, 후자는 문법적인 것으로 특성짓고 있다. 그는 이러한 대조를 시도하면서 『논고』에서 나타나는 논리적인 것이 『탐구』에서 주장되는 논리적 이상성과 절대성에 대한 부정을 통하여 『탐구』에서는 마치 형식적이고 계산적이며 임의적인 규약과 같은 것으로만 인정되는 것처럼 생각하고 있다. 논리적인 것들이 이런 한에 있어서 게임과의 비유도 성립할 수 있고, 따라서 모순도 해가 되지 않는다. 철학적 견해 속에서도 모순이 나타나면 우리는 수학의 경우와 마찬가지로 자유로운 규약과 결정에 의하여 모순을 피할 수 있다. 그러나 이러한 주장이 가능하기 위해서는 철학적 모순을 나타나게 만드는 문법이 마치 수학의 문법처럼 규약적인 것이라는 가정이 있어야 한다.

물론 수학적이고 논리적인 영역에는 형식주의자가 생각했던 것처럼 계산적인 측면도 있고 임의적인 규약적 측면도 있다. 이승종 박사가 올바르게 지적하듯이 『논고』에서도 이런 측면에 대하여 충분히 말하고 있다. 그러나 『논고』에서 논리적인 것들이 담당하는 또 다른 측면은 무의미 sinnlos하지만, 비의미 Unsinn하지 않은 측면이다.[7] 이것이 바로 우리 언어의 한계를 규정지어주고 있다. 즉 논리는 한편으로는 단지 규약적 계산에 지나지 않지만, 그러나 다른 측면에서 그것은 언어의 가능 조

---

[7] 우리가 사용하는 기호 속에 어떤 것들은 임의적인 편의성의 문제이다. 그러나 어떤 다른 것은 그렇지 않다. 논리에서 표현되는 것은 오직 이 후자의 것이다. 이런 의미의 논리적 명제들은 세계의 골격을 기술한다(TLP, 6.124). 따라서,

논리학은 이설(理說)이 아니라 세계가 반영된 상(像)이다.
논리학은 초월적이다. (TLP, 6.13)

건과 가능 근거로서 작용하고 있다. 전자는 언어의 영역 안에서 우리가 말할 수 있는 것들이지만, 후자는 단지 언어 안에서 보여지는 것뿐이다. 바로 이러한 의미에서 논리적인 것은 언어와 비언어의 경계를 규정해주지 않지만, 그렇다고 언어와 비언어의 경계가 무화되지 않는다.

내 생각에 후기 철학에서 문법적인 것으로 대체되는 것은 바로 이러한 의미에서 논리적인 것이다.[8] 적어도 이런 의미에서 철학의 문제는, 철학의 수수께끼는, 또 철학적 모순은 『논고』와 마찬가지로 이 문법적인 것에 대한 오해에 기인하는 비의미한 것이다. 철학적 문제의 비의미성을, 또는 철학적 모순을 규정하는 우리 일상 언어의 문법이 과연 수학의 경우에서처럼 규약적인가? 수학이나 논리학의 규칙이나 문법은 구성될 수 있지만, 그러나 일상 언어의 규칙이나 문법은 이미 주어져 있다. 이 주어진 규칙과 문법은 이론적으로 변경 가능하지만, 따라서 『논고』에서처럼 경험과 무관하게 경험 독립적 a priori으로 주어져 있지 않고, 우리 자연적 인간의 일상적 실천 행위와 삶의 형

---

[8] 언어의 가능 근거로서 논리적인 것에 대해 이승종 박사는 다음처럼 말하고 있다.

> 논리학이 명제의 최종적 분석을 제공하는 동시에 실재를 반영하는 단 하나의 선험적 틀이라는 『논고』의 견해는 비트겐슈타인 스스로에 의해 논리학에 대한 신화에 불과한 것으로 부정된다. (4장, 139쪽)

그러나 전기 철학과 후기 철학을 구분짓는 이 주장이 함축하는 바는 무엇인가? 그는 여기에서 논리적인 것은 모두 형식적이고 인위적인 것이고, 이런 의미에서 논리적인 것을 일상적인 것과 대조시키고 있다. 그러나 이러한 대조 속에서 누락되는 것은 『논고』에서 선험적 틀의 기능을 담당했던 논리적인 것들의 본성이다. 그의 주장처럼 "의미있는 명제의 논리적 증명"이 우리의 일상적 문맥 속에서 보다 큰 의의를 후기 철학에서 얻는다고 할지라도, "일상적 명제들의 논리적 증명"이 어떤 근거에서 그 정당성을 얻을 수 있는지 여전히 문제로 남는다. 이런 의미에서 전기 철학과 후기 철학 사이의 차이는 선험적 기능을 담당했던 논리적 형식의 절대적인 경험 독립성 a priority이 경험적 영역으로 내재화하는 것이라고 할 수 있다.

식에 근거하고 있지만, 그러나 바로 이러한 사실로부터 일상 언어의 규칙과 문법이 임의적이고 규약적이라는 결론은 나오지 않는다. 구성되는 것이 아니라 주어진 일상 언어의 규칙과 문법의 규범성이 있어야만 우리는 모순된 견해들을 적재적소에 능숙하게 구사할 수 있을 것이다.[9] 그렇지 않다면 그러한 적재적소를 규정짓고 또 의미 한계의 본성을 규정짓는 근거가 상실될 것이다.

9. 만약 지금까지의 논평이 정당하다면, 비모순의 원리를 포함하여 논리적 원리들도 단순히 게임의 임의적 규칙처럼 취급될 수 없다. 그러나 분명히 말하고 있지는 않지만, 이승종 박사는 비트겐슈타인의 전기 철학에서 형식 이론과 의미 이론을 날카롭게 분리시킴으로써 논리적 진리의 규범성 문제를 마치 가장 반비트겐슈타인적이라고 할 수 있는 형식주의자나 규약주의자의 시도인 것처럼 해석하고 있다. 그러나 일상 언어의 문

---

[9] 다음과 같은 비트겐슈타인의 언급은 이 문맥에 적용될 수 있다.

> 우리는 언어 사용에 대한 우리 지식에 있어서 질서를 확립하고자 한다. 그러한 질서는 개별적인 목적에 따른 한 질서이다. 그것은 많은 다양한 질서 중의 하나에 불과한 것이고, 유일한 질서는 아니다. 이러한 목적을 위하여 우리는 언어의 일상적 형태 때문에 우리가 간과하기 쉬운 구분을 끊임없이 눈에 띄게 만들어야 한다. 이것이 마치 우리의 과제가 언어를 개혁하는 것인 양 보이게 만든다. 특정한 개별적인 목적을 위한 개혁, 즉 실제적인 오해를 방지하기 위해 우리의 용어법을 향상시키는 것은 완전히 가능하다. 그러나 이것은 우리가 다루려고 하는 것은 아니다. 우리를 사로잡는 혼동은 언어가 작동하고 있을 때가 아니라 전혀 작동하고 있지 않을 때 일어난다. (PI, §132)

일상 언어의 오해에서 비롯되는 철학적 문제는 잘못 작동하고 있는 언어가 아니라 전혀 작동하지 않는 언어이다. 이러한 작동하지 않는 언어, 즉 철학적 문제의 비의미성은 일상 언어 속에 이미 내재해 있는 구분을 통해 해소될 수 있다. 따라서 철학적 문제의 비의미성이 우리의 자유로운 규약이나 창안에 의해서 해결되는 것은 아니다.

법과 규칙이 게임의 임의적 규칙이 아니라면, 수학에 대한 비트겐슈타인의 입장도 단순히 규약주의자의 입장으로만 보기 어려운 측면이 있다. 더 나아가 이런 한에 있어서 이승종 박사의 주장과 다르게 모순에 긍정적 기능을 부여할 수 없다. 오히려 더 중요한 문제는 모순을 피하려는 우리의 태도가 지니고 있는 정당성을 올바른 근거에서 해명하는 일이다.

13.2 답변

1. 비트겐슈타인의 후기 저작에 따르면 철학에서의 모순은 언어의 문법을 혼동하거나 오해할 때 비롯된다. 이러한 모순은 혼동되거나 오해된 문법을 명료히 바로잡아주면 해소된다. 가령 칸트의 이율배반과 그 해소가 좋은 예이다. 일상적 상황에서의 모순도 그에 얽혀지는 문맥을 간과할 때 비롯된다. 따라서 모순된 견해들의 각각의 문법을 명료히 해주면 모순은 해소된다. 가령 "이것은 빨간색이고 이것은 빨간색이 아니다"는 명제는 'p · ~p'의 형식을 갖지만 1) '이것'이 각각 빨간색과 빨갛지 않은 색을 가리킬 경우, 2) '이것'이 같은 하나의 사물을 가리키지만 연접되는 두 문장이 시차를 두고 발언될 경우(가령 리트머스 테스트의 경우), 위의 명제는 모순이 아니다. 따라서 후기 비트겐슈타인에 있어서 모순은 문법의 올바른 이해와 사용, 언어와 그 문맥의 올바른 연계의 중요성을 환기시킨다.

2. 김영건 박사는 우리가 모순 자체의 의의성을 주장하는지, 아니면 모순의 해소에 더 큰 의의를 두는지 분명하지 않다고 했다. 사실 비트겐슈타인의 후기 저작에서 철학에 있어서 모순

의 해소와 모순의 의의는 동등하게 중요하다. 그러나 비트겐슈타인의 중기 저작에서 그는 수학적 모순의 해소나 모순의 의의보다는 모순에 대한 수학자들의 태도를 문제삼고 있다.

3. 김영건 박사는 철학적 모순이 허용될 수 없다고 본다. 우리의 언어가 완전한 제 질서 하에 있기 때문이라는 것이다. 우리는 이에 동의한다. 그러나 비트겐슈타인은 철학적 모순이 허용될 수 있는가 없는가보다는 어떻게 해서 모순이 발생하는가의 문제가 더 중요한 문제라고 보았다. 그리고 모순의 발생 원인을 올바로 알았을 때 모순은 해소된다고 보았다. 이는 프로이트의 정신분석학의 방법과 유사하다.

4. 김영건 박사는 철학적 견해 속에서 모순이 나타날 때 수학의 경우와 마찬가지로 자유로운 규약과 결정에 의하여 모순을 피할 수 있다는 견해를 비판적으로 고찰한다. 그에 의하면 이러한 주장이 가능하기 위해서는 철학적 모순을 나타나게 만드는 문법이 마치 수학의 문법처럼 규약적인 것이라는 가정이 있어야 한다. 그러나 철학적 문제의 비의미성이 우리의 자유로운 규약이나 창안에 의해서 해결되는 것은 아니라는 것이다. 이에 대해 우리는 비트겐슈타인에게 철학에 있어서의 모순의 해소 방법은 수학에 있어서의 모순의 해소 방법과 다르다는 점을 강조하고 싶다. 철학에서의 모순은 언어의 문법을 혼동하거나 오해할 때 비롯된다. 이러한 모순은 자유로운 규약이나 결정에 의해서가 아니라 혼동되거나 오해된 문법을 명료히 바로잡아줌에 의해서 해소된다. 그러므로 철학적 모순을 나타나게 만드는 문법이 수학의 문법처럼 규약적인 것이라는 가정은 요구되지 않는다.

5. 김영건 박사는 철학적 문제의 비의미성을, 또는 철학적 모순의 비의미성을 규정하는 우리의 문법이 과연 수학의 경우에서처럼 규약적인지를 묻는다. 우리는 그렇지 않다는 김영건 박사의 견해에 동조한다.

6. 김영건 박사는 만약 지금까지의 논평이 정당하다면, 비모순의 원리를 포함하여 논리적 원리들도 단순한 게임의 규칙처럼 취급될 수 없다고 결론짓는다. 그런데 일상 언어의 문법과 규칙이 게임의 임의적 규칙이 아니라면, 수학에 대한 비트겐슈타인의 입장도 단순히 규약주의자의 입장으로만 보기 어려운 측면이 있다는 것이다. 더 나아가 이런 한에 있어서 우리의 주장과는 다르게 모순에 긍정적 기능을 부여할 수 없다고 비판한다. 그러나 1) 일상 언어의 문법과 규칙이 게임의 임의적 규칙이 아님은 이 책의 5장에서 부연된 바 있다. 2) 비트겐슈타인과 우리의 의도는 수학에서 모순에 긍정적 기능을 부여하려는 것이 아니었다. 모순에 대한 수학자들의 태도를 문제삼았을 뿐이다.

13.3 토론(I)[10]

정대현: 이승종 선생은 『논고』 『수학의 기초에 관한 고찰』

---

10 이 절은 4장의 초고 일부를 주제로 1993년 5월 6일에 있었던 한국분석철학회에서의 토론의 일부를 옮긴 것이다. 토론 참가자는 다음과 같다. 정대현(이화여대 철학과 교수), 김동식(육사 철학과 교수), 정인교(고려대 철학과 교수), 김영건(서강대 철학과 강사), 김선희(서강대 철학과 강사), 오종환(서울대 미학과 교수), 김혜숙(이화여대 철학과 교수).

『탐구』의 지속성보다는 단절을 강조하고 있는 것 같습니다. 그러나 의미가 사용에 의해서 주어진다는 후기 비트겐슈타인의 견해가 이미 『논고』에서 나타나고 있듯이 그의 저작들은 단절의 가설로만 볼 수는 없습니다. 모순에 의미가 부여될 수 없다는 비트겐슈타인의 입장 역시 전, 후기를 통틀어 일관되어 있습니다. 마찬가지로 어떠한 기호의 조합도 그것에 의미를 부여할 수만 있다면 그 조합은 모순이 아니라는 견해 역시 그렇습니다.

김영건 박사의 논평에 대한 답변에서 이승종 선생은 철학과 수학이 서로 다른 게임이라는 근거 하에서 철학적 모순과 수학적 모순은 서로 구별되어야 한다고 말했습니다. 이는 또 다른 의미에서의 단절의 가설입니다. 나는 철학적 모순이나 수학적 모순이나 문법이 꼬였을 때 발생하는 같은 종류의 모순이라고 봅니다.

이승종: 기호, 혹은 기호의 조합이 사용에 의해서만 생명력을 갖게 되고 의미의 영역 안에 들어오게 된다는 견해는 방금 지적하신 것처럼 비트겐슈타인의 일관된 입장입니다. 그러나 비트겐슈타인의 전기, 중기, 후기의 탐구의 주제가 변화함으로 말미암아 각 시기에 해당하는 작품들의 성격이 달라지는 결과가 초래되었다고 봅니다.

전기에서는 철학, 논리학, 형이상학의 연관 관계와 이를 배경으로 한 언어의 의미 지평의 설정 문제가 중심 주제였습니다 (비트겐슈타인은 『노트』에서 철학이 논리학과 형이상학으로 이루어져 있으며 논리학이 형이상학의 근거가 된다고 말하고 있습니다). 중기에서는 형이상학과 논리학의 연관 관계에 관한 관심은 많이 후퇴하고 대신 수학이라는 게임 안에서 규칙의 따름과 기호의 운용, 그리고 기존의 수학 기초론 비판 등의 문제가 주로 거론되고 있습니다. 후기에서는 수학에 대한 논평이 많이 줄어들고 일상적인 삶의 문맥, 철학적인 이론에서 발견되는 문법의 얽힘 등이 주된 관심사로 부각됩니다.

김동식: 수학적 모순과 논리적 모순은 동일합니까?

이승종: 모순은 'p · ~p'라는 형식을 갖습니다.

정인교: 그러면 부정이 없는 언어에서는 모순도 없습니까?

이승종: 'p · ~p'의 의미는 두 가지로 나누어 설명될 수 있습니다. 첫째, 일정한 언어, 혹은 기호의 게임에서 서로 대립되는 문장, 혹은 적형식의 존재, 둘째, 그 게임의 규칙이 서로 상충되는 경우. 규칙들이 서로 모순을 일으키는 경우는 『비트겐슈타인이 살아 있다면』의 107쪽에서 거론된 게임이 좋은 예일 것입니다.

부정이 없는 언어에서도 문장들이나 규칙들의 의미가 서로 상충을 일으킬 때 이 문장들(규칙들)은 모순의 관계에 놓이게 됩니다.

정인교: 도대체 비트겐슈타인이 모순에 대해 무얼 말하고 있는 것인지 모르겠습니다. 그의 주장이 모순으로부터의 추론을 막자는 것이라면 그런 게임은 얼마든지 만들 수 있죠. 가령 연관 논리 Relevance Logic라든가 패러컨시스턴트 논리 Paraconsistent Logic라든가……

김동식: 다치 논리에서의 'p · ~p'는 2치 논리에서의 'p · ~p'와 달리 다루어져야 합니다.

정인교: 모순된 체계는 어떤 문장이든 주장할 수 있는 근거가 있는 체계이죠.

이승종: 모순된 체계에 대한 바로 그러한 태도를 재검토해보자는 것이 비트겐슈타인의 논의의 핵심입니다. 모순된 체계를 어떤 문장이든 유도할 수 있는 병든 체계로 보지 않을 수도 있

다는 것입니다.

김동식: 오늘의 발표에서는 수학의 모순, 일상 생활에서 우리가 말하는 모순, 그리고 항위명제인 논리적 모순, 이렇게 세 가지 다른 모순이 거론되고 있습니다.

이승종: 기호의 세계에서의 모순, 그리고 일상 언어에서의 모순, 이렇게 두 가지 모순이 거론되었습니다.

김동식: 수학에서의 모순과 2치 논리에서의 모순은 구별되어져야 합니다. 형식주의자들은 이 둘을 같이 보고 있지만 직관주의자들은 그렇지 않습니다.

김영건: '논리적' '철학적' '수학적'이라는 개념이 이승종 선생의 글에서 불명료하다는 것이 제 논평의 요점입니다. 수학에서도 동일률, 배중률, 모순율 등 소위 '사고의 법칙 Laws of Thought'이라고 불리는 쉽게 변경되기 어려운 규칙들이 있는 반면 이승종 선생의 글에서는 수학의 규약적 측면, 게임으로서의 수학이 부각되고 있습니다. 또한 철학을 이야기할 때는 모순의 허용보다는 해소를 강조하고 있습니다. 제 논평에 대해 이승종 선생은 철학적 모순과 수학적 모순을 갈라놓으면 제가 지적했던 문제가 해결된다고 말했는데 저는 결코 그렇게 생각하지 않습니다.

이승종 선생의 글에는 전반적으로 수학을 규약주의적인 입장에서 보는 측면, 그렇지 않은 측면이 섞여 있습니다. 그리고 이 섞여 있음의 논거를 비트겐슈타인의 전, 후기 철학의 차이에서 찾고 있는데 이는 옳지 않습니다.

수학을 규약으로 운용되는 게임으로 보면서 모순에 대한 자유로운 태도를 이끌어냈는데 그렇다면 일상 언어에서 모순이 해소되어야 하는 이유는 무엇입니까?

일상 언어가 논리적으로 완전한 제 질서 하에 있다는 말은 전, 후기 철학에 모두 등장하고 있는데 여기에서 '논리적'이란 말의 의미는 무엇입니까?

이승종: 비트겐슈타인이 수학이 규약에 의해 운용되는 게임임을 강조한 것은 분명한 사실입니다. 그러나 그가 또한 수학이 일상 생활에서의 문맥과 연관해서만 의미를 갖는다고 말하고 있으므로 우리는 비트겐슈타인이 수학의 규약주의적 측면과 일상적 문맥과의 연관을 모두 인정하고 있다고 볼 수 있습니다.

김영건: 일상 언어에서의 쓰임은 논리적으로 제 질서 하에 있는 거죠? 따라서 일상 언어의 모순은 해소되는 거죠?

이승종: 그렇습니다.

김영건: 그런데 수학의 언어 게임이 일상 언어의 연장이라고 했죠?

이승종: 네.

김영건: 그러면 수학은 수학이고 철학은 철학인 것이 아니라 양자는 긴밀한 관계에 있다고 봐야 하겠죠.

이승종: 비트겐슈타인의 입장은 철학이 수학에 근거를 줄 수 없다는 것입니다. 그 역도 마찬가지이고요. 그에 의하면 철학은 모든 것을 있는 그대로 내버려둡니다. 비트겐슈타인은 『논고』의 출판 당시 『논고』의 원고에 『철학적 논리학』이라는 제목을 달자는 제안을 일축했습니다. 철학적 논리학이란 성립할 수 없다는 것입니다.

김선희: 논리학에 대한 비트겐슈타인의 견해가 전, 후기로 단절되어 있는가, 혹은 지속적인가에 대해서 묻고 싶습니다. 『논고』에서 논리적 명제는 사실에 대해서 말하지 않는 것으로 되어 있습니다. 그런데 이승종 선생님은 후기 비트겐슈타인에 있어서 논리학이 생활의 문맥과 얽혀 있고 일상 언어의 게임의

규칙이라고 했습니다. 그렇다면 후기에서 논리학의 명제가 사실에 대한 주장을 한다는 것을 함축하는 것인지, 혹은 전기에서처럼 그렇지 않은 것인지 어느 쪽입니까?

이승종: 비트겐슈타인이 논리학의 개념을 상당히 독특하게 사용하고 있다는 사실에 주목해야 할 필요가 있습니다. 그가 말하는 논리학이란 단지 우리가 논리학 시간에 접하는 형식 체계만을 의미하는 것이 아니라 형이상학적 함축을 담고 있습니다. 『논고』에서 논리학이란 '의미의 한계'와 동치로 쓰여졌다고 볼 수 있습니다. 후기에서 비트겐슈타인이 『논고』의 논리학을 비판하는 과정에서는 '의미의 한계'에 해당하는 것이 논리학이 아니라 일상 언어의 문법입니다.

문법은 사실에 대한 기술의 조합이 아니라 사실에 대한 기술을 가능하게 하는 규칙들입니다. 그리고 이 규칙들은 초월적인 것이 아니라 우리 일상 생활의 문맥에서 보여지는 구체적인 것입니다.

오종환: 모순된 계산법에 따라 건설한 다리가 계속 무너질 때 비트겐슈타인은 계산법이 사실의 세계와 무관하다고 말했습니다. 그런데 수학이 생활의 문맥과 얽혀 있는 것이라면 틀림없이 모순된 계산법이 고쳐져야 한다고 생각합니다. 수학이 문법이고 문법이 우리의 경험을 가능하게 하는 틀이라면 모순된 수학으로 건설한 다리가 계속 무너졌을 경우 수학은 고쳐져야 할 것이라고 생각하는데 선생님은 어떻게 보십니까?

이승종: 수학이 경험적 대상 세계에 대한 학문이 아니라는 비트겐슈타인의 주장은 수학을 물리학으로 보는, 즉 대상에 대한 학문으로 보는 플라톤주의를 비판하는 문맥에서 전개된 것입니다. 수학의 명제나 규칙들이 재현이나 기술의 기능을 갖지 않는다는 것입니다.

그렇다면 수학이 어떻게 경험적 대상 세계에 적용되는가? 저는 하나하나의 낱말들을 연장통 안의 연장으로 보는 비트겐슈타인의 비유를 적용해서 수학의 다양한 게임들을 각각 연장통 안의 다양한 종류의 연장으로 봅니다. 그 중 어떤 게임은 일상적 생활에서의 셈과 추론에 쓰이고, 어떤 다른 게임은 일정한 경험적 현상을 설명하거나 예측하는 데 쓰이기도 하고, 또 어떤 게임은 그 현상을 설명하는 데는 쓰이지 않지만 다른 사건을 설명하는 데 쓰이기도 하고, 또 어떤 게임은 아직 한 번도 구체적 상황에 적용되지 않았고 등등 말입니다. 이 과정에서 우리가 어떤 상황에 어떤 게임을 선택해서 사용하느냐가 관건이 되겠죠.

비트겐슈타인은 이처럼 언제나 수학 그 자체보다는 그것의 역할, 쓰임에 더 관심을 보여왔습니다. 수학이 경험 과학이 아니지만 그럼에도 불구하고 경험적 대상, 사건을 설명하는 데 적용된다는 점이 비트겐슈타인에게는 아무런 문제가 되지 않는다고 봅니다.

비트겐슈타인은 모순된 계산법을 적용해 긴설힌 다리가 계속 무너질 경우 그 이유가 모순된 계산법 때문이라는 어법의 부당성을 비판합니다. 저는 그의 비판이 옳다고 봅니다.

김혜숙: 『논고』에서 사유의 한계로서의 논리학 개념이 『탐구』에서는 일상 언어의 문법으로 대체되었다고 말씀하셨는데 저는 모순이 의미있는 경우를 상상할 수 있는지를 묻고 싶습니다.

신이 모순율에 구애받지 않고 자유로이 생각할 수 있는지의 문제는 서양 철학사에서 열띤 논쟁거리였습니다. 수학적, 논리적 모순에 대한 비트겐슈타인의 태도는 인간이 신적 사유의 가능성에 도달할 수 있느냐 하는 사유의 한계의 문제와 연관되는 것이라고 봅니다. 비트겐슈타인은 그 가능성을 열어놓자는 것이고, 전통적 수학자와 논리학자들은 그 가능성을 차단하고 한계 내에서 사유해야 한다는 입장이라고 봅니다.

그런데 그 가능성이 의미있게 열어지려면 우선 그 가능성을 생각할 수 있어야 할 텐데 지금까지 우리가 알고 있는 사유나 논리의 체계가 모순율에 제약받지 않고 이루어진 경우는 없다고 생각합니다. 사유의 가능성으로서의 모순의 물음을 어떻게 의미있게 물을 수 있다고 보십니까?

이승종: 인간이 모순율의 테두리 안에서 사유를 전개하려는 태도 자체가 인간이 상정할 수 있는 의미, 혹은 사유의 한계를 스스로 드러내고 있는 것이 아닐까요? 모순에 대해 알레르기 반응을 보인다는 사실 자체가 인간이라는 종species이 할 수 있는 게임의 한계를 스스로 보여주고 있는 것이 아닐까요?

모순에 대한 물음을 어떻게 의미있게 적극적으로 던질 수 있는가? 제 발표에서도 인용했지만 이에 대해 비트겐슈타인은 잘 생각이 나지 않는다고 했습니다(RFM, 211쪽).

김혜숙: 말할 수 없는 것에 대해서는 비트겐슈타인도 말할 수 없었겠죠. 그 자신 인간이라는 종의 한계를 넘어설 수 없었던 것이죠. 그 한계를 넘어선다면 인간이 아닐 테니까요.

정인교: 비트겐슈타인의 의도는 임의의 기호 a, b에 대해 a로부터 b가 추론되는 게임도 허용된다는 것 아닙니까?

이승종: 그것은 신중히 다루어져야 할 문제라고 생각합니다. 우선 비트겐슈타인은 "아무것이나 다 좋다Anything goes"를 주장하려던 것이 결코 아닙니다. 논리학사나 수학사가 "아무것이나 다 좋다"는 방식으로 전개되어오지는 않았습니다. 수학사나 논리학사가 인간이라는 종이 모여 이룩한 기호 게임의 역사인 것은 사실입니다. 비트겐슈타인의 의도는 어떠한 사유 방식

이나 게임도 다 인정하자는 것이라기보다는 오히려 수학사나 논리학사가 일정한 질서와 방향성에 묶여 전개되어왔음을 보이려는 것이었습니다.

정인교: 모순이 바로 "아무것이나 다 좋다"를 조장하기 때문에 모순을 싫어하는 것이죠.

이승종: 모순을 그렇게만 보지 말고 달리 볼 수 있다는 것이 비트겐슈타인의 견해입니다.

김동식: 수학의 체계에서 발견된 단 하나의 모순 때문에 체계가 무너진다는 수학자들의 견해에 대한 비트겐슈타인의 비판은 과학의 체계에서 발견된 단 하나의 반증적 사실 때문에 체계가 반증된다는 포퍼 K. Popper의 견해에 대한 쿤의 비판과 유사한 것이 아닐까요?

이승종: 그러나 하나의 모순이 발견된 수학의 체계로부터는 무한히 많은 모순을 유도할 수 있는 반면, 하나의 반증 사실이 발견된 과학의 체계로부터는 무한히 많은 반증 사실이 유도되지 않습니다.

정대현: 이승종 선생은 모순이 'p · ~p'라고 했는데 저는 모순을 항위명제, 즉 언제나 거짓인 명제라고 봅니다.

정인교: 이승종 선생의 글에서 치하라의 증명은 이 선생의 주장과는 달리 'p · ~p'에서 시작하지 않았습니다. 따라서 치하라의 증명에 대한 이 선생의 비판은 잘못된 것입니다.

이승종: 프레게의 체계가 'p'를 함축하고 또 '~p'를 함축한다면 프레게의 체계는 결국 'p · ~p'를 함축한다고 보아야 합니다.

정인교: 모순된 체계로부터는 모순을 통하지 않고도 체계로부터 직접 원하는 명제를 얼마든지 추론할 수 있습니다. 따라서 모순으로부터의 추론을 금지하는 것으로 이 상황을 막아보

려는 비트겐슈타인의 의도는 성공할 수 없습니다.

이승종: 모순된 체계는 이름 그대로 모순이 존재하는 체계입니다. 그리고 모순된 체계가 문제되는 까닭은 바로 이 모순 때문입니다. 모순으로부터의 추론을 금지하자는 비트겐슈타인의 주장은 이러한 맥락에서 이해되어야 합니다.

13.4 토론(II)[11]

한자경: "이것은 빨간색이다"라는 명제가 "이것은 파란색이 아니다"를 함축한다는 것은 『논고』와 그 이후의 비트겐슈타인의 저작에 있어서 모두 자명한 사실이 아닙니까?

이승종: 그러나 『논고』 이후의 비트겐슈타인은 그 자명성의 전제를 이루는 것이 색깔에 관한 문법의 체계라는 사실이 『논고』에서는 해명되지 않았다고 보았습니다.

하종호: 비트겐슈타인이 말하고 있는 수, 혹은 색깔에 관한 명제의 체계란 구체적으로 무엇을 말하는 것입니까?

이승종: 수의 체계는 좌표계, 색깔의 체계는 스펙트럼을 배경으로 이야기할 수 있습니다. 좌표계의 어느 한 점이 3이라면 그 점은 동시에 2나 4일 수 없습니다. 마찬가지로 스펙트럼의 어느 한 점이 초록색이면 그것은 동시에 노란색이나 파란색일 수 없습니다. 그러므로 수의 좌표계와 색깔의 스펙트럼에 연관

---

[11] 이 절은 『비트겐슈타인이 살아 있다면』 3장의 초고 일부를 주제로 1993년 10월 23일 영남대학교에서 있었던 제6회 한국철학자 연합대회 분석철학 분과에서의 토론을 옮긴 것이다. 토론 참가자는 다음과 같다. 한자경(이화여대 철학과 교수), 하종호(고려대 철학과 교수), 이명현(서울대 철학과 교수), 이영철(부산대 철학과 교수), 소흥렬(이화여대 철학과 교수), 정대현(이화여대 철학과 교수), 정성호(동국대 철학과 교수).

되는 명제의 체계, 혹은 문법이 생겨나는 것입니다. 그렇다면 색깔 배제의 문제는 반드시 색깔에 국한된 문제가 아님을 곧 알 수 있습니다.

이명현: 가령 어느 것이 목재라면 그것은 동시에 강철이거나 모래일 수 없습니다. 배제의 문제는 이처럼 우리의 언어 전반적인 영역에로 확산됩니다. 그런데 왜 비트겐슈타인이 이러한 자명한, 그래서 사소한 문제에 빠져 들어갔는지 모르겠습니다.

이영철: 비트겐슈타인의 색채론은 괴테에게서 영향받았다고 볼 수 있는지요?

이승종: 비트겐슈타인에 대한 괴테J. W. von Goethe의 영향은 다방면에서 확인됩니다(J. Schulte, 1989, 18, 80~81쪽 참조). 그러나 비트겐슈타인의 색채론의 의의는 괴테와의 연관에서보다는 『논고』에서 전개된 외연 논리에 대한 비판에 있습니다. 즉 프레게-러셀-전기 비트겐슈타인으로 이어지는 20세기 논리학의 외연 논리 일변도의 전개 과정이 언어 분석에 충분조건이 되지 못함을 색깔 배제의 문제를 통해 폭로하고자 하는 것이 색채론에서의 비트겐슈타인의 의도입니다. 『논고』에서도 수와 색깔에 관한 명제들이 외적 관계가 아니라 내적 관계에 있다는 구절이 있습니다(TLP, 4.123, 4.1252). 그러나 이 내적 관계가 무엇인지는 제대로 규명되어 있지 않습니다. 후기 비트겐슈타인은 이 내적 관계가 기존의 논리학으로 설명될 수 없다고 보았습니다.

소흥렬: 그렇다면 후기 비트겐슈타인은 논리학을 부정하는 것입니까?

이승종: 후기 저작에서의 문법 개념과 언어 게임의 개념은 명제의 의미의 문맥 의존성 주장을 구체화하기 위해 사용되고 있습니다. 언어의 규칙이 문맥에 의존되어 있다면, 그리고 언

어의 쓰임이 다양하다면, 하나의 절대적인 논리학의 개념은 자연히 포기되고 맙니다. 메타 논리학, 완전성 증명 등도 제한적 영역에서만 의미있는 작업으로 보아야 할 것입니다. 요컨대 논리학은 언어 게임과 문법의 틀에서 조명되고 있습니다.

정대현: 저는 『논고』에서 색깔 배제의 문제가 필연성은 오직 논리적 필연성만이 있음을 보이는 하나의 예로 쓰였을 뿐이라고 봅니다.

정성호: 비트겐슈타인의 1929년 논문(RLF)에서 "이것은 빨간색이고 파란색이다"는 어떻게 난센스Unsinn(비의미)가 됩니까? 어떻게 그것을 명제가 아니라고 말할 수 있습니까?

이승종: 비의미unsinnig와 무의미sinnlos의 구분에 의하면 동어반복과 모순은 무의미합니다. 그리고 무의미한 것은 제한된 의미에서 일종의 명제라고 할 수 있습니다. 반면 비의미인 것은 어떠한 경우에도 명제일 수 없습니다. 1929년의 논문에서 비트겐슈타인은 색깔 배제 문장을 모순으로 간주하는 『논고』의 견해가 잘못되었다고 반성하고 있습니다. 즉 그 문장은 무의미하기보다는 비의미라는 것입니다. 그리고 비트겐슈타인에 의하면 비의미인 것은 논리적 구문에 의해 제거되어야 하는 난센스입니다.

【부록: 서평】

『데리다와 비트겐슈타인』[1]

박병철
(부산외대 철학과 교수)

"백열등 하나 가는 데 몇 명의 헤겔주의자가 필요한가?" 이 것은 유럽 대륙의 철학적 전통에 대한 미국 분석철학자들의 조롱조의 농담이다. 논리적 엄밀성조차 갖추지 못한 독일의 철학자들이 방안의 백열등 하나 제대로 바꾸어 달 수 있겠는가를 묻고 있는 이 말은 영미의 분석적 전통을 이어받은 철학자들이 이른바 대륙 철학을 어떤 눈으로 바라보고 있는가를 잘 나타내주고 있다. 콰인이 푸코M. Foucault나 데리다J. Derrida에 대해서 "경멸할 가치조차 없다beneath contempt"고 말한 것 역시 분석철학자들의 대륙 철학에 대한 감정을 대변해준다고 하겠다. 이에 대해 대륙적 전통에 속한 철학자들은 대개 "분석철학은 깊이가 없다" 혹은 "분석철학은 과학의 시녀다"라는 식으로 반응한다. 오늘날 철학에서 분석적 전통과 대륙적 전통이 확연하게 구분되어 서로 독립적으로 연구되고 있는 것은 전세계적인 현상이며, 특히 미국에서는 이러한 현상이 가장 극단적으로

---

[1] 이 글은 뉴턴 가버와 필자가 같이 쓴 『데리다와 비트겐슈타인』(민음사, 1998)에 대한 서평으로 『철학』, 57집(1998)에서 전재하였다. 이 글에 대한 필자의 답론은 다음을 참조. 뉴턴 가버 · 이승종, 『데리다와 비트겐슈타인』(수정증보판, 동연, 2010), 392~93쪽.

나타나서 로티는 "누가 헤겔을 가르칠 것인가?"가 미국 지성계의 현실적 문제가 될 정도라고 주장한다(R. Rorty, 1981, 224쪽).

사실 이러한 철학계 내의 분파는 반드시 나쁜 것은 아니다. 서로 다른 입장에 대해서 비판과 견제를 일삼는 것은 분명 학파의 형성과 발전을 돕는 일일 테니 말이다. 그러나 철학에서 분석적 전통과 대륙적 전통이 문제가 되는 것은 단순히 학파의 상이성을 뛰어넘기 때문이라 하겠다. 이들 두 전통에는 학파의 형성과 발전에 필요한 상호간의 대화와 비판이 완벽하게 결여되어 있다고 해도 과언이 아니다. 서로가 상대방을 진정한 의미에서의 철학으로 인정하기를 꺼리기 때문이다.

20세기에 들어와서 러셀과 프레게의 논리적 방법에서 시작된 분석적 전통과 후설의 현상학적 방법을 중심으로 발전된 대륙적 전통은 양차 대전을 겪으면서 서로간에 대화의 장을 확보하는 데 실패했다. 때로는 방법과 스타일의 과격한 차이를, 때로는 영어권 문화와 대륙 문화와의 차이를 구실로 서로가 상대방 전통에 속한 철학적 저작을 읽는 데 소홀히 하면서 이 두 전통은 완벽하게 서로 다른 길을 걸어온 듯하다. 그러나 과연 이들 두 전통은 서로 대화가 통하지 않고 상대방의 철학을 철학이 아닌 것으로 무시할 만큼 화해하지 못할 성격을 가지고 있는 것일까?

나는 결코 그렇지 않다고 생각한다. 20세기 초반이나 지금이나 사실 이들 두 철학적 전통은 상당히 많은 부분에 있어서 동일한 철학적 문제들을 공유하고 있(었)기 때문이다. 특히 초기 분석철학에서는 독일 문화권인 비엔나의 사상적 경향이 상당한 영향을 주었다.[2] 러셀은 마이농 A. Meinong의 영향을 받았으며, 카르납 Carnap도 그의 『세계의 논리적 구조』에서 후설의 『논리연구』와 『이념들』을 인용하고 있을 뿐 아니라 현상학적 방법에 대해서도 언급하고 있다. 반면 후설은 프레게의 영향으로 심리주의에서 벗어나게 되고, 시간의 현상학적 연구에서는 윌리엄 제임스William James의 『심리학 원론』의 직접적인 영향을 받았다. 비트겐슈타인도 프레게나 러셀뿐 아니라 쇼펜하우어A. Schopenhauer, 볼츠만L. E. Boltzmann, 헤르츠 등으로부터 많은 영향을 받았다고 진술한 바 있다.

단순화하여 말한다면, 나는 20세기 초 분석적 전통과 대륙적 전통의 확립에 결정적인 역할을 한 러셀과 후설 모두는 가장 확실한 토대에 기초한 학문의 체계를 세우려는 철학적 문제점에서 각자의 철학적 작업을 시작했다고 생각한다. 조금 더 단순화한다면, 러셀은 그러한 작업을 논리적 환원을 통해서, 후설은 현상학적 환원을 통해서 수행하려 했던 것이다. 경험에 확실하게 주어져서 그것 없이는 어떠한 지식도 얻을 수 없는 그러한 근거로서 러셀은 감각 소여를 이야기했고, 후설도 데카르트적 확실성을 확보하기 위하여 우리에게 주어진 모든 것들에 대한 일차적 회의를 서슴지 않았던 것이다. 서로 상이한 철학과 상이한 전통으로 발전하기는 했지만 이들 현대철학의 두 거물이 최소한 그들의 출발점에서 공유한 부분이 크다는 것은 부인할 수 없는 사실이다. 결과적으로 두 전통이 화해할 수 없을 만큼 이질적인 것처럼 양분되어 있음에도 불구하고, 이들이 가진 철학적 문제들을 주의 깊게 탐구할 때 그저 흥미로운 비교 이상의 의미를 찾을 수 있을 것이다. 이것은 마치 서양 근대철학이 영국의 경험주의와 대륙의 이성주의로 양분되어 서로 대립적으로 발전된 것과 같은 인상을 많이 주고 있으나 사실은

---

2 이 점에서 더밋(Dummett, 1993, 1~2쪽)은 분석철학의 역사적 맥락에서 볼 때 '영미 Anglo-American철학' 보다는 '영오 Anglo-Austrian철학' 이라 부르는 게 나을 것이라고 한다.

이들 모두 이성이라는 가장 중요한 테마를 중심적인 문제의식으로 가지면서 18~19세기의 철학적 흐름으로 통합되어간 것에 비추어서도 철학적 의미를 새삼스레 확인할 수 있을 것이다.

최근 우리말로 번역된 뉴턴 가버와 이승종의 『데리다와 비트겐슈타인』은 위에 열거한 맥락에서 매우 가치 있고 환영할 만한 저술이다. 제목이 말해주듯이 이 책은 데리다와 비트겐슈타인의 철학을 그 주제로 하고 있다. 미국의 웬만한 대학의 철학과에서 비트겐슈타인에 대한 과목이 개설되는 반면, 데리다는 비교문학적 관심에서 영문학이나 불문학과 등에서 주로 가르쳐지고 주류 철학자들에게는 그저 철학이 취해서는 안 될 방향을 보여주는 모델로서만 의의를 가진다는 점에서 볼 때, 데리다와 비트겐슈타인을 한데 묶은 이 책의 시도 자체가 흥미롭고 신선하다.

저자들은 '들어가는 말'에서 데리다와 비트겐슈타인을 한데 묶을 수 있게 해주는 공통점과 그에 못지않은 차이점을 간략히 소개하면서 이 책을 시작하고 있다. 저자들은 두 철학자의 공통점으로 (1) 언어의 작용에 대한 이해가 철학의 이해에 중요한 역할을 한다고 본 것, (2) 다른 사람들이 모방할 수 없는 독특한 문체로 철학을 한 것, (3) 독특한 언어적 방법으로 전통적인 형이상학을 비판하면서 동시에 자신들의 사상에 대한 체계적 표현을 피한 것, (4) 자신들이 철학적 명제들을 분석하는 방법을 창안했다고 주장한 것(13~14쪽) 등을 들고 있다. 특히 저자들은 "체계적 철학의 거부, 포괄적 내지는 철학적 지식의 거부, '총체화하는' 개념의 거부, 무제약적인 논리적 진리의 거부, 그리고 형이상학 일반의 거부를 통하여 데리다와 비트겐슈타인은 한계의 시대에 속한다"고 하면서(24쪽) 이들의 철학을 그것들이 나오게 된 시대의 사상적 분위기—즉 물리학과 논리학에서의 한계와 평행선을 긋는 철학에서의 한계—와 연관시켜 설명하고 있다. 데리다와 비트겐슈타인은 이 한계의 시대가 낳은 예언자들이라는 것이다(270쪽).

나는 이러한 저자들의 분석에 전적으로 동의한다. 데리다와 비트겐슈타인의 저작 어디에서도 논증이나 증명과 같은 것을 찾아볼 수 없으며, 특히 비트겐슈타인에게서는 묵시적인 선언조의 언명이 주류를 이룬다는 점, 그리고 두 사람 모두 유대계라는 점을 고려해보면 이들은 어떤 면에서 철학자라기보다는 예언자라고 해야 할지도 모른다.[3] 그럼에도 불구하고 이들이 틀림없이 철학을 하고 있으며 철학자라고 불려야만 하는 이유는 둘 다 철학이란 어떤 모습을 띨 수 있는가에 대해 끊임없이 탐구하고 있다는 점이다. 비트겐슈타인의 저작들을 읽으면서 때로 나는 그가 "철학에는 오로지 하나의 물음만이 있을 수 있는데, 그것은 '철학이란 무엇인가'이다"라는 주제에 대해서 끊임없이 탐구하고 있다는 생각이 든다. 데리다의 경우도 크게 다르지 않다. 철학적 지식이 가능한가의 문제에 대해 의심해보는 것은, 그 결과가 설혹 부정적인 것이 될지라도, 지극히 철학적이라 아니할 수 없다. 저자들의 평가대로 데리다와 비트겐슈타인은 분명 한계의 시대가 낳은 예언자임에 틀림없다. 나는 단지 그들이 우리에게 안겨주는 아이러니는 그들의 예언, 그들의 철학은 제대로 이해되었을 때 한계를 거부하는 특성을 가지고 있다는 점이라고 생각한다.

이렇게 『데리다와 비트겐슈타인』은 매우 중요한 문제들을

---

[3] 러셀의 서양 지성사에 대한 탁월한 분석에 의지한다면, 비트겐슈타인과 데리다 모두 이성적인 것으로 대표되는 논리학보다는 비이성적인 것으로 대표되는 신비주의의 전통으로 분류되어야 할 것이다.

건드리면서 전개되고 있다. 본문에서 특히 나의 눈을 끄는 대목은 저자들이 구조주의를 통해 비트겐슈타인을 데리다와 연결시키고 있다는 점이다. 그들은 비트겐슈타인의 저작을 관통하는 주제에서 강력한 구조주의를 볼 수 있다고 주장하면서 『논고』, 3.42와 『탐구』, §199를 인용하고 있다(45쪽). 『논고』, 3.42는 명제와 함께 그 명제가 속하게 되는 논리적 공간 전체가 주어져 있어야 한다는 내용을 담고 있고, 『탐구』, §199는 "한 문장을 이해하는 것은 한 언어를 이해하는 것을 의미한다"는 언명이다. 먼저 『논고』에 대해서 저자들은 구조가 사실과 무관한 부정적 실재성을 가지기 때문에 문장이 어떻게 의미가 있으면서도 거짓일 수 있는가를 설명할 수 있다고 말한다(48쪽). 사실들은 모두 논리적 공간을 전제하고 그 공간 내에 놓이기 때문에 원자적 사실들은 서로 논리적으로 독립적이지만 구조적 관계를 유지할 수 있다는 점에서 구조주의적이라는 것이다(51쪽).

비트겐슈타인은 언어의 내적 구조가 세계의 내적 구조를 나타낸다고(혹은 그려낸다고) 보고 도대체 그것이 어떻게 가능한가의 문제에 주목했다. 명제와 사실 간의 대응 관계에 주목하면서 의미의 가능성의 조건을 찾으려 했으며, 그러한 과정에서 마치 전제처럼 작용하고 있는 것이 이른바 논리적 공간이라는 것이었다. 논리적 공간을 지배하는 것은 그 안에서 발견되는 명제와 사실들이 공유하는 논리적 형식이다. 이러한 점은 언어와 세계의 구조에 초점을 맞추고 있다는 점에서 무척 흥미로운 것임에도 불구하고 이에 '구조주의적'이라는 용어를 이용하여 설명하는 경우는 거의 없었다. 『세계의 논리적 구조』를 쓴 카르납의 경우도 구조적 관심을 가지고 있었음에도 불구하고 우리는 그의 철학을 구조주의적이라 부르지 않는다. 그러한 맥락에서 『논고』를 구조주의적이라 규정하는 데 무리가 있을는지도 모른다. 그러나 만약 『탐구』가 『논고』와의 연속성 아래서 씌어졌으며, 또한 저자들이 잘 지적한 대로 비트겐슈타인이 언어와 세계와의 관계에 대해 지속적으로 주목했다는 것을 염두에 둔다면 그의 철학은 구조주의적 측면에서 충분히 의미있게 해석할 수 있을 것이다. 특히 『탐구』에서 전개되고 있는 의미에 대한 총체주의적 견해는 데리다의 전면적인 텍스트주의와는 많이 다른 것이 틀림없지만, 그럼에도 불구하고 비트겐슈타인이 의미를 논하는 데 있어서 문맥context에 주목하고 있음을 보여줌으로써 데리다와 의미있게 비교할 수 있는 근거가 될 수 있다.

나는 『탐구』에서 취하고 있는 비트겐슈타인의 입장은 우리가 의미에 대한 어떠한 확정적이고 확고한 이론도 세울 수 없다는 것이라고 생각한다. 물론 그의 의도대로라면 그가 그러한 '입장'을 취했다고 말할 수조차 없을 것이다. 어떤 단어의 의미를 이해하는 데 있어서 우리가 할 수 있는 일이란 그저 그 단어가 사용되는 문맥에 우리 자신을 위치시키는 일이다. 즉 언어 게임에 참여하는 것이다. 어떤 면에서 비트겐슈타인은 자신의 『탐구』를 그러한 방식으로 기술하고 있다. 전통적인 책 쓰기와 읽기에 익숙한 독자들은 목차도 없고 장과 절의 구분도 없으며 특정 주제에 대한 논증조차 결여된 『탐구』를 읽고 도대체 그 책의 주제가 무엇인지를 알아내는 것이 거의 불가능할 것이다. 독자가 『탐구』를 이해하기 위해서는 그 스스로 『탐구』가 씌어진 문맥에 익숙해짐으로써만이 가능하다. 그래서 비트겐슈타인은 그 책에서 이해나 의미에 대한 어떠한 이론화도 불가능한 시도로 그치고 말 것이라는 점을 독자들이 은연중에 깨닫게 하고 있다.[4]

뉴턴 가버와 이승종의 후기 비트겐슈타인에 대한 해석은 이와 같은 생각과 근접해 있는 듯하다. 그들은 비트겐슈타인에게 있어서는 텍스트 혹은 그 텍스트의 부분적 이해조차도 특정한 문맥이나 어떤 특정한 실천적 목적의 두드러진 특징에 달려 있다고 한다. 즉 단어의 이해를 위해서는 단어가 사용되는 문장을 이해해야 하고, 문장을 이해하기 위해서는 문맥을 이해해야 하며, 이것은 결국 언어 게임과 삶의 형식에 대한 이해에까지 확장된다는 것이다(163쪽). 낱말은 오직 삶의 흐름에서만 의미를 가지며, 삶의 흐름에 속하는 어떤 문맥으로부터 분리되었을 때에는 아무런 의미도 갖지 않는다는 것이다(241쪽). 저자들은 이 점이 데리다의 텍스트주의와 잘 대조된다고 주장한다. 데리다는 언어 이해에 있어서 기호와 의미는 완전히 다른 종류의 것이므로 의미는 어떠한 방식으로도 기호에 의해서 확정될 수 없다는 입장에 있다(98쪽). 뿐만 아니라 저자들은 데리다의 철저한 텍스트주의적 관점을 대변하는 "지시체는 텍스트적인 것이다. 지시체는 텍스트 내에 있다. ······모든 것이 텍스트이다"라는 언급이나 "텍스트 바깥에는 아무것도 없다"는 언급을 들

---

4 내가 이러한 생각을 가지게 된 데에는 드레벤 Burton Dreben의 영향이 크다. 드레벤은 『탐구』가 대화체로 씌어진 것은 결코 우연이 아니며 비트겐슈타인은 소크라테스 Socrates적 의미에서 진정한 변증법을 구사하고 있다고 주장한다. 그는 『탐구』가 누구를 대상으로 씌어졌겠는가에 주목할 것을 주문한다. 즉 그것은 비트겐슈타인이 가상의 대화자를 빌려서 독백을 하고 있는 것일 수도 있다는 것이다. 가상의 대화자를 통해 가능한 여러 이론적 입장들을 고려해보고 그에 대한 비판과 반론을 제시해보지만, 어떠한 이론에도 비판과 반론이 가능하다고 할 때 의미에 대한 확정적인 이론을 세우는 것은 불가능하다는 것이다. 그러나 『탐구』가 비트겐슈타인의 독백으로만 처리될 수 없는 이유는 가상의 대화자의 자리에는 특정한 입장을 가진 철학자가 독자로서 자리할 수도 있을 것이기 때문이다. 이 경우 각각의 독자들은 자신을 『탐구』가 전개되는 문맥에 위치시킴으로써 비트겐슈타인이 의미하는 바를 이해할 수 있을 것이다. 여기서 텍스트와 각각의 독자들 간의 상호작용이 일어나는 것이다. 나는 이러한 점이 비트겐슈타인을 문맥주의적으로 해석할 수 있게 해주며, 데리다와 의미있게 비교될 수 있는 포인트라고 생각한다. 그러나 드레벤은 바로 그 지점에서 자신의 입장을 추스르고 만다. 비트겐슈타인이 데리다와 유사하다는 것은 난센스라는 것이다.

어 비트겐슈타인의 의미의 고정성에 대한 비판과 적절히 비교하고 있다.

물론 여기서 저자들은 비트겐슈타인이 끝까지 언어와 세계와의 관계에 주목하여 텍스트나 언어 외부에 자연사(自然史)의 사실이 있음을 주장한 것과 달리 데리다는 텍스트 밖에는 아무 것도 없다 하여 지시체 자체를 텍스트 내부에서만 다루려 한 점을 잘 관찰하여 두 철학자가 동일한 의미에서의 구조주의자나 해체주의자가 아니라는 점을 또한 강조하고 있다(55쪽). 분명 저자들의 주장대로 후기 비트겐슈타인은 "말이 언제나 재현적인 것은 아니다"라는 입장에 있었던 반면, 데리다는 "말은 언제나 재현적이지 않다"는 입장을 취했기 때문이다(174쪽). 그런데 저자들은 이러한 데리다의 입장이 비트겐슈타인과의 차이를 드러내는 데 유용한 것으로 보는 듯하다. 그들은 데리다가 텍스트를 그 문맥으로부터 분리시키기 때문에 비트겐슈타인의 문맥주의적 이해와는 다르다고 주장한다(242쪽). 그들은 텍스트에 초점을 맞추는 것과 문제에 초점을 맞추는 것은 구별되어야 하는데 비트겐슈타인은 문제에 초점을 맞추면서 문맥에 주목한 반면, 데리다는 텍스트를 문맥으로부터 분리시킴으로써 위에 열거한 비트겐슈타인과 같은 방식의 이해로부터 벗어나 있다고 한다(242쪽).

어쩌면 이것은 다른 이유와 더불어 저자들이 데리다는 해체적인 반면 비트겐슈타인은 건설적인 면을 가지고 있다고 하는 것과 연관이 있는지도 모르겠다(257쪽). 물론 데리다는 「서명 사건 문맥」에서 논의하고 있는 바와 같이 문맥주의를 긍정적으로 받아들이지는 않은 듯하다. 그는 문맥은 절대적으로 규정될 수 없다고 한다(Derrida, 1973, 310쪽). 모든 기호는 인용 부호 안에 속함으로써 얼마든지 새로운 문맥 아래 놓일 수 있기 때문이다(Derrida, 1973, 320쪽). 그러나 문맥주의가 데리다가 말하는 기호 현상들을 충분히 설명할 수 있다면, 그가 텍스트와 문맥을 분리하여 텍스트에만 초점을 두었다는 저자들의 설명은 재고해볼 필요가 있다.[5] 실로 데리다는 문맥에의 관심과 주의를 강조하고 있다.

> 어떤 사람들에게는 일종의 슬로건이 된, 일반적으로 매우 잘못 이해된, 해체에 대한 구절("텍스트 밖에는 아무것도 없다")은 다른 어떤 것을 의미하는 것이 아니다. 문맥 밖에는 아무것도 없다. 정확히 같은 것을 말하고 있는 이러한 형태에서는 해체에 대한 구절이 의심할 바 없이 덜 충격적이 되었을 것이다. (Derrida, 1988a, 136쪽)

나는 여기서 저자들이 데리다와 비트겐슈타인을 잘못 이해했다고 주장하는 것은 아니며, 데리다가 후기 비트겐슈타인의 문맥주의적 입장과 동일하다고 말하는 것도 아니다. 나는 데리다와 비트겐슈타인을 비교하는 데 있어서 또 다른 측면에서 조망이 가능하지 않을까 하는 생각에서 그런 측면의 일부를 지적해본 것이다.

『데리다와 비트겐슈타인』에서 다루어지지 않은 것으로서 다음과 같은 측면을 고려해보는 것도 좋을 것 같다.

나는 비트겐슈타인이 해체적이라고 생각하지는 않는다. 『확실성에 관하여』에서 보여주고 있는 무어 G. E. Moore에 대한 비판은 그가 철학에 대해 얼마나 심각한 태도를 취하고 있는지를

---

[5] 카훈은 모든 기호의 의미는 차이와 관계에 의해 규정되며, 따라서 어떤 기호의 의미도 완전하게 규정될 수 없다는 데리다의 입장은 문맥의 상대성과 편재성에 의해 충분히 설명될 수 있다고 한다(L. Cahoone, 1995, 284~91쪽).

잘 보여주고 있다. 그는 전통적인 형이상학은 언어의 혼란에서 철학을 잘못 이끌고 갔다고 생각했지만, 그렇다고 해서 상식에 호소하는 무어식의 문제 해결 방식이 건설적이라고 보지는 않았다. 그의 눈에는 무어의 해결책이 철학에 대해 진지하지 못한 태도로 보여진 것이다. 의미가 고정적이거나 확정적일 수는 없고, 문맥에 주목함으로써 삶의 흐름에서만 이해될 수 있다는 비트겐슈타인의 입장은 상대주의나 문맥주의적으로 흐를 수 있음에도 불구하고 분명 의미가 어떻게 가능한가의 조건을 찾으려는 시도이다.

뉴턴 가버와 이승종의 연구가 이러한 측면에서 접근하고 있지는 않지만, 아마도 데리다의 경우에도 그와 유사한 해석이 가능할 것이다. 데리다가 해체를 시도하고 있음은 사실이지만 그러한 해체를 반드시 건설적이지 않은 것으로 바라볼 필요는 없을 것 같다. 그의 텍스트들이 의미가 어떻게 가능한가의 조건에 대해서 다루고 있음을 부인하기는 힘들 것이기 때문이다(데리다가 기호 현상에 주목한 것, 그리고 차연이라는 용어를 만들어내어 그것을 설명하고 있는 바가 바로 그 점을 잘 설명해주고 있다). 방법과 스타일 그리고 철학적 전통에서 많이 다르지만 데리다의 이러한 측면은 비트겐슈타인 철학이 전체적으로 보여주는 모습과 흡사하다. 만약 데리다의 시도가 궁극적으로 전통적인 의미에서 철학적 진리에 도달하는 것은 불가능함을 보여주는 데 귀착된다면, 그러한 결론 자체가 데리다의 철학에 대한 비판으로 되돌아올 수 있다는 데서, 타고 올라간 스스로의 사다리를 버려야 함을 알고 있었던 비트겐슈타인의 시도와 유사하다 아니할 수 없을 것이다.

서로 다른 전통에 속한 것으로 여겨지는 두 철학자를 하나의 연구서에서 다루는 것은 그리 쉬운 일은 아니다. 특히 분석철학과 대륙 철학의 스타 철학자들인 비트겐슈타인과 데리다를 같이 다룬다는 것은 분명 도전적인 일이다. 두 전통에 대해 모두 잘 알고 있어야 한다는 부담도 있다. 그러나 앞서 언급한 바와 같이 이들의 철학에서 유사하거나 동일한 문제의식이 발견된다면, 이들이 서로 다른 전통에 속한다는 사실로 인하여 비교 연구를 하지 않거나 소홀히 하는 일이 있어서는 안 된다. 이 점에서 『데리다와 비트겐슈타인』은 아직 철학적 정체성의 확립에 많은 노력이 필요한 우리나라 철학계에서 환영할 만한 일이다. 아쉬운 점이 있다면, 이 책은 독자가 데리다와 비트겐슈타인에 대한 상당한 지식을 가지고 있으리라는 전제 아래 씌어졌다는 느낌을 받았다는 것이다. 쉽게 씌어지는 책이 반드시 좋은 책이 아님은 분명하다. 그러나 서로 상이한 철학적 전통이 배타적 태도를 유지하는 현실에 비추어볼 때—물론 책의 부피와 저자들의 노력이 늘어났겠지만—한쪽의 전문가가 다른 한쪽을 좀더 쉽게 이해할 수 있는 기회가 마련되는 장으로 작용될 수도 있지 않았겠나 하는 욕심을 가져본다.

비트겐슈타인 연보

1889   오스트리아의 유대계 대 부호인 아버지 칼 비트겐슈타인과 음악을 사랑했던 어머니 레오폴디네 칼무스의 5남 3녀 중 막내로 오스트리아 빈에서 4월 26일에 출생했다. 브람스, 말러, 부르노 발터 등의 음악가들이 비트겐슈타인 저택의 저녁 음악 모임에 참석하곤 하는 음악적인 분위기에서 성장했다. 여덟아홉 살 무렵 "거짓말을 하는 것이 이로울 때에도 사람은 왜 정직해야 할까?"에 대해 생각했다.

1902(13세)   음악에 천재적 재능을 갖고 있던 형 한스가 아들들에게 사업가가 되기를 강요했던 아버지와의 마찰로 집을 나와 미국에서 자살했다.

1903(14세)   아버지의 뜻에 따라 1903년에서 1906년까지 린츠의 실업학교에 다녔다. 히틀러도 1904년에서 1905년까지 같이 학교에 있었으나 서로 접촉했다는 증거는 없다. 학교 생활에 적응하지 못한 탓에 성적은 좋지 않았지만 종교 과목에서 두 번 A를 받았다. 젊은 시절 내내 떠나지 않게 되는 자살에 관한 생각과 충동으로 번민하기 시작한다.

1904(15세)   아버지에게 반기를 들었던 형 루돌프가 베를린에서 자살했다. 린츠 시절 비트겐슈타인은 쇼펜하우어, 오토 바이닝거, 하인리히 헤르츠, 루트비히 볼츠만 등의 저서들을 탐독했다.

1906(17세)   아버지의 강요에 의해 베를린의 샤를로텐부르크에 있는 기능 대학에 입학해서 기계 공학을 공부하기 시작했다.

1908(19세) 철학적 문제들에 대한 관심이 점점 커지는 것을 억누
른 채 아버지에 대한 의무감에서 공학 연구를 위해 영국으
로 건너가 맨체스터 대학에 연구 학생으로 입학했다. 러셀
의 『수학의 원리』와 프레게의 『산술학의 원리』에 심취했다.

1911(22세) 항공 기계에 응용될 수 있는 프로펠러의 개선에 대한
설계로 특허를 취득했다. 독일 예나를 방문하여 프레게와
만났고 그의 권유로 영국 케임브리지 대학의 러셀을 만나
그의 수리 논리학 강의를 수강했다. 격렬한 토론과 논쟁으
로 학기 내내 러셀을 괴롭혔다.

1912(23세) 케임브리지에서의 첫 학기를 마치고 나서 러셀에게
자신이 완전한 바보인지 아닌지를 물었다. 자신이 완전한
바보라면 비행사가 되고 그렇지 않다면 철학자가 되겠다
고 했다. 러셀은 방학 동안에 철학의 어떤 문제에 대해서
논문을 써서 제출하면 그것을 읽어보고 알려주겠다고 말
했다. 새 학기가 시작되어 비트겐슈타인이 제출한 글의 첫
문장을 읽자마자 러셀은 그의 천재성을 알아보고 이렇게
외쳤다. "자네는 절대로 비행사가 되어서는 안 돼!" 이 말
한마디가 깊은 고독과 고통과 자살 충동으로부터 비트겐
슈타인의 생명을 구했다. 아이슬랜드를 여행했으며 예나
를 방문해 프레게와 토론했다.

1913(24세) 러셀이 1911년부터 집필해오던 지식론에 관한 방대
한 저작의 일부를 소개했으나 비트겐슈타인의 격렬한 비
판을 받게 되었다. 이 사건의 충격으로 말미암아 러셀은
집필을 중단했고 자살 충동과 우울증에 시달려야 했다. 비
트겐슈타인은 노르웨이를 여행했고 「논리에 관한 노트」를
작성했다. 크리스마스가 다가올 무렵 광기와 우울증에 사
로잡힌 그는 이러한 기록을 남겼다. "완전한 명료함 그렇

지 않으면 죽음, 그 중간에는 아무것도 없었다. …… 타협이란 있을 수 없었다."

1914(25세) 케임브리지의 철학자 G. E. 무어를 자신이 머물고 있는 노르웨이로 오게 하여 「노르웨이에서 G. E. 무어에게 구술한 노트」를 작성했다. 노르웨이에 장기 체류할 생각으로 스콜덴 근처의 피요르드에 작은 집을 건축하기 시작했다. 1913년에 사망한 아버지로부터 상속받은 유산을 가난한 오스트리아의 예술가들에게 기부했다. 제1차 세계대전이 발발하자 죽음에 직면하는 것이 자신을 어떤 방식으로든지 개선시킬 것이라는 생각에 오스트리아 군에 자원 입대했다. 교통 사고 재판에서 사용된 자동차 사고 모형에 관한 기사를 읽고 언어의 그림 이론을 착상하게 된다.

1916(27세) 갈망하던 대로 최전선 전투 부대의 가장 위험한 자리인 관측소에 배치되어 사선을 넘나드는 전투를 전전했다.

1918(29세) 전투에서의 공로로 훈장을 받았다. 휴가 중 오스트리아의 할레인에서 그 동안의 종군 노트를 바탕으로 『논리철학논고』를 완성했다. 형 쿠르트는 전선에서 자살했고 비트겐슈타인은 포로가 되었다.

1919(30세) 포로수용소에서 석방되어 빈으로 돌아와 초등학교 교사가 되기로 결심하고 자신의 모든 재산을 정리했다.

1920(31세) 초등 교원 양성기관을 졸업하고 1920년부터 1926년까지 오스트리아의 몇몇 시골 초등학교에서 교사 생활을 했지만 이 시기에 비트겐슈타인은 극도로 불행했고 자살 충동으로 괴로워했다.

1922(33세) 러셀의 도움으로 『논리철학논고』가 출간되었다.

1926(37세) 『학생용 사전』을 출판하고 초등학교 교사직을 그만두었다. 휘텔도르프에 있는 수도원에서 정원사로 일했으

며 누나 그레틀의 저택을 설계하고 건축하는 작업에 착수했다.

1928(39세) 저택이 완성되었다. 일체의 외부 장식을 배격한 단순명료한 그 건축물에 대해 그레틀은 "논리를 구현한 저택"으로서 자신과 같은 인간보다는 "신들을 위한 숙소처럼 보였다"고 말했다. 브라우어의 수학 기초론 강연을 듣고 철학 연구에 대한 새로운 자극을 얻었다.

1929(40세) 케임브리지 대학으로 돌아와 『논리철학논고』로 철학박사 학위를 받았다. 사후에 「윤리에 관한 강의」라는 이름으로 발표된 강연을 했고 「논리적 형식에 관한 몇 가지 고찰」이라는 논문을 발표했다.

1930(41세) 『철학적 고찰』을 집필했다.

1931(42세) 『프레이저의 "황금가지"에 관한 고찰』 1부를 집필했다. 『철학적 문법』의 집필에 착수했다.

1933(44세) 1933년에서 1934년에 걸쳐 『청색 책』을 구술해 작성했다.

1934(45세) 1934년에서 1935년에 걸쳐 『갈색 책』을 구술해 작성했다.

1935(46세) 집단 농장의 노동자가 되려는 계획으로 러시아를 방문했지만 뜻을 이루지 못하고 영국으로 돌아왔다.

1936(47세) 1936년에서 1937년까지 노르웨이에 체류하며 극심한 고독 속에서 후기 철학의 주저가 되는 『철학적 탐구』의 집필에 몰두했다. 이 작업은 이후 13년간 계속되지만 비트겐슈타인의 생전에는 완성을 보지 못한 채 유작으로 출간된다.

1939(50세) 케임브리지 대학 철학과 교수로 취임했지만 8년 후 사임할 때까지 그곳의 삭막한 분위기를 내내 못 견뎌 했다.

1941(52세)　제2차 세계대전 중 치열한 폭격의 와중에 있던 가이 병원에서 약국 배달 사원이라는 힘든 노동직에 자원해 종사했다. 전쟁 내내 『수학의 기초에 관한 고찰』의 집필에 전념했다.

1943(54세)　뉴캐슬에 있는 병원의 의학 실험실에서 실험 보조원으로 근무했다.

1946(57세)　케임브리지의 도덕학 클럽에서 포퍼와 부지깽이를 들고 논쟁을 벌였다.

1947(58세)　케임브리지 대학 교수직을 사임하고 아일랜드로 건너가 로스로의 해변가 오두막에서 바닷새들과 사귀며 사색과 집필에 몰두했다.

1949(60세)　케임브리지로 돌아와 『철학적 탐구』 2부를 구술해 작성하고 미국과 노르웨이를 여행했다. 암에 걸린 사실을 알게 되지만 개의치 않고 『확실성에 관하여』의 집필에 전념했는데 이 작업은 비트겐슈타인이 사망하기 이틀 전까지 계속되었다.

1951(62세)　4월 29일 케임브리지에서 암으로 사망했다. 자신의 죽음을 예감한 사망 전날, 그의 친구들이 내일 올 것이라는 의사 부인의 말에 비트겐슈타인은 이렇게 답했다. "그들에게 전해주시오. 나는 멋진 삶을 살았다고."

참고 문헌

1. 비트겐슈타인

비트겐슈타인의 저서, 강의록, 논문, 편지 등은 다음과 같이 약식 표기법으로 인용되었다. 그의 대표작인 *Tractatus Logico-Philosophicus*와 *Philosophical Investigations*는 본문에서 각각 『논고』와 『탐구』로 약칭되기도 했다.

AWL   *Wittgenstein's Lectures, Cambridge 1932~1935*, From the Notes of Alice Ambrose and Margaret MacDonald, ed., A. Ambrose, Oxford: Basil Blackwell, 1979.

BB   *The Blue and Brown Books*, Oxford: Basil Blackwell, 1958.

L   "Wittgenstein's Lectures in 1930~33," Moore, 1959에 수록.

LFM   *Wittgenstein's Lectures on the Foundations of Mathematics, Cambridge 1939*, From the Notes of R. G. Bosanquet, Norman Malcolm, Rush Rhees, and Yorick Smythies, ed., C. Diamond, Ithaca: Cornell University Press, 1976.

LM   "Letters to the Editor of Mind," *Mind*, vol. 42, 1933.

LPE   "Wittgenstein's Notes for Lectures on 'Private Experience' and 'Sense-Data'," ed., R. Rhees, *Philosophical Review*, vol. 77, 1968.

MS   *Unpublished Manuscripts*, von Wright, 1982에서 부여된

번호에 준하여 인용.

NB   *Notebooks 1914~1916*, ed., G. H. von Wright and G. E. M. Anscombe, trans., G. E. M. Anscombe, Oxford: Basil Blackwell, 1961. 『노트』로 약칭.

OC   *On Certainty*, ed., G. E. M. Anscombe and G. H. von Wright, trans., D. Paul and G. E. M. Anscombe, Oxford: Basil Blackwell, 1969.

PG   *Philosophical Grammars*, ed., R. Rhees, trans., A. Kenny, Oxford: Basil Blackwell, 1974.

PI   *Philosophical Investigations*, 3rd edition, ed., G. E. M. Anscombe and R. Rhees, trans., G. E. M. Anscombe, Oxford: Basil Blackwell, 1967. 『탐구』로 약칭.

PR   *Philosophical Remarks*, ed., R. Rhees, trans., R. Hargreaves and R. White, Oxford: Basil Blackwell, 1975.

RFM   *Remarks on the Foundations of Mathematics*, Revised edition, ed., G. H. von Wright, R. Rhees, and G. E. M. Anscombe, trans., G. E. M. Anscombe, Cambridge, Mass.: MIT Press, 1978.

RLF   "Some Remarks on Logical Form," Copi and Beard 1966에 재수록.

RPP I   *Remarks on the Philosophy of Psychology*, vol. I. ed., G. E. M. Anscombe and G. H. von Wright, trans., G. E. M. Anscombe, Oxford: Basil Blackwell, 1980.

TLP   *Tractatus Logico-Philosophicus*, trans., D. Pears and B. McGuinness, London: Routledge & Kegan Paul, 1961. 『논고』로 약칭.

WVC   *Wittgenstein and the Vienna Circle*, Conversations

Recorded by Friedrich Waismann, ed., B. McGuinness, trans., J. Schulte and B. McGuinness, Oxford: Basil Blackwell, 1979.

Z   *Zettel*, ed., G. E. M. Anscombe and G. H. von Wright, trans., G. E. M. Anscombe, Oxford: Basil Blackwell, 1967.

2. 일반

저자명 다음의 연도는 본문에서 인용된 논문이나 저서가 처음 간행된 해를 말한다. 이들 논문이나 저서가 (재)수록된 논문집이나 번역/개정판을 준거로 인용되었을 경우에는 뒤에 이에 해당하는 연도를 덧붙였다. 본문에서 인용된 페이지도 이를 준거로 하고 있다.

남기창(1993), "A Defense of Wittgenstein's Private Language Argument," 박사학위 논문, Michigan State University.

──(1994), 「비트겐슈타인은 데카르트적 의미로서의 사적 감각의 존재를 인정하는가?」, 『철학』, 41집.

──(1995), 「크루소의 언어는 사적 언어인가?」, 박영식, 1995에 수록.

박영식 엮음(1995), 『언어철학연구 I』, 서울: 현암사.

박정일(2001), 「튜링의 다리는 무너질 것인가?」, 『생명공학시대의 철학적 성찰: 제14회 한국철학자대회보(1)』.

송하석(1996), 「진리, 일관적 개념인가?」, 여훈근, 1996에 수록.

──(1997), 「굽타의 진리 수정론」, 『논리연구』, 1호.

여훈근 외(1996), 『논리와 진리』, 서울: 철학과현실사.

오영환 외(1993), 『과학과 형이상학』, 서울: 자유사상사.

이승종(1993a), 「양자역학과 EPR 논쟁」, 오영환, 1993에 수록.

———(1993b), 「언어철학의 두 양상」, 『철학과 현실』, 겨울호.

———(1993c), 「플라톤과 아리스토텔레스의 수리철학」, 조우현, 1993에 수록.

———(1995), 「인간의 얼굴을 한 자연주의」, 『철학연구』, 36집.

———(1997), 「후설과 비트겐슈타인의 수리철학」, 『현대비평과 이론』, 13호.

———(1999), 「반시대적 고찰: 비트겐슈타인과 하이데거의 수리논리학 비판」, 한국현상학회, 1999에 수록.

조우현 외(1993), 『희랍철학의 문제들』, 서울: 현암사.

한국현상학회 편(1999), 『역사와 현상학』, 서울: 철학과현실사.

Ackermann, R. (1988), *Wittgenstein's City*, Amherst: University of Massachussetts Press.

Anderson, A. (1958), "Mathematics and the 'Language Game'," Benacerraf and Putnam, 1964에 재수록.

Anscombe, G. E. M. (1959), *An Introduction to Wittgenstein's Tractatus*, London: Hutchinson.

Austin, J. (1980), "Wittgenstein's Solution to the Color Exclusion Problem," Shanker, 1986b에 재수록.

Ayer, A. J. (1954), "Can There Be a Private Language?" *Proceedings of the Aristotelian Society*, supplementary volume, 28.

Baker, G. P. and P. M. S. Hacker (1980), *Wittgenstein: Understanding and Meaning*, Oxford: Basil Blackwell.

———(1984), *Scepticism, Rules and Private Language*, Oxford: Basil Blackwell.

Bar-On, D. (1992), "On the Possibility of a Solitary Language,"

Noûs, vol. 26.

Bell, D.(1979), *Frege's Theory of Judgement*, Oxford: Clarendon Press.

Benacerraf, P. and H. Putnam(eds.)(1964), *Philosophy of Mathematics*, Englewood Cliffs, N. J.: Prentice-Hall.

Bernays, P.(1959), "Comments on Ludwig Wittgenstein's *Remarks on the Foundations of Mathematics*," Benacerraf and Putnam, 1964에 재수록.

Birkhoff, G. and J. von Neumann(1936), "The Logic of Quantum Mechanics," *Annals of Mathematics*, vol. 37.

Black, M.(1964), *A Companion to Wittgenstein's 'Tractatus,'* Ithaca: Cornell University Press.

Boghossian, P.(1989), "The Rule-Following Considerations," *Mind*, vol. 98.

Bourdieu, P.(1977), *Outline of a Theory of Practice*, Cambridge: Cambridge University Press.

Cahoone, L.(1995), *The Ends of Philosophy*, Albany: State University of New York Press.

Carnap, R.(1966), *Philosophical Foundations of Physics*, ed., M. Gardner, New York: Basic Books.

Carruthers, P.(1989), *Tractarian Semantics*, Oxford: Basil Blackwell.

Caudill W. and H. Weinstein(1972), "Maternal Care and Infant Behavior in Japan and in America," Lavatelli and Stendler, 1972에 수록.

Chihara, C.(1977), "Wittgenstein's Analysis of the Paradoxes in his *Lectures on the Foundations of Mathematics*," Shanker,

1986d에 재수록.

Church, A.(1948), "Review of Max Black's "A Translation of Frege's *Über Sinn und Bedeutung*,"" *Journal of Symbolic Logic*, vol. 13.

Copi, I. and R. Beard(eds.)(1966), *Essays on Wittgenstein's Tractatus*, London: Routledge & Kegan Paul.

Corcoran, J.(ed.)(1974a), *Ancient Logic and Its Modern Interpretations*, Dordrecht: Reidel.

───(1974b), "Aristotle's Natural Deduction System," Corcoran 1974a에 수록.

Culler, J.(1982), *On Deconstruction*, Ithaca: Cornell University Press.

Davidson, D.(1967), "Truth and Meaning," Davidson, 1984에 재수록.

───(1969), "True to the Facts," Davidson, 1984에 재수록.

───(1984), *Inquiries into Truth and Interpretation*, Oxford: Clarendon Press.

Derrida, J.(1973), "Signature Event Context," Derrida, 1982에 재수록.

───(1982), *Margins of Philosophy*, trans., Alan Bass, Chicago: University of Chicago Press.

───(1988a), "Afterword: Toward an Ethic of Discussion," Derrida, 1988b에 수록.

───(1988b), *Limited Inc*, ed., G. Graff, trans., S. Weber and J. Mehlman, Evanston: Northwestern University Press.

Diamond, C. and J. Teichman(eds.)(1979), *Intention and Intentionality*, Ithaca: Cornell University Press.

Dummett, M.(1959), "Wittgenstein's Philosophy of Mathematics," Dummett, 1978에 재수록.

―――(1978), *Truth and Other Enigmas*, Cambridge, Mass.: Harvard University Press.

―――(1993), *Origins of Analytic Philosophy*, Cambridge, Mass.: Harvard University Press.

Favrholt, D.(1967), *An Interpretation and Critique of Wittgenstein's Tractatus*, Copenhagen: Munksgaard.

Feferman, S.(1984), "Kurt Gödel: Conviction and Caution," Shanker, 1988에 재수록.

Flannery, K.(1988), "Three-Dimensional Logic," *Philosophical Investigations*, vol. 11.

Flood, R. and M. Lockwood(eds.)(1986), *The Nature of Time*, Oxford: Basil Blackwell.

Fogelin, R.(1974), "Negative Elementary Propositions," Shanker, 1986b에 재수록.

―――(1976), *Wittgenstein*, 2nd edition, London: Routledge & Kegan Paul, 1987.

Frege, G.(1879), *Begriffsschrift*, van Heijenoort, 1967에 재수록.

―――(1893), *The Basic Laws of Arithmetic*, trans., and ed., M. Furth, Berkeley: University of California Press, 1964.

―――(1912), "Notes to P. E. B. Jourdain on "The Development of the Theories of Mathematical Logic and the Principles of Mathematics,"" *Quarterly Journal of Pure and Applied Mathematics*, vol. 43.

―――(1918), "The Thought: A Logical Inquiry," Strawson, 1967에 재수록.

French, P., T. Uehling and H. Wettstein(eds.)(1988), *Midwest Studies in Philosophy, Vol. XII: Realism and Antirealism*, Minneapolis: University of Minnesota Press.

Garver, N.(1970), "The Range of Truth and Falsity," Martin, 1970 에 수록.

――――(1984), "Neither Knowing Nor Not Knowing," Garver, 1994에 재수록.

――――(1994), *This Complicated Form of Life*, La Salle: Open Court.

Garver, N. and Seung-Chong Lee(1994), *Derrida and Wittgenstein*, Philadelphia: Temple University Press: 뉴턴 가버·이승종, 『데리다와 비트겐슈타인』, 이승종·조성우 옮김, 서울: 민음사, 1998.

Geach, P.(1979), "Kinds of Statements," Diamond and Teichman, 1979에 수록.

――――(1981), "Wittgenstein's Operator N," *Analysis*, vol 41.

Gödel, K.(1931), "On Formally Undecidable Propositions of *Principia Mathematica* and Related System I," Gödel, 1986에 재수록.

――――(1944), "Russell's Mathematical Logic," Gödel, 1990에 재수록.

――――(1964), "What is Cantor's Continuum Problem?" Gödel, 1990에 재수록.

――――(1986), *Collected Works*, vol. I. ed., S. Feferman et al., Oxford: Oxford University Press.

――――(1990), *Collected Works*, vol. II. ed., S. Feferman et al., Oxford: Oxford University Press.

Goldstein, L.(1986), "The Development of Wittgenstein's Views on Contradiction," *History and Philosophy of Logic*, vol. 7.

———(1988), "Unassertion," *Philosophia*, vol. 18.

Grice, P.(1969), "Utterer's Meaning and Intentions," Grice, 1989에 재수록.

———(1989), *Studies in the Way of Words*, Cambridge, Mass.: Harvard University Press.

Gupta, A. and N. Belnap(1993), *The Revision Theory of Truth*, Cambridge, Mass.: MIT Press.

Haack, S.(1978), *The Philosophy of Logics*, Cambridge: Cambridge University Press.

Hacker, P. M. S.(1972), *Insight and Illusion*, Oxford: Oxford University Press.

———(1986), *Insight and Illusion*, Revised edition, Oxford: Oxford University Press.

Hertz, H.(1899), *The Principles of Mechanics*, trans., D. E. Jones and T. J. Walley, New York: Macmillan.

Hilbert, D.(1925), "On the Infinite," Benacerraf and Putnam, 1964에 재수록.

Hintikka, M. and J. Hintikka(1986), *Investigating Wittgenstein*, Oxford: Basil Blackwell.

Hochberg, H.(1971), "Arithmetic and Propositional Form in Wittgenstein's *Tractatus*," Klemke, 1971에 수록.

Holtzman, S. H. and C. M. Leich(eds.)(1980), *Wittgenstein: To Follow a Rule*, London: Routledge & Kegan Paul.

Husserl, E.(1900), *Logical Investigations*, vol. 2, trans., J. N. Findlay, London: Routledge & Kegan Paul, 1970.

Kates, C.(1979), "An Intentional Analysis of the Law of Contradiction," *Research in Phenomenology*, vol. 9.

Kenny, A.(1973), *Wittgenstein*, London: Penguin Press.

Klemke, E. D.(ed.)(1971), *Essays on Wittgenstein*, Urbana: University of Illinois Press.

Krebs, V.(1986), "Objectivity and Meaning: Wittgenstein on Following Rules," *Philosophical Investigations*, vol. 9.

Kreisel, G.(1958), "Wittgenstein's *Remarks on the Foundations of Mathematics*," *British Journal for the Philosophy of Science*, vol. 9.

Kripke, S.(1975), "Outline of a Theory of Truth," *Journal of Philosophy*, vol. 72.

─────(1982), *Wittgenstein on Rules and Private Language*, Cambridge, Mass.: Harvard University Press.

Kuhn, T.(1962), *The Structure of Scientific Revolutions*, 2nd edition, Chicago: University of Chicago Press, 1970.

Lambert, K.(1969a), "Logical Truth and Microphysics," Lambert, 1969b에 수록.

─────(ed.)(1969b), *The Logical Way of Doing Things*, New Haven: Yale University Press.

Lavatelli, C. S. and F. Stendler(eds.)(1972), *Readings in Child Behavior and Development*, New York: Harcourt Brace.

LePore, E. and B. Loewer(1988), "A Putnam's Progress," French, Uehling and Wettstein, 1988에 수록.

Malachowski, A.(1989), "Dialectical Mathematicalism: Wittgenstein on Gödel," *Dialogos*, vol. 54.

Malcolm, N.(1958), *Ludwig Wittgenstein: A Memoir*, 2nd edition,

Oxford: Oxford University Press, 1984.

―――(1967), "Wittgenstein's *Philosophische Bemerkungen*," Shanker, 1986b에 재수록.

Marion, M.(1998), *Wittgenstein, Finitism, and the Foundations of Mathematics*, Oxford: Clarendon Press.

Martin, R.(ed.)(1970), *The Paradox of the Liar*, New Haven: Yale University Press.

Martin, R.(1993), *The Meaning of Language*, Cambridge, Mass.: MIT Press.

Martinich, A. P.(1983), "A Pragmatic Solution to the Liar Paradox," *Philosophical Studies*, vol. 43.

―――(ed.)(1985), *Philosophy of Language*, Oxford: Oxford University Press.

McDonough, R.(1986), *The Argument of the Tractatus*, Albany: State University of New York Press.

McGinn, C.(1984), *Wittgenstein on Meaning*, Oxford: Basil Blackwell.

McGuinness, B.(1956), "Pictures and Form in Wittgenstein's 'Tractatus'," Copi and Beard, 1966에 재수록.

Millikan, R. G.(1990), "Truth Rules, Hoverflies, and the Kripke-Wittgenstein Paradox," *Philosophical Review*, vol. 99.

Mohanty, J. N. and W. McKenna(eds.)(1989), *Husserl's Phenomenology: A Textbook*, Lanham: University of America Press.

Moore, G. E.(1959), *Philosophical Papers*, London: George Allen and Unwin.

Mounce, H.(1981), *Wittgenstein's Tractatus*, Oxford: Basil

Blackwell.

Osherson, D. N. and E. Markman(1975), "Language and the Ability to Evaluate Contradictions and Tautologies," *Cognition*, vol. 3.

Peacocke, C.(1980), "Reply: Rule-Following: The Nature of Wittgenstein's Arguments," Holtzman and Leich, 1980에 수록.

Pears, D.(1970), *Ludwig Wittgenstein*, Cambridge, Mass.: Harvard University Press, 1986.

―――(1988), *The False Prison*, vol. 2, Oxford: Clarendon Press.

Pitcher, G.(1964a), *The Philosophy of Wittgenstein*, Englewood Cliffs, N. J.: Prentice-Hall.

―――(ed.)(1964b), *Truth,* Englewood Cliffs, N. J.: Prentice-Hall.

Putnam, H.(1969), "The Logic of Quantum Mechanics," Putnam, 1975에 재수록.

―――(1975), *Mathematics, Matter and Method*, 2nd edition, Cambridge: Cambridge University Press, 1979.

Quine, W. V.(1936), "Truth by Convention," Quine, 1966에 재수록.

―――(1951), "Two Dogmas of Empiricism," Quine, 1953에 재수록.

―――(1953), *From a Logical Point of View*, 3rd edition, Cambridge, Mass.: Harvard University Press, 1980.

―――(1961), "The Ways of Paradox," Quine, 1966에 재수록.

―――(1966), *The Ways of Paradox and Other Essays*, Revised and enlarged edition, Cambridge, Mass.: Harvard University Press, 1976.

―――(1970), *Philosophy of Logic*, Englewood Cliffs, N. J.:

Prentice-Hall.

──(1990), *Pursuit of Truth*, Revised edition, Cambridge, Mass.: Harvard University Press, 1992.

Ramsey, F.(1923), "Critical Notice of L. Wittgenstein's *Tractatus Logico-Philosophicus*," Ramsey, 1931에 재수록.

──(1925), "The Foundations of Mathematics," Ramsey, 1931에 재수록.

──(1927), "Facts and Propositions," Ramsey, 1931에 재수록.

──(1931), *The Foundations of Mathematics and Other Logical Essays*, ed., R. B. Braithwaite, London: Routledge & Kegan Paul.

Redhead, M.(1987), *Incompleteness, Nonlocality, and Realism*, Oxford: Clarendon Press, 1989.

Reichenbach, H.(1944), *Philosophic Foundations of Quantum Mechanics*, Berkeley: University of California Press.

──(1951), *The Rise of Scientific Philosophy*, Berkeley: University of California Press.

Rorty, R.(1981), "Philosophy in America Today," Rorty, 1982에 재수록.

──(1982), *Consequences of Pragmatism*, Minneapolis: University of Minnesota Press.

Russell, B.(1918), "The Philosophy of Logical Atomism," Russell, 1956에 재수록.

──(1919), *Introduction to Mathematical Philosophy*, London: George Allen and Unwin.

──(1956), *Logic and Knowledge*, London: George Allen and Unwin.

Schulte, J.(1989), *Wittgenstein*, trans., W. H. Brenner and J. F. Holley, Albany: State University of New York Press, 1992.

Sciama, D.(1986), "Time 'Paradoxes' in Relativity," Flood and Lockwood, 1986에 수록.

Searle, J.(1965), "What Is a Speech Act?" Martinich, 1985에 재수록.

──(1969), *Speech Acts*, Cambridge: Cambridge University Press.

Shanker, S.(1986a), "Introduction: The Portals of Discovery," Shanker, 1986b에 수록.

──(ed.)(1986b), *Ludwig Wittgenstein: Critical Assessments*, vol. I, London: Croom Helm.

──(ed.)(1986c), *Ludwig Wittgenstein: Critical Assessments*, vol. II, London: Croom Helm.

──(ed.)(1986d), *Ludwig Wittgenstein: Critical Assessments*, vol. III, London: Croom Helm.

──(ed.)(1988), *Gödel's Theorem in Focus*, London: Croom Helm.

Smith, B.(1989), "Logic and Formal Ontology," Mohanty and McKenna, 1989에 수록.

Strawson, P. F.(1949), "Truth," *Analysis*, vol. 9.

──(1964), "A Problem about Truth: A Reply to Mr. Warnock," Pitcher, 1964b에 수록.

──(ed.)(1967), *Philosophical Logic*, Oxford: Oxford University Press.

──(1971), "Meaning and Truth," Martinich, 1985에 재수록.

Summerfield, D.(1990), "*Philosophical Investigations* 201: A Wittgensteinian Reply to Kripke," *Journal of the History of*

Philosophy, vol. 28.

Suppes, P.(1957), *Introduction to Logic*, Princeton: D. van Nostrand.

van Fraassen, B.(1968), "Presupposition, Implication, and Self-Reference," *Journal of Philosophy*, vol. 65.

van Heijenoort, J.(ed.)(1967), *From Frege to Gödel: A Source Book in Mathematical Logic, 1879~1931*, Cambridge, Mass.: Harvard University Press.

von Neumann, J.(1931), "The Formalist Foundations of Mathematics," Benacerraf and Putnam, 1964에 재수록.

von Wright, G. H.(1954), "A Biographical Sketch," Malcolm, 1958에 재수록.

─────(1982), *Wittgenstein*, Oxford: Basil Blackwell.

Wright, C.(1980), *Wittgenstein on the Foundations of Mathematics*, Cambridge, Mass.: Harvard University Press.

─────(1982), "Anti-realist Semantics: The Role of Criteria," Wright, 1987에 재수록.

─────(1984), "Second Thoughts about Criteria," Wright, 1987에 재수록.

─────(1987), *Realism, Meaning and Truth*, 2nd edition, Oxford: Blackwell, 1993.

Wrigley, M.(1980), "Wittgenstein on Inconsistency," Shanker, 1986d에 재수록.

Ziff, P.(1967), "On H. P. Grice's Account of Meaning," *Analysis*, vol. 28.

주제 색인

ㄱ

가족 유사 94, 114~15, 225~26
감각 231~32, 269~74, 339
개념 표기법 190, 291~92
거짓말쟁이 문장 237~38, 240, 250~51, 254, 257, 259~61
거짓말쟁이 역설 130, 170, 172, 234~41, 250~51, 259~61, 266
결합 28~32, 43, 46~47, 56, 81, 89, 95, 178, 289~92
경험 126~27, 140, 176, 204, 216, 252~54, 259, 305, 321, 330~31
경험적 명제 128~29, 216
공리 8, 101, 115, 188~89, 219, 232
과학주의 223, 225
구문(론) 70, 89~90, 101, 137
구조주의 342~43, 345
규약 131, 147, 246, 313~14, 320, 322, 324, 328~29
규칙 70~71, 89~91, 101~26, 138~45, 159~68, 172, 175, 180~81, 206~11, 218~22, 268, 295~300, 305, 307, 312~15, 321~25, 330, 335
규칙따르기 21, 101, 115, 143, 150, 162, 167, 174, 181, 221, 227, 229, 276~86, 300
그림 43, 45, 53~54, 71, 82, 92, 168~69, 275
그림 이론 53~54, 319

ㄴ

난센스 25, 42, 71~72, 116, 161, 183, 191, 271, 336
내재적 실용주의 228~29
논리 8~9, 21~24, 79~84, 197
　　논리 체계 23, 292, 304, 306, 332
　　논리적 가능성 44, 65
　　논리적 강제력 299
　　논리적 경험주의 224

논리적 고유명사 289

논리적 곱 65, 68, 75, 85

논리적 공간 74~75, 342

논리적 구문 336

논리적 명제 56~59, 133~36

논리적 문법 291

논리적 불가능성 44, 46, 64, 66, 86~87

논리적 원자론, 289~90

논리적 필연성 64~65, 83, 150, 336

논리적 형식 72, 342

논리주의 115~16, 188, 190, 196, 227~300

논리학 8, 30, 32, 69~70, 78, 90, 94, 113~16, 122~23, 130~40, 143, 148, 151, 169, 172, 180~92, 196, 203~04, 234~38, 289~91, 302~05, 314~21, 326~30, 335, 341

논리학에서의 증명 133~35

ㄷ

데카르트주의 269~71, 274, 286

    비회의주의적 데카르트주의자 270

의미론적 데카르트주의자 269~70

의미론적 비회의주의적 데카르트주의자 270~71, 274

의미론적 회의주의적 데카르트주의자 270~71

인식론적 데카르트주의자 269~70

인식론적 비회의주의적 데카르트주의자 270~71, 274

인식론적 회의주의적 데카르트주의자 270~71

회의주의적 데카르트주의자 270

동시 부정 33, 82, 146, 294

동어반복 36, 41~42, 46~47, 50, 53~57, 59~60, 65, 78, 83, 89~90, 95~96, 133~35, 138, 147, 151, 176, 293~94, 314, 318, 336

딱정벌레 175

뜻 47, 53, 97, 135, 296

ㅁ

말해질 수 없는 것 21, 25, 178, 181, 332

말해질 수 있는 것 18, 20~21, 24~26, 52, 178

메타 수학 100, 105, 115~16, 227~28

명제의 본성 18~19, 25, 62, 91, 93

명제의 의미 18~19, 25~27, 30, 43~45, 53~55, 71, 82, 135, 294

명제의 일반 형식 36, 45, 46, 63, 91~94, 97, 193~94

명제의 체계 73, 75, 88, 90~91, 334~35

모순 17, 19~26, 30~37, 41~47, 50~67, 77~88, 94~101, 105~27, 130~36, 140~50, 155~60, 164~65, 169~83, 205~11, 218·34, 266, 293~94, 302~36

    모순된 계산법 121, 125~30, 212, 214~17

    모 순 된 체 계 105~06, 119~20, 122~25

모순율 131, 238~39, 328, 331~32

무모순 31, 32, 113, 234, 302~03

무모순성 증명 100, 105~06, 117~18, 207, 218~19, 223, 228

무 의 미 42, 165, 302, 312, 317~20, 336

무한 공리 189~90

문맥 22, 24, 76, 81, 94, 96, 101, 105, 139~40, 144~51, 159, 164~67, 175, 177, 182, 228, 230, 247, 312, 315~16, 323, 329~30, 335~36, 343~46

문법 21, 23~24, 88~90, 110, 139, 176~82, 210~12, 220, 222, 231, 307, 312, 315, 319, 321~23, 324~26, 330~36

    문법적 고찰 182~83

    문법적 구조 221

    문법적 규칙 87~88, 180

    문법적 명제 129, 294, 318

    문법적 오류 129, 306

    문법적 탐구 90, 182~83

    문법적 필연성 150

ㅂ

반정초주의 228~29

발화 수반 의도 245~47

발화 수반 행위 245, 247, 257~59

발화 효과 의도 245

배제 70, 84~85, 89, 335

배중률 238, 240~41, 328

보편명제 76, 201, 203

분리주의 225~26, 229
분석 28, 66~69, 71~72, 77, 80~81, 84, 92, 136~37, 139, 152, 170, 231, 234, 290~91, 293, 335, 340~41
분석적 전통 337~39
분석철학 8, 337~38, 347~48
불완전성 정리 223~24, 232
불완전성 증명 118
비의미 42, 89, 181, 316, 319~22, 324~25, 336

ㅅ

사밀성 privacy 282~83, 285
사적 감각 173~77, 182~83, 268, 271, 273, 312
사적 언어 268~69, 272~75, 282
사적 언어 논증 271~73, 282~83
사적 언어의 불가능성 268, 280, 284~85
사태 43~45, 74, 92~93
삶의 형식 163, 182, 226~27, 344
상대성 이론 199, 205, 279
상호 독립성 28, 30~32, 64, 66~67, 73, 75, 79~80, 85, 89
색깔 배제 63~65, 69, 72, 77~86,

88~90, 92, 144, 150, 335~36
생각 18, 132, 136~38
선험적 종합명제 87~88
성질의 정도 degree of quality 68, 70, 72, 80
세계 25, 43, 53~54, 90~92, 278~79, 291, 294, 338, 342~43, 345
수리논리학 224~25, 227~28
수리철학 22, 187, 196, 223~24, 227, 232, 294, 298, 310
수학 21~23, 99~117, 130~31, 140~43, 169, 180, 187~88, 196~201, 206~10, 224~34, 295~305, 314~16, 321, 324~33
  수학 외적 적용/수학의 적용 197, 201
  수학적 기호 100~01, 103, 105, 296
  수학적 대상 191, 196, 231
  수학적 명제 94, 103, 136, 229, 294~98, 300~02
  수학적 실행 116, 140
슈퍼 크루소 272~81
실재 43~45, 53~56, 64, 71, 73, 88, 137, 139
쓰임 21~24, 90, 94, 100, 105,

110, 138, 140, 146~59, 162~63, 165, 167~68, 171, 173, 175, 179, 182, 228, 231, 265, 301, 315, 329, 331, 336

ㅇ

양립 불가능성 82~83, 86, 121, 165, 177
양자논리학 202~05
양자역학 202~05, 232
언어 17~18, 21, 25~28, 53~55, 62, 100~01, 114, 161~69, 180, 231, 272, 274~76, 280~81, 290~91, 304, 308, 318~20, 327, 340~47
언어 게임 23~24, 91~93, 115, 137~40, 181~82, 225~28, 275, 312, 315~16, 329, 335~36, 343~44
언어 행위 23, 139, 168~69, 172, 235, 245, 250~60
언어 행위론 235~36, 241, 243~47, 250, 254~55, 257, 261
언어의 한계 17~18, 183, 316, 318~20
역설 17, 158, 160~61, 163, 166,

234~40, 250~54, 257~261, 265~66, 303
   내기의 역설 235, 258
   논리적 역설 236
   명령의 역설 254
   수학적 역설 236
   아킬레스와 거북이의 역설 58
   약속의 역설 235, 254
   언어 행위론의 역설 261
   의미론적 역설 235~37
   인식론적 역설 236
   진술의 역설 259
   집합론적 역설 236~37
연결주의 226, 229
요소명제 19, 25, 28~37, 42~43, 53~55, 64~69, 72~73, 75~76, 80~82, 88~89, 92, 95, 146~47, 178, 191, 289~90, 292
의미 17~20, 25~30, 41~46, 62, 71~72, 89, 95~96, 105, 127, 139, 143~60, 164~69, 175, 196, 228~48, 254~57, 268, 272, 279, 295~97, 302, 304, 313~14, 326, 329, 343~47
의미론적 명제론 19, 20, 22~23, 25~26, 28, 41, 43, 45~46, 51~55, 59~61, 81, 91~92,

94~95, 97, 178~79, 294, 319
의미의 결여 42, 44, 46~47,
50~51, 95, 293
의미의 한계 20, 183, 311, 316,
322, 330
의미의 함수 45, 55, 82
의미있는(진정한) 명제의 논리적
증명 133~36
이름 28~29, 31~32, 43, 53, 82,
289~90, 292, 296
일상 언어 22~23, 81, 96, 100,
136, 138~40, 144, 149, 151, 164,
234, 290~91, 307, 312, 321~22,
325, 328~31

ㅈ

자기 지시 56, 171~72, 238~40,
265~66
자연사 natural history 137, 211,
221, 345
적용의 근거 201~03
정의의 문제 a matter of definition
212, 214~16
조작 N 28, 29, 33~37, 42, 82~
83, 92, 95, 147, 178, 191~93
주장 조건 158~58, 164~65

주장 조건 이론 159, 164~67
주장의 역설 259
중첩 구조 261~67
지시체 174~76, 296, 344~45
진리 개념 235~36, 247, 250, 254,
257, 259~61
진리 수행론 235~36, 240~41,
247~48, 250, 254~57, 261
진리 잉여론 248
진리 조건 36, 46, 55, 158, 166
진리 함수 19, 33~34, 36, 44~46,
51~54, 71, 73, 75, 77~84, 89,
95~96, 143~44, 148~49, 151,
178, 191, 193, 247~62, 291~92,
308
진리치 19, 25~27, 34, 37, 41,
43~44, 46, 50~52, 54~55,
59~60, 71, 93, 171~172,
239~41, 262, 264~65, 294, 302
진정한 명제 46, 55~57, 59,
134~36

ㅊ

철학 7~9, 18, 20~21, 24, 224~
25, 231~34, 308, 311~12, 326,
328~29, 338~41, 347

철학적 난제 17, 24, 183, 311~12, 316

측정 막대 73~74, 77, 88~89

ㅋ

크립키의 논증 155~57, 164, 268

ㅌ

투사적 존재 268, 279~81

ㅍ

플라톤주의 224, 231~33, 297, 299~300, 330

ㅎ

한계 17~18, 21, 25~26, 47, 54, 292, 311, 331~32, 340~41

함축 56, 151

해석 158~60

해소 17, 81, 141, 170, 180, 266, 307, 311, 314, 317, 323~24, 328

형식적 명제론 19~20, 22, 26~28, 42~43, 45, 51~54, 59~61, 78,

81, 85, 91, 94, 95, 178~79, 294, 318

형식주의 101~02, 104~06, 115~18, 207~08, 224, 227, 297, 300

형이상학 7~9, 304, 326, 340, 347

회의론 157, 161

회의론적 역설 152, 157, 159~61, 164~65, 168

회의론적 해결책 158~59, 164

인명 색인

ㄱ

가버 Garver, N. 6, 10, 17, 88, 271, 296, 307, 337, 340, 344, 347

골드슈타인 Goldstein, L. 26, 52, 97

괴델 Gödel, K. 118, 223~24, 229~33

괴테 Goethe, J. W. von 335

굽타 Gupta, A. 260

굿만 Goodman, N. 289~306

그라이스 Grice, P. 235, 241~43

그렐링 Grelling, K. 237

기치 Geach, P. 26, 33, 51~52

김동식 325, 327~29, 333

김미진 7

김선희 325, 329

김영건 10, 310, 323, 325~29

김혜숙 325, 331~32

ㄴ

남기창 6, 10, 268~86

뉴턴 Newton, I. 199~200, 203~04

ㄷ

더밋 Dummett, M. 99, 299, 339

데리다 Derrida, J. 7, 337, 340~48

데이빗슨 Davidson, D. 257

데카르트 Descartes, R. 268~69, 339

데포 Defoe, D. 277

듀앙 Duhem, P. 204~05

드 모르간 De Morgan, A. 66

드레벤 Dreben, B. 344

ㄹ

라이트 Wright, C. 105, 159, 286

라이헨바흐 Reichenbach, H. 202, 205, 224

램버트 Lambert, K. 202

램지 Ramsey, F. 42, 52, 191, 236~48

러셀 Russell, B. 8, 82, 94, 118~19,
121, 129, 138, 181, 187~91, 196,
227, 229~30, 236~37, 289, 292,
297, 302, 305, 335, 338~39, 341

레드헤드 Redhead, M. 205

로어 Loewer, B. 285

로티 Rorty, R. 338

뢰벤하임 Löwenheim, L. 224

루스 Loos, A. 8

르포어 LePore, E. 285

리글리 Wrigley, M. 117

리만 Riemann, B. 212

리처드 Richard 237

ㅁ

마리온 Marion, M. 192

마운스 Mounce, H. 172, 192

마이농 Meinong, A. 338

마크만 Markman, E. 138

마티니치 Martinich, A. P. 235, 250~54, 257~59

마틴 Martin, R. 241

맥기니스 McGuinness, B. 61

맥긴 McGinn, C. 163

맥도노프 McDonough, R. 56, 58

맥도웰 McDowell, J. 7

맬러초우스키 Malachowski, A. 99

맬컴 Malcolm, N. 74, 90

무어 Moore, G. E. 346~47

밀 Mill, J. S. 297, 305

밀리칸 Millikan, R. G. 286

ㅂ

바-온 Bar-On, D. 272

바버 Barber, K. 306

바이스만 Waismann, F. 123

바인슈타인 Weinstein, H. 277

바일 Weyl, H. 101

박병철 10, 337

박영식 10

박정일 6, 10, 197~201, 203~09, 212~13, 215~18

반 프라센 van Fraassen, B. 240

반첼 Wantzel 228

베나세라프 Benacerraf, P. 187, 196

베르네이즈 Bernays, P. 99

베리 Berry, G. G. 237

베이커 Baker, G. P. 181, 275~276

벨 Bell, D. 132

벨 Bell, J. 224

벨납 Belnap, N. 260

보고시안 Boghossian, P. 286

볼츠만 Boltzmann, L. E. 339
부랄리-포티 Burali-Forti, C. 237
부르디외 Bourdieu, P. 277
불 Boole, G. 305
블랙 Black, M. 45, 76, 82, 91, 187, 192
버코프 Birkhoff, G. 202

ㅅ

생커 Shanker, S. 187
서머필드 Summerfield, D. 160
셰퍼 Sheffer, H. 192
소크라테스 Socrates 344
소홍렬 334
송하석 6, 234, 260~61
쇼펜하우어 Schopenhauer, A. 339
수피 Suppes, P. 57
슐릭 Schlick, M. 101
슐테 Schulte, J. 335
스미스 Smith, B. 305
스콜렘 Skolem, T. 224
스트라빈스키 Stravinsky, I. 224
스트로슨 Strawson, P. F. 235, 247~49, 255
썰 Searle, J. 235, 241, 246~47, 250, 255

씨아마 Sciama, D. 279

ㅇ

아인슈타인 Einstein, A. 199, 205, 279
아킬레스 Achilles 58
양은석 10
애커만 Ackermann, R. 141, 167
앤더슨 Anderson, A. 99
앤스컴 Anscombe, G. E. M. 60~61
엄정식 10
에이어 Ayer, A. J. 268, 271~74
에피메니데스 Epimenides 234, 237
오셔슨 Osherson, D. N. 138
오스틴 Austin, J. L. 235~41
오스틴 Austin, James 86
오종환 325, 330
유클리드 Euclid 205, 211~12
이명현 10, 334~35
이상수 10
이승종 213, 224, 228, 232, 290~322, 325~36, 340, 344, 347
이영철 334~35
이윤일 10

ㅈ

정과리 10
정대현 10, 325, 333~34, 336
정성호 334, 336
정인교 325, 327, 332~33
제논 Zeno 308
제임스 James, W. 339
조이스 Joyce, J. 224
지프 Ziff, P. 244

ㅊ

처치 Church, A. 132
치하라 Chihara, C. 118~25, 217, 310, 333

ㅋ

카러터스 Carruthers, P. 46
카르납 Carnap, R. 205, 338
카훈 Cahoone, L. 346
칸토르 Cantor, G. 237, 302~03
칸트 Kant, I. 291
커딜 Caudill W. 277
컬러 Culler, J. 165

케니 Kenny, A. 33
케이츠 Kates, C. 87
코코란 Corcoran, J. 37
콰인 Quine, W. V. 8, 17, 58, 200, 204, 223, 297~98, 305, 337
쿤 Kuhn, T. 200, 333
퀴른베르거 Kürnberger, F. 8
크라우스 Kraus, K. 8
크라이슬 Kreisel, G. 99
크렙스 Krebs, V. 168
크루소 Crusoe, R. 268~69, 271~72, 274~77, 280~81
크립켄슈타인 Kripkenstein 284~85
크립키 Kripke, S. 146, 152~61, 163~66, 251, 254, 259, 268~69, 280~85
키플링 Kipling, R. 277

ㅌ

타르스키 Tarski, A. 235, 251, 298
튜링 Turing, A. 100, 117~25, 129, 197, 213, 214~18, 223, 310~11

ㅍ

파볼트 Favrholt, D. 192

퍼트남 Putnam, H. 187, 196, 202, 205

페아노 Peano, G. 188~89

페어스 Pears, D. 272, 319

페페만 Feferman, S. 232

포겔린 Fogelin, R. 26, 28, 52~54, 60

포퍼 Popper, K. 333

폰 노이만 von Neumann, J. 102, 202

폰 라이트 von Wright, G. H. 61

푸앵카레 Poincaré, H. 205

푸코 Foucault, M. 337

프레게 Frege, G. 8, 82, 103, 118~19, 121, 123, 129~30, 132~33, 138, 187, 190, 205, 227, 291~92, 297, 299, 303~05, 333, 335, 338~39

프레이저 Frazer, J. G. 225

프로이트 Freud, S. 225

플라톤 Plato 224, 231~33, 297, 299~300, 330

플래너리 Flannery, K. 59

피처 Pitcher, G. 173

피카소 Picasso, P. 224

피콕 Peacocke, C. 159

ㅎ

하이데거 Heidegger, M. 7

하종호 334

하크 Haack, S. 236

한자경 334

해커 Hacker, P. M. S. 63, 176, 181, 275~76

헤겔 Hegel, G. W. F. 8

헤르츠 Hertz, H. 17, 339

헤어 Hare, P. 307

호크버그 Hochberg, H. 192

화이트헤드 Whitehead, A. N. 8, 187, 196, 227

후설 Husserl, E. 87, 338~39

힌티카 Hintikka, M. and J. Hintikka 61, 82~84, 275~76

힐베르트 Hilbert, D. 102, 116, 227~28